国家出版基金项目
NATIONAL PUBLICATION FOUNDATION

《尚書》學文獻集成·朝鮮卷

錢宗武 主編

25

鳳凰出版社

第二十五册目録

洪範羽翼

《尚書》學文獻集成·朝鮮卷 第二十五册

洪範羽翼

禹汝楙 著
高尚舉 整理

卷之三十六

皇極四　一章

宰相 林駉

自黄帝首命六相，《管子》。舜之舉相十六，《通典》。而相之名始立。自汤之左右用伊、虺，伊尹右相，仲虺左相。周之左右任周、召，而相之員始定。周人以宿衛財用閹宦嬪御之屬統于冢宰，故相權專而君心正，至秦始分屬諸卿耳。漢初不以御史大夫〔一〕九卿加官之屬侵丞相，故相權重而職業修，至武帝奪其權耳。魏晋以來以丞相爲尊官，廢置不常類以監令管機要之任。李唐之後以省長爲丞相，品高不常類以他官掌政事之要。國初以昭文修史

〔一〕今按：『大夫』，《四庫全書》本林駉《古今源流至論》續集卷五作『太尉』。

集賢爲相，所用皆端士。元豐以左右僕相〔一〕爲相，所用非正人。元祐雖仍元豐而相職舉，紹聖雖仍元祐而相權偏。政和以來更革不常，中興而後易平章之號，定丞相之名。周人內朝宿衛之士，外廷徒役之人，職之卑者也，而冢宰得以統之。太府受藏之務，司會稽考之任，事之末者也，冢宰得以均節之。奴僕熏腐之流，宮闈嬪御之職，供奉飲膳之役，酒人漿人。員之至冗物之至微者也，冢宰得以主之。秦人宮伯宮正則分入郎中令衛尉而宿衛之意失，司會太府則盡入治粟內史而出納之意壞。膳人醫師則盡入少府，宮人內府則盡入長秋，此周人任相之意而壞於秦者此也。漢自高文之時，御史掌副丞相。如詔下，諸侯則御史以其制書詣於丞相同署乃行。太尉職屬丞相，如匈奴入寇，則太尉官罷改丞相將兵擊之，是相得兼武事。二千石之重，丞相罷裁之，而列卿無紊權之弊。閹宦之寵，丞相請誅之，而近習無預政之患。加官未置而內庭外庭相得通主之，掾史行部而州郡民事相得盡知之。武帝以來，自張湯以舞文爲御史大夫也，奏事日旰，天子忘食，而李严缄默但取充位，翟青庸繆見知得罪，而御史之權日重。自霍光以受遺爲大司馬也，內領尚書外領軍馬，而鹽鐵之議千秋括囊，昌邑之事楊敞不預，而司馬之權日横。自丞相不敢擅召二千石，而相不得統列

〔一〕今按：『僕相』，《四庫全書》本林駉《古今源流至論》續集卷五作『僕射』。

卿也。至使弘羊榷利温舒峻法，九卿用事而事不關於丞相矣。而相不得問内庭也，至使石顯弄權董賢竊政，中宦益恣而事權過於丞相矣。諸吏居中舉法，侍中論誣大臣，加官權重，宰相疏遠，是中朝之血脉不關於丞相府矣。刺史得自奏事，綉衣專遣出使，府掾在内不聞利害，是外郡之血脉不關於丞相府矣。宣帝重丞相之權，丙魏伸丞相之職，然外而御史之抗禮，内而宦者之用事。東都以太傅當冢宰之職，二百年間僅除十一人而已。此漢初任相之制，而壞於武帝者此也。魏以劉放、孫資爲中書監令而掌機密，晋以張華、荀勖爲侍中而居阿衡，東晋以謝安、庾亮之徒並爲中書監，宋以江湛、王華之徒並爲衛將軍。齊有六貴爲宰相，則如顧命之江祐領軍之坦之。梁以參機事爲宰相，則如尚書令之何敬容、僕射之徐勉。北齊謂登台鉉稱相，則如司座之韓軌、侍中之趙彦琛。然省牒按簿鄙爲流俗，東山勝遊蘭亭名會，事肥遁也。龍章鳳姿壁立千仞，飾儀矩也。雌黄陽秋，崇辭致也。玉麈蒲葵，尚放曠也。棄禮法如土梗，視義理如桎梏，此魏晋而下任相然也。自隋以尚書令、僕射、中書令、侍中爲宰相，亦有他官參預焉。唐因隋制，初以三省長官議國政而爲宰相，後以太宗爲尚書令，臣下避不敢居，僕射爲尚書省之长，與侍中中書令號爲真相。品位既重，不欲轻授，常以他官居職，無有定員，但加同中書門下三品，及參知機務、參與政事、平章军國重事之名者并爲宰相，亦漢行丞相之例。貞觀間，李勣以太子詹事同門下三品，而同三品之名立。李靖以疾辭位，詔三兩日一至中書門下平章事，而平章之名立。杜淹以吏部尚書參預朝政，魏徵以秘書監參預朝政，岑文本爲秘書郎兼直中書，張亮爲刑部尚書亦參朝政，而知政事、參知机务之名始重〔一〕。此他官上兼宰相職也。又復下行有司之事。杜如晦本爲侍中，既攝吏部，又監東宫兵马。房玄齡本爲僕射，既監國史，又領學官。用兵則爲節度使，崇儒則爲大學士，財用則爲鹽鐵使。不足取法，初非一端。張曲江峭直剛方噓及雲雨，惜也相位不留，而李林甫之奸諛用焉。陸宣公論諫仁義，言之藥石，惜也杜門却掃，而盧杞之邪謀進焉。裴晋公身繫安危，朝廷柱石，惜也讒言一入而鎛异之小人信焉。此唐之任相然也。

國朝制雖沿唐實異於人，蓋三省爲空官，平章爲宰相，真加侍中不除平章。至平章而分爲三等，帶修文〔二〕爲長，修史爲次，集賢又次。是制也，建隆以後用之，三省各涖職，僕射爲宰相，左相兼門下侍郎，右相兼中書侍郎，然中書取旨其權獨重。是制也，元豐小人以私意用之，後因吕公著同舟共濟之請，三省同得取旨，召潞公元老於二相之上，以太師平章

〔一〕今按：『重』，《四庫全書》本林駉《古今源流至論》作『衆』。
〔二〕今按：『修文』，《四庫全書》本林駉《古今源流至論》作『昭文』。

軍國重事。是制也，元祐大臣以沿用之。紹聖以來偏重左相，事之合送中書者，但自尚書径上門下，子厚用之而李清臣莫之勝，蔡京用之而趙挺之莫之制。蓋竊元祐之制，以行其私也。政和以來，更左揆曰太宰，右揆曰小宰。太宰〔一〕總領三省之事，號爲公相。蔡京爲太師領省務而權益盛，王黼爲太傅總省政而意益私，亦竊元祐之制而以專其政也。建炎始罷太宰小宰而復左右僕射相之職名，乾道復罷左右僕射而改左右丞相，一定不易。前代之相揆席，終留箕子其仁也。范質、王溥。開國元勳，金匱有書，周公其忠也。趙普。以吏侍而拜門下者，薛居。方重自居。以樞密而除集賢者，沈倫。清節自守。太宗念舊臣而留沈、薛，開秘藏而召中令，獻策而擢齊賢。歸囚一咏，陰諷君德。李昉。烹鮮一語，有裨治道。呂蒙正：稱治大國若烹小鮮，近日求更制度者甚衆，願陛下行清净之化。昉與蒙正之善於規諫，進思賢從諫之對，無喜賞惧挫之心，琪與端之深得相體。盧多遜之貝錦，今日譖趙忠獻，普。明日毁李文正，昉。一斥嶺表，終身不用，讒人既去，稂不傷稼。真宗，二呂一張復秉鈞軸。呂端、呂蒙正、張齊賢。水旱屢奏，嘆曰聖相，風範端凝，目曰貴人，沆之賢也。江淮命使，深戒竭民，江西遺

〔一〕今按：『太宰』，《四庫全書》本林駉《古今源流至論》作『太師』。

使，亦懲權利，旦之公也。始除端揆，厨絶飲宴，累在衡軸，門無私謁，敏中之解〔一〕也。以相才力薦而駑朽自謙，以名節自厲而夷險不易，畢士安君子人也。以幸汾爲非天意，以内藏爲備凶荒，李迪敬天愛民之誠也。釁鼓之言，爲國謀也。澶淵之役，陳堯叟請幸蜀，王欽若乞幸江南。萊公曰：『欲得獻策之人，斬以釁鼓，然後北伐耳。』欽若不堪倡爲投瑗之譖，而公廢出北門之鑰矣。捋鬚之責爲公言也。丁謂不平，遽爲下石之舉，而公復涉雷陽之波矣。仁皇，爲寇之朋者，茹茅類進，爲丁之黨者，莠稂盡除。王隋、陳堯佐以老病不和而去，吕夷簡以斥逐臺諫而去。至于慶曆，陰消陽長，帝賚良弼，故光輔王室，中外嬉遊。麻拜中庭，縉紳相賀。韓琦、文彦博、富弼。公亮受遺責重节坚，而亚勳定策之碑屹立焉。晏殊不求恩澤，而天子勤渠之問有宠焉。昌朝學問，得象謹重，聖德一詩，濃墨大書。左皋右夔，前伊後周，不是過也。執中之俗吏，且以至公而結主知。宋庠之無所作爲，不失爲雍雍有德之君子。安石之得志也，公亮唯唯不言，倒戈晚節。安石之罷相也，吴充至主國事，置而不議。噫！風俗移人趨者，瀾倒而能砥柱中流者幾何人哉！哲宗初年，拯溺救焚，改絃易轍，惜夫調停一倡，玉石同區。章子厚變亂温公之典刑，講明金陵之故事，一暴未幾，十寒已至，元祐善政，影響不存。

〔一〕今按：『解』，《四庫全書》本林駉《古今源流至論》續集卷五作『耐』。

皇極四　二章

左右丞相 翰

舜敘禹，宅百揆。高宗夢傅説，二友立作相。秦武王置左右相。吕后置左右相。文帝平、勃左右相。武帝劉屈氂左相，虚其右，以待四方之選也。哀帝更爲大司徒，東京不復置。獻帝置相以曹操居之，魏改爲司徒。文帝置中書，後置大丞相。晋罷相復司徒，永昌罷司徒並丞相。宋武帝爲丞相而司徒如故，齊丞相不用人以爲贈官。梁罷相國置丞相置司徒，陳置相國位丞相上並爲贈官。魏晋以來，或爲贈官，或闕不置。隋文帝自大丞相代即中書令。周遂置内史納言、侍中，是爲宰相。唐初三省長官中書令、侍中、尚書令共議政，此相職也。後以太宗嘗爲尚書令，臣下避，僕射爲尚書省長官，與侍中、中書令號爲相。武后，侍中爲左相，中書令爲右相，尚書僕射爲文昌。國朝沿唐制，以三公至列曹侍郎同平章事爲宰相。神宗於三省置侍中、中書尚書二令，虚而不除，以尚書左右僕射兼門下中書侍郎爲兩相。元祐初，司馬公相請令三省合班奏事，分省治事。政和中，蔡京以太師總領三省，號公相，廢尚書令，改侍中中書令爲左輔右弼，改左右僕射爲太宰少宰。建炎，吴允文左相，梁克家右相。

事：台相良弼。伏湛造次，急於鄉社之禮。侯霸入朝，先奏寬大之令。《侯霸傳》。鼎臣元老。宋璟，國之元老。上公上相。翟方進奏《春秋》之義，尊上公謂之宰。陸賈曰：位爲上相。上宰儒相。《李泌傳》：建上宰。《漢書》：公孫弘以儒相。槐宰堂老。載塵鉉路。狄梁公《表》。納弓旌於鉉台。潘岳《賦》。鼎位鼎宰。黄閣朱門。漢制，與天子禮秩相亞，故黄其閣以示謙。鄭玄云：『朱門洞啓，當陽之正色。』黄扉金鉉。漢金印紫綬，黄扉黑幡，異車服於百辟。劉禹錫：『金鉉重名，銀青貴服。』沙堤火城。唐故事：載沙填路，自私第至東街。元日冬至，珂傘列燭，謂之火城。白麻紫綬。鄭注：相李甘曰：『麻出必壞。』《百官表》：『金印紫綬，助理萬幾。』玄冕赤舄。

『風流宰相，惟有謝安。』王儉自況也〔一〕。服儒衣冠，傳先生語，其藴藉可知也。《匡衡傳》：韋玄〔成〕、張禹等。必問風度得如九齡否？每薦公卿，上必問：『風度得如九齡否？』記其風操，張姓而復名。天子欲用張嘉貞而忘其名，曰：『朕嘗記其風操，張姓而復名。』當世第一，一代偉人。李揆：門地人物，文學皆當世第一，信朝廷之羽儀。姚狄、蘇宋，一代伟人。詞翰標首。宰相寬厚以陸象先爲標首，詞翰以姚元崇爲標首，文學以張説爲標首，决遣以張義正爲標首。識治才，宰相才。諸葛開誠心布公道，識治之良才也。

〔一〕　今按：此句，《四庫全書》本《翰苑新書》前集卷二作『儉曰：「江左風流宰相唯有謝安。」』

張柬之虽老，宰相才也。兼文武，大臣節。李靖、郭元振、唐體璟、張仁願；張九齡爲相謂謂有大臣節。天下重輕，裴度。天下具瞻。《白居易傳》。單于大畏，□□□嘆。王商容貌絶人，單于仰視大畏之。天子嘆曰：『真漢相矣！』

位愈高而士愈戴，禄愈厚而人愈懷。元稹加階制。蕭曹爲冠，丙魏有聲。班固。《唐》：『前稱房杜，後稱姚宋。』姚崇尚道，宋璟尚德，張嘉貞尚吏，張説尚文。號令典刑，粲然周全。制度憲物，率二人討裁房杜。姚崇善應變以成天下之務，宋璟善守文以持天下之正。『當左輔右弼之寄，總代天理物之名。』《通典》。『上佐天子，理陰陽順四時。』《王陵傳》。『燮贊化原，調和鼎實。』柳。『調陰陽，安黎庶。』郭承嘏。『魏相識兵略，達時令。』《文中子》。出見驛騎，出逢群鬥。丙吉出見驛騎馳〔一〕赤白囊，問虜所入郡，具對，謂憂邊。吉尚寬大，好禮讓。出逢群鬥，死傷不問。逢牛喘，使問。持國之秉，揭國之權。《周亞夫傳》：『丞相持國之秉。』《劉蕡傳》：『揭國之權，以歸諸相。』『機務歸宰相，大事關僕射。』《憲宗記》唐太宗謂房玄齡云。除八百吏，崔祐甫。疏三十人。李吉甫。四科辟士，漢相故事。東閤延賢。公孫弘。以十事

〔一〕今按：『馳』，《四庫全書》本《翰苑新書》前集卷二作『持』。

而説天子，用道德而弘上意。姚崇以十事説天子而後輔政，祐甫頗用道德寬大以弘上意。陸贄上不負天子，下不負所學。

『明明在朝，穆穆布列。』王褒《頌》。『以明佐聖，不膠漆而固。』《馬周贊》：『以明佐聖，故君宰間不膠漆而固。』『薦賢助國，宰相之職也。』《顯宗記》。元和之治，朝無幸人。裴垍爲相。

金甌覆名，琉璃覆名。唐玄宗命相御書其名置案上，太子入侍，上舉金甌覆名告之曰：『相名也，汝知誰耶？』肅宗曰：『崔琳、盧從願乎？』《五代史》：唐廢帝擇相，問於左右，皆言盧文紀、姚顗。帝悉書清望官姓名納琉璃瓶中，焚香祝天，以筯挾之，首得文紀。

以銀爲信，賦詩以賜。代宗欲相李泌，元載忌之，帝不得已，出泌約：『後召當以銀爲信。』忽除銀青光禄大夫，泌知載敗，己且相矣，未幾果然。宋璟尚書右相，張説左相，源乾曜太子少傳。帝賦三傑詩，自寫以賜。

以宗室進，以肺腑相。周之卿士周召、毛原。漢田蚡。以明經歷位，韋賢。以《春秋》取相。公孫弘。一言痦主，田千秋。片言痦主。房琯。翰林爲相唐劉瑑，御史爲相漢朱博。列侯爲相，布衣登相漢制公孫弘。潁川召爲黄霸，同州密召。姚崇。不出都門登相位鄭覃，不出長安至宰相。匡衡。一歲至相，唐李訓。二期至相張鎬。十年至相，李絳。八十爲相。張柬之。居位廿三年，房玄齡。執政二十年。隋高熲。真漢相，王商見上。真宰相。高熲、李絳。十年相位，四登師壇，裴度〔一〕。再升台坐，三入冢司。宋璟。

郭子儀之中書，孫叔敖之三相。郭子儀校中書二十四考，《荀子》：孫叔敖三相楚而心愈卑。堂封，堂飧〔二〕。源乾曜同紫微黄門平章事，詔中書門下共食實户三百，堂封自此始。唐開平詔：丞相尊位，而堂厨未給無飧錢，其令日食萬錢之半。賜酴醿，賜金筯。李吉甫贊天子德。李絳曰：『西戎内訌。』憲宗曰：『絳言骨鯁，真宰相也！』遣使賜酴醿酒。宋璟爲相，時春御宴，帝以所用金筯令内臣賜璟。雖受所賜，莫知其由。帝曰：『賜卿筯以表卿直也。』漢：御坐爲起，在輿爲下。八葉。蕭瑀。三世。張延賞。累葉。楊震。再世。李元紘、蘇瓌。父子至。漢韋平、唐戴胄。兄弟登。卞粹六人，世稱卞氏六龍。相門有相。《南史》。相如父年。李吉甫子德裕年五十四。上相鄉中臺里。洛陽三川鄉爲上相鄉，靈臺里爲中臺里。

江左夷吾王導　**漢家伊尹**周勃

列以金榜，護以紗籠。唐崔昭暴卒復生，云見冥間列榜，備書人間姓名，將相列金榜。唐李藩，新羅僧言：『［宰相］冥司必潛以紗籠護之。』

〔一〕 今按：此句，《四庫全書》本《唐大詔令集》卷四八、《山堂肆考》卷四三皆作『十拜相詔，四登帥壇』。

〔二〕 今按：『飧』，《四庫全書》本《翰苑新書》前集卷二作『飡』。

竇參半臂之夢，裔孫二筆之夢。貞元中，竇參爲御史中丞，一夕夢德宗召對便殿，以錦半臂賜之。客解曰：『半臂者，被股肱之衣也。』明日[果]拜中書侍郎平章事。五代，馬裔孫赴闕宿邏府，其地有神祠，夢神授二筆。洎入中書，吏奉二筆，如夢中所賜者。

大碑金字，經函龍骨。唐杜鵬舉父夢見一大碑云是宰相碑，問：『有杜家兒否？』曰：『有。』記得姓下其烏偏傍曳脚而忘字，乃名子鵬舉，鵬舉生鴻漸。裴遵慶，母皇甫氏，少時常持經，經函中有小珊瑚樹，異時忽有小龍骨一具立於側。上元中，遵慶居宰輔。

堂舍槐枝，省門槐音。相國李石河中永樂有宅，庭槐一本三枝，直堂舍屋脊，一枝不及。兄弟三人曰石曰程登宰，惟福一人，歷七鎮使相。唐尚書省南門古槐，夜聞絲竹之音，省中即有入相者，謂之音聲木。

國之股肱，朱雲傳。君之四體。蔡邕傳。朕之留卿，若去一目，若斷一臂。高宗詔薛振居守。

舟楫霖雨。棟梁。柱石。鼎軸。補衮。阿衡。秉鈞。當軸。太微宮西垣爲上將，東垣爲上相。

六星曰文昌，一星在斗南。《天文志》：『斗魁戴筐六星，曰文昌宫，云爲貴相。』《天文志》：『相一星在北斗南。』

皇極四　三章

相業

《外紀》：『太昊共工爲上相，柏皇爲下相。黄帝舉風后、力牧、太山稽、常先、大鴻，得六相而天地治，神明至。』

吴起奔楚，百里奚鬻秦。吴起奔楚，楚以爲相，明法審令，捐不急之官。五羖大夫，荆之鄙人也，穆公舉之，牛口之下加之百姓之上。其爲相也，勞不坐乘，暑不張蓋。

蕭何之繫獄，李蔡之自殺。發明：『臯陶稷契有都俞而無吁咈，伊傅周召有誥命而無戒飭。臯伊諸公不可人得而世有，然居其位任其職則亦不可不盡其體貌之禮。至其果有罪，則退之可也，廢之可也，賜之死亦可也。械繫而戮辱之，可乎哉？』自李斯、馮去疾在秦以下獄而死，漢亦習聞其故，至是以蕭何之信謹，一朝無故置之囹圄。雖曰未幾赦出之，然禮絶百僚，師長群后，他日亦何面目立於衆人之上哉？文帝習此而繫周勃，景帝習此而繫亞夫，迨武帝則動輒建繫，不可勝舉，至於下獄要斬，如劉屈釐輩，屠之不啻若狗彘者。元帝以此而殺望之，哀帝以此而殺王嘉。終漢之世，家法若此，豈非貽謀不善之過哉！然何以忠信事，高祖疑之亦非一，如遣子弟從軍，貫民田以自污之類，往往挾術相欺，君臣交孚之理似不如此，既不免械繫之辱，猶且不能引身而退，何亦嗜利無耻者。書曰：『下相國何廷尉獄，使漢之君臣觀之，寧不小知愧歟？』元狩元年，丞相蔡李廣從弟。有罪自殺，坐盜孝景園堧地也。園，後園也。堧地，神道之地也。發明：『身爲宰相，師長百僚，乃自盜宗廟園地，其死宜矣。』

陳平之對，班固之言。陳平曰：『宰相者，上佐天子，理陰陽，順四時，下遂萬物之宜，外鎮撫四夷諸侯，内親附百姓。』班固曰：『經謂君爲元首，臣作股肱，明其一體，相待而成也。近觀漢相，高祖開基，蕭、曹爲冠，孝宣中興，丙、魏有聲。二句見上。是時黜陟有序，衆職修理，公卿多稱其職，海内興於禮讓。覽其行事，豈虚乎哉！』

申屠嘉之檄召小臣，戴至德之牒授老嫗。鄧通居上旁怠慢，申屠嘉坐府中爲檄召通。責曰：『朝廷者，高帝之朝廷也。通小臣，戲殿上，大不敬，當斬。』上元二年，戴至德、劉仁軌爲左右僕射，更日受牒訴，仁軌常以美官〔一〕許之，至德必據理難詰，未嘗與奪，實爲冤結者，密爲奏辨。由是時譽皆歸仁軌。或問其故，至德曰：『威福者，人主之柄，臣下安得盜

〔一〕今按：『美官』，《資治通鑒》卷二百二作『美言』。

取！』上聞之，深重之。有老嫗欲詣仁軌陳牒，誤詣至德，至德覽之未終，嫗曰：『本謂是解事僕射，乃不解事僕射耶。歸我牒！』至德笑而授之。時人稱長者也。

獨兼三公，宜建三公。何武言：『末俗事煩，宰相才不及古，而獨兼三公之事，所以不治，宜建三公官。』上從之。

李泌之言，秦秀之語。李泌謂德宗曰：『陛下不以臣不才使待罪宰相，宰相之職，咸共平章，不可分也。』胡氏曰：『上古一相，專任賢也。漢置二人，存交修之義焉。唐自武后以來，乃有數宰相，然亦無救於李林甫、楊國忠、元載、盧杞之專權，故以擇人爲要，不以多員爲善也。』晋武帝太康四年，博士秦秀等曰：『古禮，三公無職，坐而論道，不聞以方任嬰之。惟宣王救急朝夕，命召穆公征淮夷。故詩曰：「徐方不迴，王曰還歸。」宰相不得久在外也。今天下已定，六合爲家，數延三事，三公。與論太平之基，而更出之，違舊章矣。』曹志議曰：『古之夾輔王室，同姓則周公，異姓則太公，皆身居朝廷，五世反葬。』帝大怒。前年以齊王攸督責州事，故云。

貞元九年之詔，武德七年之制。貞元九年詔，宰相迭秉筆以處政事。賈耽、陸贄、趙憬、盧邁爲相，百官白事，更讓不言，乃奏請依至德故事，宰相迭秉筆，旬日一易。詔從之。其後日一易之。發明：『宰相有數人，天下何由得治？昔人嘗有是言矣。必若用陸贄，而參以群庸，是猶以騏驥與駑馬並駕耳。』武德七年初定官制。范氏曰：『三公論道經邦，燮理陰陽，故不以一職名官。太尉掌武，大司馬之職也。司徒主民，司空主土，皆六卿之任，非三公也。自漢以來失之，而唐不能革也。且既有太尉司徒司空，又有尚書省，是政出於二也。既尚書省又有九寺，是政出於三也。夫天地之有四時，百官之有六職，天下萬事備盡於此，如綱之在綱，裘之挈領，雖百世而不可易也。如稽古以正名，苟舍周官，未見其可也？』

命無下拜，每見必拜。晋成帝咸和六年冬有事于太廟，詔歸祚於司徒導，且命無下拜。初帝即位，冲幼，每見導必拜。與導手詔則云皇恐，言中書作詔則曰敬問。有司議元會，帝應敬導不？博士郭熙以爲禮無拜臣之文，侍中馮恢以爲天子臨雍拜老，况先帝師傅謂宜盡敬。侍中荀弈曰：『三朝之首宜明臣之禮，他日小會自可盡禮從之。』

謝安爲相，鎮以和静。秦人入寇，衆心危懼，鎮以和静。爲政務舉大綱，不爲小察。人比安於王導，而謂文雅過之。

風流宰相，唯有謝安。齊王儉作解山幘〔一〕斜插簪，朝野慕效之。儉常謂人曰：『江左

〔一〕今按：『山幘』，《南史·王儉傳》作『散幘』。

風流宰相，唯有謝安。』意以自比也。

唐太宗之問王珪，唐太宗之謂房杜。曰：『近世治不及古，何也？』對曰：『漢世尚經術，宰相當用儒士，故風俗淳厚。近世重文輕儒，參以法律，此德化之所以益衰也。』曰：『公爲僕射，當廣求賢人，隨才授任，比聞聽訟，日不暇給，安能助朕求賢乎？』因敕尚書細務屬左右丞，惟大事當奏者乃關僕射。范氏曰：『太宗責宰相以求賢，而不使之親細務，可謂能任相以其職矣。苟不務此而治簿書，期會百吏之事，豈所謂相乎？』

明達吏事，輔以文學。玄齡明達吏事，輔以文學，不以求備取人，不以己長格物胡客反。

清謹儉素，不營資産。開元三年，盧懷慎爲黄門監，清謹儉素，不營資産，俸賜隨散親舊，妻子不免飢寒，所居不蔽風雨。齊澣謂姚崇曰：『可謂救時之相。』懷慎自以其不及崇，每推之，時謂之伴食宰相。

憲宗之得其人，穆宗之非其才。范氏曰：『憲宗平河南開魏博，由宰相得其人也。穆宗得幽鎮，不惟不能，有而并魏博失之，由宰相非其才也。』

陳子昂之疏，陸敬輿之議。嗣聖三年，麟臺正字陳子昂疏曰：『宰相，陛下之腹心，刺史縣令，陛下之手足，未有無腹心手足而能獨理者，皆不可以不擇也。』陸贄曰：『人主擇輔臣，輔臣擇庶長，庶長擇佐僚，夫求才貴廣，考課貴精。』

魏玄同之平章，李吉甫之平章。以郭待舉，魏玄同等並中書門下，同承受進止平章事。自是外司四品以下知政事者，始以平章事爲名。發明：『宰相之稱愈益舛矣，書同承受進止，殆與奔走小臣無異，其何以經邦論道、師長百僚乎？』

元和元年，以李吉甫爲同平章事。吉甫謂裴垍曰：『流落江淮逾五十年，一朝蒙恩至此，思所以報德，惟在進賢，而朝廷後進，罕所接識，君有精鑑，爲我言之。』垍取筆疏三十餘人，數月之間選用略盡。胡氏曰：『李吉甫不得與端亮之列，然於陸敬輿能忘纖芥之憾，於裴垍能輸訪問之悃，此固君子之高致也。知人之明雖在裴垍，得人之譽乃歸吉甫，誠率是道而不變，其相業可小訾耶？』

姚崇之對，張說左遷。開元元年，姚崇爲相，張說懼，詣岐王申款。他日，崇對於便殿，行微蹇。上問：『有足疾乎？』對曰：『臣有腹心之疾，非足疾也。岐王陛下愛弟，張說爲輔臣，而密乘車入王家，恐爲所誤，故憂之。』遂左遷說爲相州刺史。

宋璟之抑，靈荃哭死。開元四年，宋璟爲相，務在擇人，刑賞無私，隨才授任，犯顔正諫。突厥默啜世爲中國患，郝靈荃得其首。璟以天子好武功，恐好事者競生心，痛抑其賞，逾年始授郎將，靈荃痛哭死。

梁世賢相稱徐范、徐勉、范雲，唐世賢相稱姚、宋。姚崇善應變成務，宋璟善守法持正。

唐世賢相前稱房、杜，後稱姚、宋，二人每進見，上輒爲之起，去則臨軒送之。

承璀之引，李鄘之耻。吐突承璀引李鄘爲相，鄘耻由宦官進，至京師辭疾。元和十三年，罷爲户部尚書。書法：『固辭相位，可謂過人遠矣。』

房琯之簡，劉秩之談。房琯性高簡，日與劉秩高談釋老，或聽黄庭鼓琴，御史劾之，罷太子少師。

用姚崇、宋璟、懷慎則理，用宇文、林甫、國忠則亂。憲宗問宰相：『玄宗之政先理而後亂，何也？』崔群對曰：『用姚崇、宋璟、盧懷慎、蘇頲、韓休、張九齡，則理；用宇文融、李林甫、楊國忠，則亂。人皆以天寶十四年安禄山反爲亂之始，臣獨以開元二十四年罷張九齡相專任李林甫，此理亂之所分也。願陛下以開元初爲法，以天寶末爲戒。』

官頗易得，人思僥倖。宣宗十二年，以蔣伸爲同平章事。伸從容言於上曰：『近日官頗易得，人思僥倖。』上驚曰：『如此，則亂矣！』對曰：『亂則未亂，但僥倖者多，亂亦非難。』上稱嘆再三，尋拜相。

左僕射之判吏禮兵，右僕射之判民刑工。隋開皇三年，左僕射之判吏、禮、兵三部事，右僕射判民、刑、工三部事。書法：『六部之名，始見于此。』

宋不植資産，務以儉約。范質不植資産，真宰相也。王旦務以儉約，率［勵］子弟，兄子睦欲舉進士，曰：『吾常以太盛爲惧，其可與寒士爭進？』

苞苴不到，寵倖未徼。杜衍[爲相]，苞苴貨賄，不敢到門，號清白宰相。吕蒙正未嘗以姻戚徼寵倖。

沉毅果斷，趙普。静重明敏。陳康伯。范文正，天下謂之大雅；寇萊公，天下謂之大忠。用《論語》之半部，誦《論語》之兩句。趙普：佐太祖定天下，佐陛下致太平。李沆曰：『節用愛人，使民以時，終身誦之可也。』所居陋巷，廳事無重門。李文靖。資質端厚，人莫敢干以私。王曾。名重天下，王曾。名聞夷狄。富弼早有公輔之望，名聞夷狄。虜問起居，司馬光。身佩安危。王曾。真宰相也，范質見上。真宰相也。王旦善處大事，真宰相也。斟酌元氣，調和鼒羹。朝廷高選，文彦博。中外鼓舞。陳康伯制出。燮正辰階，除陳執中。燮調鼎味。除陳堯佐。論兵帷幄，議政岩廊。楊億表。領天下之食貨，稽天下之財用。司馬光曰：『食貨，天下之急務，願使宰相領之。』韓絳曰：『古者冢宰制國用，置局中書，稽天下財用之數。』副天下望，富弼。甚慰人望。蘇頌。

慶曆之兼，景德之總。慶曆張方平請廢樞密院，乃命平章事吕夷簡兼判院事。景德元年，上每得邊奏，謂畢士安、寇準曰：『軍旅之事雖屬樞密院，然中書總文武大政。』

首相爲昭文大學士，其次爲兼修國史，其次爲集賢院大學士。國朝因唐五代故事，命相分領三館云。

斷大事，識大體。文彦博能斷大事，功效顯著。［呂端］持重，識大體。内出手札曰：『中書事必經呂端詳酌。』

臨大節，作雨詩。韓琦臨大節，處危疑，苟利國家，知無不爲。韓琦《喜雨》詩：『須臾慰滿三農望，却斂神功寂似無。』

朕用二相，賢於蘿卜。彦博、弼。推恩惠，布德澤。富弼。戒貪進，激薄俗。王文正。凡有文字之即焚，見所求請而皆折。趙普爲相，於廳事坐屏後，置二大瓮，凡有投利害文字，即焚于通衢。宋琪見所求請，皆面折之。

内降之恩，杜衍寢格。杜衍務裁僥倖，每内降恩，寢格不行。内降之恩，趙鼎奏格。趙鼎忠簡，内降恩澤，奏格不行。

袋册疏人，密籍記名。呂蒙正夾袋册，疏四方人。王文正無以私干，觀其身之所長，密籍記名。

日奏水旱，不賀死蝗。李沆日取四方水旱盗賊奏之。真宗使人野得死蝗以示大臣，他相請賀。李沆獨以爲不可〔一〕。數日，飛蝗蔽天。

〔一〕今按：此句，《宋史》卷二百八十二作『旦獨不可』，是。『旦』指『王旦』。

比之謝安，示以《車攻》。寇準澶淵之役，首乞親征。在澶淵每夕與楊億飲博，謳歌諧謔，喧呼達旦。或就寢，則鼻息如雷。上喜曰：『得渠如山〔一〕，吾復何憂。』時比之謝安。趙鼎爲相，上御書《車攻》詩，宣示宰執，鼎入謝。上曰：『《車攻》，宣王中興之詩，今當與卿等夙夜勉勵，以修政事，攘夷狄。』

趙、吕並命，普、蒙正。文、富並命。彦博、弼。

後苑曲宴，就宅酌尊。吕正惠公參知政事，獨召便殿，語必移晷。會曲宴後苑，太宗作《釣魚詩》，斷章云：『欲餌金鈎深未達，磻溪須問釣魚人。』意以屬端。數日相端。李文正致仕，燈夕，上就宅，親酌御尊飲之，選肴核之精者賜焉。曰：『兩入中書，未嘗傷人害物。』

吕公著之於人才，如權衡之稱物。韓、富、范之於争事，如車子之主行。慶曆中，韓琦、富弼、范仲淹同在西府，各不失和氣，當時正如推車子，上前争事，如未嘗争也，其心主于行而已。

不用浮薄，裁抑奔競。神宗問治道所宜先，李沆曰：『不用浮薄新進喜事之人，此最宜先。』梅詢、曾致堯是也。』文彦博曰：『搢紳奔競，非裁抑之無以厚風俗。稍旌廉退之人，則

〔一〕今按：『如山』，《宋史全文》卷五作『如此』，是。

躁競者知愧。』

富弼之守格法，寇準之却例簿。富弼守格法，行故事而附以公議。寇準吏持例簿以進曰：『丞相所以器百官，若用例，非進賢退不肖也。』却而不悦〔一〕。

欲乞朝廷十科舉士，在位達官人舉所知。問：『卿諸子孰可用？』曰：『侄夷簡，宰相才。』吕文穆致仕，真宗幸宅問云云。所薦士未嘗知出於公，公亦未嘗示〔二〕范純仁。恩意於人。

李沆之言，李沆之對。李沆曰：『用賢，人主之事。我若受其請，是示私恩也〔三〕。』李沆，石保吉求爲相，仁宗問公，公曰：『因緣戚里，無攻戰之勞，臺席之拜，恐騰物論〔四〕。』李沆曰：『待罪宰相，公事則公言之，何用密啓？』

王文正之所薦，王文正之所執。王文正所薦，人未嘗知。寇準求爲相，公驚云云。已而制出，除準平章事。準入見，泣曰：『非陛下知臣，何以至此。』真宗具道所以薦者，准始

〔一〕今按：『悦』，《宋史全文》卷五作『視』，是。

〔二〕今按：『示』，《山堂肆考》卷四十三作『市』，是。

〔三〕今按：此爲李昉之言，非李沆之語。見《宋史》卷二百六十五。

〔四〕今按：『論』，《宋史》卷二百八十二作『議』。

愧嘆。王文正，宦者劉承規求爲節度，真宗語公，公執以爲不可。至今内臣不過留後。

王文正之言權利，富鄭公之言畏天。張士遜出爲江西轉運使，辭王文正公。公曰：『朝廷權利至矣。』神宗朝有言灾異皆天數，非人事。富弼曰：『人君所畏唯天，若不畏天，何事不畏。』上書明其決不然。

太祖曰：『作宰相須用儒者，宰相須用讀書人。』

孝宗不稱相名，真宗元老不呼名。夷簡之疾，仁宗剪鬚。宰相之見，天子賜茶。大雨如注，彗星不見。久旱不雨，彗出天心。張商英拜相之夕，大雨如注，彗星不見。上親書『商霖』天字賜之〔一〕。

父子祖孫兄弟三世宰相。吕許公、韓魏公、魯曹公〔二〕、韓莊敏、吕文穆、史越王。

公亮方安世，韓琦過周公。神宗曰：『謹審周密。』曾公曰：『内外無間，受遺輔政，有始有卒，可方張安世〔三〕。』歐陽修曰：『進退之際，從容有餘。德業兩全，讒謗自止。過周公遠矣。』

〔一〕今按：此句，《山堂肆考》卷四十三作『上喜，親書「商霖」二大字賜之』。

〔二〕今按：『魯曹公』，《建炎雜記》甲集卷九作『曾魯公』。

〔三〕今按：此段文字錯亂，當爲：神宗曰：『曾公謹慎周密，内外無間，受遺輔政，有始有卒，可方張安世。』

自：阿那肱之追緯，韋執誼之同食。齊承光元年，齊高阿那肱引周師追緯，及恒獲之。發明：『《綱目》於此特書齊丞相高阿那肱引周師追緯及恒獲之，則高緯任用非人，自取亡滅。阿那肱身爲大臣，背國賣主，周人容納奸迴，慚於吊伐。』永貞元年，順宗。賈耽、鄭珣瑜病不視事。耽以王叔文用事，稱病不出。故事丞相方食，百官無敢謁者。叔文至，直省以舊事告，叔文怒叱，執誼起迎同食。珣瑜取馬，徑歸不起。

縣令以上，皆自選用。貞元十二年，自陸贄貶食〔一〕，尤不任宰相。自縣令以上，皆自選用，中書行文書而已。

黑衣宰相，冠履失所。宋主以彗琳善談論，與議大事，琳着高履〔二〕披貂裘。孔顗曰：『遂有黑衣宰相，可謂冠履失所矣。』

儒素《漢記》：『皆以儒素。』癡相。楊再思。

妄一男子，號蘇模棱。田千秋，單于云：『非用賢也，妄一男子。』蘇味道爲相，曰：『決事不欲明白，模棱持兩端可也。』時號蘇模棱。集覽：『模棱，四方木，可左可右。』僉載：味

〔一〕今按：『貶食』，當爲『貶官』。

〔二〕今按：『履』，《南史》卷七十八作『屐』。

道爲相，或問燮理之道，無以答，但以手模床棱。』

秋花之賀，春雪爲瑞。武后季秋梨花，衆賀。杜景佺〔一〕曰：『陰陽不相奪倫，瀆即爲災。今草木黄落而木復花，瀆陰陽也。』武后時，三月大雨雪，蘇味道以爲瑞。王求禮曰：『乃灾也。』

姚崇可謂救時之相，懷慎謂伴食之相。仁軌謂解事僕射，至德乃不解事僕射。見上。用金杯而貯狗矢，棄蘇合而取蜣蜋。南唐以馮延巳、孫晟同平章事，晟素輕延，語人曰：『金杯玉盌乃貯狗矢乎？』孔循薦崔協，而任圜欲用李琪，循力沮之。圜曰：『明公舍李琪而相崔協，是猶棄蘇合之丸而取蜣蜋之轉也。』言不能者慎其相也。

大耐官職，多以不才。向敏中［除僕射］，李昌武入賀，但唯唯云。故上笑曰：『大耐官職。』宋庠謂：『多以不才誚我，自咏：「我本無心士，終非濟世才。虚舟人莫怒，疑虎石當開。蚊負愁山重，葵傾喜日來。欲將嘲强解，真意轉悠哉。」』

『六年内署，雖叨捧日之榮；一日台司，未展致君之悬〔二〕。』唐王微《乞免詞》。『霖雨無功，

〔一〕　今按：『杜景佺』，當爲『杜景儉』。

〔二〕　今按：此二句，《舊唐書》卷一百七十八《王徽傳》作『六年内置，雖叨侍從之榮；一日台司，未展匡扶之志』。注文『王微』，當爲『王徽』。

深愧代天之用；雲霄〔一〕失路，未知歸骨之期。』唐劉鄴。『老鳳池邊蹲不去，饑烏臺上噤無聲。』曾公亮。李復圭詩。

精：『梓人，不執斧斤刀鋸之技，專以尋引規矩繩墨。度才視制，指麾衆工，猶相天下者，立紀綱整法度，擇天下之士使稱其職。』柳宗元《梓人傳》。《揚子》：或問『蕭、曹』。曰：『蕭也規，曹也隨。』『理百官而察萬民，平邦國而和天下。』楊盈川。『輔贊彌縫而藏諸用，非明哲曷臻是哉？』《房杜贊》。『較短量長，惟器是適者，宰相之方也。』韓。『典領百僚，陶融萬化。』唐代宗《詔》。『九功不叙咨爾緝熙，五品不時〔二〕咨爾寅亮。』《李絳制》。『審涇渭以序人倫，謹繩墨以正天下。』《李吉甫制》。『不獨有其德，亦皆務于勤。』王元之。『臨大節決大事〔三〕，垂紳正笏不動聲色，而措天下於泰山之安。』韓琦。『歐。『既納誨于三篇，復陳戒于六事。』《杜元穎制》。『從容鼎位，光贊大猶。』推忠導善達四方之志，弘往納來成天下之務。』杜祐碑。『澄其源而清其流，統於一而應於萬。』韓。『啓黄扉而燮五緯，躡青帷而調四序。』孔稚圭表。『八柱承天，高明之位列；四時成歲，亭毒之功成。』張説撰姚崇碑。『天方賚予，人具瞻爾。』《張弘靖

〔一〕今按：『雲霄』，《舊唐書》卷一百七十七《劉鄴傳》作『煙霄』。
〔二〕今按：『時』，《唐大詔令集》卷六十一《册馬燧司徒文》作『昭』。
〔三〕今按：此句，《宋史》卷三百十二作『臨大事決大議』。此爲歐陽修稱贊韓琦之語。

制》。『仲尼相而無飲羊縱妻之民，楊綰相而有減騶省樂之效。』應氏。

杜詩：『狄公執政在末年，濁河終不污清濟。國嗣初將付諸武，公當〔一〕廷争守丹陛。禁中决策詔房陵，中宗。前朝長老皆流涕。』『漢道中興盛，韋經亞相傳。韋賢以明經爲相，小子玄成以明經爲相。』『霖雨思賢佐，丹青憶老臣。應圖求駿馬，驚代得騏驎。沙汰江河濁，調和鼎鼐新。韋見素襲父爵爲左相。韋賢初相漢，范叔已歸秦。盛業今如此，傳經必〔二〕絶倫。』『相門清議衆，經術〔三〕大名齊。張垍悦子，父子名等。』『扈聖登黄閣，明公獨妙年。蛟龍得雲雨，鵰鶚在秋天。嚴八閣老』

『皇佐揚天惠，四時〔四〕無交兵。』曹子建詩。『稷契光吴夏〔五〕，伊吕翼商周。』王儉。『大厦須異材，廊廟非庸器。』『滎公鼎軸老，烹斡力倔强〔六〕。』『貴相山瞻峻，清文玉絶瑕。』韓。『黄閣

〔一〕今按：『當』，《杜詩詳注》《九家集注杜詩》均作『獨』。

〔二〕今按：『必』，《杜詩詳注》《九家集注杜詩》均作『固』。

〔三〕今按：『經術』，《杜詩詳注》《九家集注杜詩》《御定全唐詩》均作『儒術』。

〔四〕今按：『四時』，《曹子建集》作『四海』。

〔五〕今按：此句，《文选注》《漢魏六朝百三家集》均作『稷契匡虞夏』。

〔六〕今按：『倔强』，《五百家注昌黎文集》作『健倔』。

三十年，房杜。清風億萬古。』皮日休。『早歲天教作霖雨，明時帝用補山龍。』王建。『左轄頻虚位，今年得舊儒。相門韋氏在，經術漢臣須。』杜。『有官居鼎鼐，無地起樓臺。寇萊公。』魏野。『一戰文場拔趙旗，便調金鼎佐無爲。傅相國。』王仁格〔一〕。『玉鼎升黄閣，金章謁紫宸。』任希古。『惟仲淹弼，一夔一契。』《慶曆聖德詩》。

王勃：『朝升玉署調天紀。』『柳陰半眠丞相樹，珮馬玎玲蹋沙路。帝前簪笏稱南山，獨垂重印押千官，金科篆字紅屈盤。沙路歸來聞好語，旱火不光天下雨。』李賀《沙路曲》。『十年紫殿掌洪勻，出入三朝一品身。文帝寵深陪雉尾，武皇恩厚宴龍津。』李德裕。『但令端委坐朝堂，北狄西戎談笑了。』坡。『清如冰玉重如山，百辟嚴趨禮絶班〔二〕。强虜外聞應破膽，平人長見盡開顔。』岑參。『富公既爰立，士夫皆相慶。』王逢源詩：『真須待見爲堯舜，未敢輕浮作頌聲。』『聖朝丞相年年出，公在中書十四秋。西祀東封俱已畢，好來相伴赤松遊。』魏相以詩寄王旦，王旦感悟，求退。『不羞老圃秋容淡，且看寒花晚節香。』韓琦。杜詩《李長史之父》：『星拆臺衡地，堪爲人所怜。公侯終必復，經術竟相傳。食德見從事，克家何妙年。一毛生

〔一〕今按：『王仁格』，當爲『王仁裕』。此詩句見王仁裕《賀王溥入相》詩。

〔二〕今按：『班』，《御定全唐詩録》《文苑英華》均作『攀』。

鳳穴，三尺見龍泉。以鳳劒美使君。』

臺司。岩弼。揆席。鈞宰。宰庭。臺席。鼎席。鉉臺。

巽命中宸，晋登上位。帝咨碩德，位峻上台。涣揚大號，晋陟中台。大庭慎號，亞輔升華。御紫宸朝，登黄閣老。出命九重，登庸二府。播告大庭，褒崇真宰。起蹐起復。上衮，並領元樞。索長安之米，擬就辟書。伏光範之門，尚干賓謁。齒塵埃之下吏，夙感大恩。拜雲漢之上台，輒裁小牘。贄見。家事雖勤，詎可辭於國事。國容既肅，爰兼整於軍容。起復。立天官冢宰以佐王，秩崇舊衮；錫土田附庸而爲輔，賦衍新畬。刺經作制勒成灝噩之書，祚土分〔一〕茅奄有龜蒙之境。能自得師，謹厥終而惟始；爰立作相，置諸右以輔台。惟圖任舊人共政，允符爰立之期；克左右厥辟宅師，丕聳具瞻之望。士勵相我國家，豈輕其選；王置諸其左右，今得其人。從容而調萬化，談笑而制四夷。夜刻博山之印，朝選文德之麻。

温乎得聖人之和，毅然任天下之重。衆忻汗竹之新，獨恨登槐之晚。有周公之封，豈惟奄魯；得裴度之佐，宜永相唐。進賢去佞幾如慶曆之誦詩，剔蠹濯污快哉元祐之條貫。

〔一〕今按：『分』，《四庫全書》本《翰苑新書》續集卷一作『苴』。

知房玄齡登軸於開元之際〔一〕，若趙韓王復位於建隆之間。大耐官職，門庭賀客之寂如；貴極人臣，山澤臞儒之自若。苞苴賄賂，獨不入沂公之門，鼎鼐樓臺，抑未闻寇相之第。自任以重，隱然負海之六鼇；獨立不移，屹若擎天之一柱。明允篤誠，世濟元愷之美；謀謨果斷，才兼房杜之長。有嘉謀而告于内，尚周臣良顯之風；持衆美而效之君，得唐相彌縫之用。甘盤舊學，何心霖雨之期；南陽故人，親際風雲之會。任天下之重，幸瞻赤舄之來；爲帝者之師，佇復青氈之舊。聖朝之相，頻頻已過中書二十四之考〔二〕；閟宫之詩，奕奕方開異姓五百年之封。所謂同德惟一，伊尹乃格于天。豈無他人，雖百曹參何補于漢。惟武丁得傅説，命朝夕啓乃心。使太宗無玄齡，如左右失其手。洪匀轉一氣，乾坤日就于清夷；庶績撫五辰，星宿亦爲之明潤。我聞在昔有伊尹伊陟之相望，民到于今稱召虎召公之是侶。江左有伊吾，端可致神州之復；中國相司馬，允已折默虜之心。承以大夫師長，有加漢光禄之尊；錫之土田附庸，未稱我周公之貴。時則有若伊戚〔三〕，實繼阿衡之覺先；公其惟時成周，足邁伯禽之拜後。致君於堯舜之上，鄭公固所優爲；行政若管晏之

〔一〕今按：此句，《四庫全書》本《翰苑新書》《四六標准》均作「房玄齡奪服於貞觀之際」。
〔二〕今按：「中書二十四之考」，《四庫全書》本《四六標准》作「頻頻已過中書十四秋之數」。
〔三〕今按：「伊戚」，《四庫全書》本《翰苑新書》《四六標准》皆作「伊陟」。

卑，孟子豈其或比。誦《説命》之三篇，敢以爲致君之賀；續《車攻》之一雅，又將誦却敵之動。讀真漢相之史，喜追紹於祖風；續夢良弼之書，慚莫陪於聖筆。

賀：體貎增隆，股肱有喜。崑崙擘而力有餘，泰山壓而色不動。立太山〔一〕之四維，定洊雷之一索。漢則夏侯以説禮而召拜，唐則李靖以録功而食封。尚論昔人，未如今日。

《明堂加恩》〔二〕：『類于上帝，聿稽宗祀之文；相維辟公，爰侈冢司之渥。蒇大享之儀，涓中辰之吉。法駕寶路，肅臨清廟之豆籩；朱芾葱珩，於赫上公之冕服。茂對龍光，密扶龜祚。』

『兩儀間氣，四海真儒。杞人憂天，馭方危於六馬；虞淵取日，功卓冠於五龍。』『舉皋陶於右，甫平猾夏之虞；歸周公於東遂，究經邦之業。蔡方既定，式遄裴令之歸；江左何憂，尚有夷吾之在。』『玉立聳而山斗傾仰，崖略峻而軒裳具瞻。白去副封，乃地節攬權之重；預防中出，循慶曆更化之規。』『當饋而思，蕭何久虚右席；和羹而命，傅説簡自上心。』『如操舟中流，同心以濟；如推車峻坂，協力以登。罔美前脩，獨專盛美。邊事屬右相，人

〔一〕今按：『太山』，當爲『太極』。

〔二〕今按：此爲劉後村文，完整題目作《賀史丞相明堂加恩》。

丕才屬左相，未容張趙之强分。典故問東廳，文學問西廳，當合韓歐而爲一。』

『天開聖人，揭大明於積陰之後；帝賚良弼，興霖雨於久旱之餘。平輕重於一舟，丕展濟川之略；寄安危於八柱，迄成支厦之功。』『屬者諸公，欲執版下新亭之拜；時惟元老，獨舉扇障武昌之塵。斯謀斯猶，唯若陳之告我；朕夢朕卜，以汝説而賚予。』『朕夢朕卜，幸開帝賚之祥；汝翼汝爲，其代天工之曠。』『定大事於胸中，九牛莫撼；挺成謀於物表，群蟄未知。掃四天之氛翳，而擎出太陽；捲百川之狂瀾，而歛還大海。』『時則有伊尹，成湯所以格皇天；吾不如子房，高祖所以成帝業。惟今爰立，視昔匹休。六鼇負圓嶠之山屹，鷩濤而不動；五龍夾虞淵之日升，層漢而大明。和氣迴而天爲飛雪，貪風息而人樂飲冰。』『二豸俱去竈婦亦驚，一馬重來都人太息。敵無虎貍飲江之謀，國有猛虎在山之勢。』『是父之有是子，不特大韋平之世家；吾相之與吾君，可謂得伊吕之王佐。嘉謀讜論，周旋父子一堂之間；文德武功，維持帝王萬世之業。』『如房玄齡奪服於貞觀之際，若趙韓王復位於建隆之間。雖無伯禽金革之事，豈資傅説舟楫之才。』

皇極四　四章

附宰相臺諫林駉

秉匀當軸，宅揆代工，坐廟堂而進退百官，此宰相之職。烏府深嚴，豸冠威肅，振紀綱而警風采，此臺諫之職。權門一登，炙手可熱；相府潭潭，趨者如市。霍光廢立，權在掌握，雖宣帝亦敬之，嚴延年以侍御史之微，劾奏其罪，而朝廷肅然起敬，震霆一驚。王鳳竊柄，根據中外，雖成帝亦憚之，劉向以大夫之卑，公陳其咎，而權貴爲之縮頸，聽者奄耳。李義府取媚昭儀，擅殺六品，高宗且不問其枉法之罪。王義方一爲侍御，對仗呵叱，昌誦彈文之過。裴延齡怙恩老奸，舉朝側目，德宗方有白麻之拜。陽城身爲諫官，守閤慷慨，卒沮爲相之命。嚴霜在望，睹者毛寒。黄閣森嚴，紫府榮耀。喬岳峻天，魁斗横漢。首鼠自默，仗馬不言〔一〕。則事權不振，國勢不立。國朝自御史劾趙中令，復以見斥，而臺諫之言輕。自諫官論丁謂，卒不見聽，而臺諫之言沮。晏殊爲政，傾身諫官，張方平指

〔一〕今按：『言』，《四庫全書》本林駉《古今源流至論》後集卷二作『鳴』。

仁祖，時言也。景祐之際，丞相呂夷簡也納賂市恩，不才多私，極口深詆，韓琦之章屢上，而王隨之黨隨罷。文彦博取媚宫闈，唐介劾之，雖介有别駕之除，而彦博亦有罷免之命，况猶遣使護介乎！此見於皇祐之時也。梁適求援，閹寺馬遵彈之，雖遵有補外之行，而適終負去位之愆，况上久知清議不平乎！此見於至和之時也。劉沆挾私，趙抃力沮。執中剛愎，蔡襄面斥。安行新法，此宰相之過也，熙寧。臺諫争之宜矣，而反補外焉。邊士失實，此宰相之尤也元祐，御史論之當矣，而反左遷焉。雖然仁祖盛時，臺諫所以敢言者，雖曰人主崇奬之誠，亦大臣優容之公。夷簡非仲淹所斥乎？夷簡復相，且曰：『仲淹賢者，朝廷將用之。』彦博非唐介所攻乎？彦博復相，乃曰：『召臣未召唐介，臣不敢行。』

皇極四　五章

參政同人

『黄樞貳政[一]，侍講金華。紫府弘真，參謀玉鉉。』《陳希烈制》。按《漢表》，御史大夫掌副丞相，則今參貳之意也。按《唐表》，參預參議得管朝政，則今參貳之名也。嘗觀宣帝之任御史大夫也，本始地節四五年間，丞相韋賢御史大夫魏相也，是爲長寬而貳嚴。地節、神爵八九年間，丞相魏相御史大夫丙吉也，是爲長嚴而貳寬。神爵、五鳳三四年間，丞相丙吉御史大夫蕭望之也，是爲長寬而貳嚴。同異相濟，寬嚴相用。嘗觀太宗之任參預等官也，貞觀三年，房玄齡爲尚書左僕射，魏徵以秘書監參預朝政。玄齡謂創業爲難，徵謂守成爲難，故彼此異議而不嫌。貞觀四年，玄齡尚爲僕射，蕭瑀以御史大夫參議朝政。蕭瑀偏駁，則玄齡裁正；玄齡過失，則蕭瑀痛劾，故議論相規而不恕。然漢之御史大夫不副丞相，皆有

[一] 今按：『貳政』，《四庫全書》本林駉《古今源流至論》後集卷二作『貳職』。

覬覦謀陷之心。唐之參議參預名曰副貳，實無異宰相之任。國朝〔一〕相權太重，擇官爲副，仿唐參知參議之名，而立參知政事之官，遂命薛居正、吕餘慶爲之。時乾德二年因陶穀之言也。

舊制不押班知印，自開寶中，宰相趙普與薛居正輪知，於是有押班知印之命。舊制不升政事堂，自咸平中，宰相吕端與寇準同事，於是有得升都堂之例。至元豐，以門下中書侍郎尚書左右丞爲參知政事之職。至建炎，罷左右丞，而門下中書侍郎爲參知政事之名。相有舉事之非，則爲參者抗議正救，不曰越職；參有建議之失，則爲相者廷争力辨，不曰侵官。元祐初年，司馬拜僕射，公著除左丞，熙寧弊法，同心力革而不恤朋黨之禍。元祐四年，純仁爲僕射，王存除左丞，竄逐蔡確，合力固争而不顧罷黜之命。范公焚書之事，宋庠謂可深罪，而吕文靖曰只薄責之，是相得詰其參之罪也。王守忠空頭之簽，韓公只令簽書，而參政趙概難之，是參得難其相之行也。丁謂除參，萊公推轂也，親拂相鬚，狗苟取媚，萊公面責，未幾銜怨，忍爲下石之謀。惠公除參，荆公力薦也，稍至得意，反覆陷阱，荆公再相，於是詔獄，忍爲彎弓之計。

〔一〕　今按：『國朝』，《四庫全書》本《古今源流至論》後集卷二作『國初』。

參政

後魏古弼爲尚書令，參知政事。隋蘇威、高熲等參預朝政。唐劉垍、張文瓘參知政事，魏徵、杜淹等參預朝政，崔仁師等參知機務。

宋太祖已相趙普，畏其專，擇官爲副，而難其名稱。陶穀曰：『唐有參知機務、參知政事。』遂命薛居正、吕餘慶爲參知政事，令不押班、不知印、不升堂。令就宣徽使，廳上視事殿庭，别設磚位於宰相後，敕尾書銜降宰相數字，月俸雖給，半之。參聞政，職重端副。景□□□□□□□□。劉放文翰，孫資勤謹，並管喉舌，權右當時。魏文時。

自參機密，王方慶制。宜緝臺階之政，崔日用制。燮贊化原，參知鼎實，柳子厚。參綜朝權，晋殷浩。參知毗贊朝政。晋荀勖。論議明辨，唐蕭瑀。争事帝前。薛稷。

未語禁省之事，盛陳節儉之美。唐楊師道性周慎，未嘗語禁省之事。蘇威見宫中以銀爲幔鈎，因盛陳節儉之美以諭上，上爲改容。

蕭瑀守道耿介，魏徵納忠正違。帝曰：『疾風知勁草，板蕩識誠臣。守道耿介，古無以过。』太上有廢立議，瑀不以利怵死，宴群臣，親解佩刀以賜曰：『納忠正違，雖古名臣亦何以加！』『蹈履仁義，以弼朕躬，諸葛亮無以抗。』

躬行忠直，宜幹樞近。唐戴胄無骨肉之親，太宗謂躬行忠直。唐崔湜爲相，曰：『陸象先人望，宜幹樞近。』並參知政事。

容止端雅，文辭清麗。 唐崔湜執政，年二十七，容止端雅，文辭清麗。自吟曰：『春還上林院，花滿洛陽城。』張燕公嘆曰：『句可效，位可得，年不可及。』

不受貢金，參掌朝政。 莫離支貢金，褚受良不受，曰：『討弒君之罪，不受其賂。』隋蘇威、宇文述、裴矩、裴藴、吴世基參掌朝政。

古弼歐背，杜淹薦人。 後魏古弼參知政事，欲奏除減苑囿，遇太武與劉樹圍碁，弼捽樹頭毆其背。太武奇弼公直，可其奏，與百姓。唐杜淹所薦四十人，後皆知名。

『比憫奏於公車，願還事於覃旅〔一〕。』宋《張昇乞致仕批答》。 輸忠切諫，輔贊聖德。 施大資點字聖與。 貳秩台衡，擢參相府。 『參文〔二〕政道，陪貳宰司。』《曾公亮批答》。 先居〔三〕宣憲，入陪宰政。 宋敏求《太宗詔》。 參四輔之班楊億，擢陪宰席張方平。 風範端凝，風采想望。 李沆，太宗目送曰：『風範端凝，真貴人也。』王介，天下想望其風采。 剛毅守節薛奎，剛正立朝魯肅簡公。 頃陪議於宰涂，曾公亮。 參萬幾之密論。 歐《謝表》。 『贊貳國鈞，參聞廣論。』歐《表》。 『俾參政論，允叶群心。』

〔一〕 今按：此句，《四庫全書》本《文恭集》作『比閲奏於公車，願還事於宰旅』。

〔二〕 今按：『參文』，《四庫全書》本《翰苑新書》前集卷二作『參聞』。

〔三〕 今按：『先居』，當爲『先君』。

《温公賜韓絳詔》。『貳丞相，毗大政，參庶務。』《會要》。『上則斡元化以調四時，下則畅至仁以澤萬類。近則群臣仰首以承德，遠則殊俗交臂以待命。』《張方平制》。通知三省政事，同議都堂公事。

兼權樞密，同議邊事。趙鼎忠簡公字元鎮，詔孟庾、沈與求兼權樞密院。仁宗康定，陜西用兵，［知］樞密院。晏殊言：『近詔邊事，宰臣參議，知政事獨不與聞，乞並許同議邊事。』感激思奮，面議政事。趙抃清獻。

真宰相才，真臺輔器。寇準，太宗怒起，輒舉帝衣。呂端，得相未嘗喜，遇挫未嘗惧。竇偁面折，士安首疏。竇偁與賈琰同事，太宗與諸王射，賈琰矯誕，竇偁比之。太宗白太祖，出偁涇州，後爲參知政事。偁曰：『藩邸舊恩至此。』太宗曰：『面折賈琰，賞卿之直耳。』契丹謀入，畢士安首疏五事，帝多用，乃進公參知政事。帝曰：『未也，行且相卿。』

范仲淹之論朋黨，趙鼎之薦人才。仲淹論及朋黨曰：『在聖鑑辨之耳。』趙鼎薦人才。帝前辨是非，上前陳利害。天章條事，帝前辨是非。范仲淹、宋庠、唐質肅公介。上前陳利害，日食請修德，曰乾剛之道，或有所虧而致，惟修德可以免之。王堯臣、程琳。

魚頭參政，朝退獨坐。魯肅簡魚頭參政，因其性直，骨鯁如魚頭也。魯宗道營一室，畫山水，朝退獨坐，號退思岩。

並升都堂，商議政事。至道元年，詔參政與宰相知印押正衙，位磚合爲一，商議政事，並升都堂。

財利之要，集爲總目。歐陽公在政府，凡兵民官吏財利之要，中書所當知者集爲總目。

欲重其事，賜以衣帶。冀公參政，封大名府，召还加邑封。契丹講好，真宗欲重其事，冀公入朝，特命以衣帶鞍馬賜之。

加父恩命，召母命坐。參知政事，見進拜者，盧朱厓、吴正肅、尚書張安道、張文孝、樞副陳堯叟、张文肅，憂加恩命。賈黄中知贡舉，揀拔寒俊。掌吏部，品藻精當。拜給事中，召母命坐，曰：『教子如此，今之孟母也。』賦詩美之，賜予甚厚。

魏徵，諸葛亮無以抗。見上。文彦博，卿朕之裴度。貝州王則反，文彦博請行，凱旋，除平章事。

自：骰子選耳，何足道哉。丁謂參政，或率楊公賀之，公云云。政地，政路，政府，東府。貳相，政塗，左轄，中階。簡隆宸眷，序陟政塗。顯膺詔綍，公綍政機。妙簡中宸，峻躋亞相。度越群公，延登兩地。肅奏宸綸，權司政柄。延登帝賚，參秉國匀。

尺一詔書，起本兵之舊弼。二三執政，進秉國之新參。運籌决勝，久涇意于安危。當軸處中，仍兼資于文武。間兩社以爲公輔，下助鼎鼐之和；有一德以享天心，上柄魁杓之象。忠臣之謂骨鯁，執政之猶股肱。久賴讜言，具瞻良弼。密次合躔，禮秩僅餘于一等；同升政路，絲綸特下于九天。運籌合上意，既資心腹之謀；其政用舊人，遂及股肱之任。仰中階之炳耀，間兩社以雍容。外以師保萬民，内以儀刑百辟。益茂處中之望，行膺虚左之求。

職親宥密，總三兵五軍之權；任重弼諧，贊一日萬幾之務。見管夷吾何憂，人有憑藉；聞樂政子爲政，國其庶幾。惟兹四人，共迪文王之彝教；式是百辟，要觀山甫之令儀。會昌之容，德裕豈限儒科；至道之登，吕端具存故實。予惟克邁乃訓，久入告于嘉猶；天將降任是人，果參陪于揆路。兼樞密。

既資二相以調燮，復賴四鄰之啓沃。共領朝班，纔差丞相之一等；通釐省務，非特尚書之萬幾。彌綸大政，一日至于萬幾；體貌大臣，四海均于百揆。南山之維石，岩岩允偕與頌；北斗之台星，兩兩焜耀階符。邪謀自寢，以汲直之在朝；太平可期，有鄭公之預政。台躔動色，泰階炳兩兩之符；寶曆綿休，神鼎增九九之重。河北甫定，胡文烈遂參於政機；陝西略平，龐莊敏亦貳於國策。唐室參知之任，實同八柱之承天；藝祖沿革之治，益慮一鶚之挾免。

請申善頌，永居兩地之尊；同與嘉師，仰托二天之庇。密贊國經，暫延登于左轄；宏熙帝載，行進躡于上階。一夔一契，幸勉追慶曆之踪；三沐三薰，請嘗試徂徠之墨。維石岩岩，果峻具瞻之望；泰階兩兩，佇膺上台之躔。泰山岩岩，自足帡幪於萬宇；中台兩兩，又將膠轕於三辰。建道德之輔則元氣實，收謇諤之助則衆晛消。寇公用而北使興誰是之言，司馬相而遼人有生事之戒。蓋大阿出匣，物莫敢干；而猛虎在山，藿爲不採。英標照世，冰壺玉衡懸清秋；碩德居朝，天球河圖在東序。人皆言見夷吾，夫復何憂；帝亦謂倚裴度，足以破賊。濟時之相豈易得哉，中興之功可立俟矣。

公輔間于兩社，德因服而益彰；天子必有四鄰，官惟人而後備。泰山喬岳無運動之迹，人蒙潤而不知；祥風和氣以長養爲心，物有生而自遂。蓋祖宗擢臺輔於儒科，叶心共濟；故人物皆國家之偉器，同氣相求。罔俾前朝，專美魚頭之參政；將繇亞相，徑躋雉尾之三公。差丞相之一等，未妨體貌之公〔一〕；預天子之萬幾，實號股肱之近。海内幸甚，國勢歸然。

〔一〕今按：『公』，《四庫全書》本《翰苑新書》續集卷二作『隆』。

皇極四　六章

平章事

唐貞觀八年，僕射李靖以疾辭位，詔疾小瘳，三兩日一至中書門下平章事，平章之始此。《唐·百官志》。永淳元年，郭待舉、岑長倩等同中書門下平章事，入御〔一〕自待舉等始。《宋》：舊相特命平決軍國事者四人，王文正、吕文靖、文忠烈、吕正獻。開禧元年，置平章軍國事，以命韓侂胄。《朝野僉載》。

五日一入中書，三五日一入中書。鄭覃以疾乞去，詔五日一入中書。裴度引疾，詔三五日一入中書，神觀爽邁，操守堅定。杜祐乞致仕，詔三五日一入中書。天子尊禮之而不名。宋平章軍國事，祖宗所以優待元勳，重德之意，非他相比也。大典禮，大刑政，侍從管軍，三京尹三路帥臣以上乃與聞之。

屢貢封章，力求退避，朕重失此三益之友，而憫勞以萬幾之煩。又，毋廢議論，時遊廟

〔一〕今按：『御』，《新唐書》卷四十六作『銜』。

堂。《呂公著制》坡。

《呂司空批答》：『卿其優游廟堂。』士艷其榮，呂公著父子也。

契丹改容曰〔一〕：問其年，曰：『何壯也！』拱手曰：『天下異人也。』

皇極四　七章

給事中

秦加官，漢因之。後周天官之屬，有給事中。隋初無，開皇六年始於吏部，置給事郎。煬帝移爲門下之職，置員四人。唐改給事郎爲給事中。龍朔門下省曰東臺舍，垂拱曰鸞臺，開元曰黄門省。淳化以右諫議大夫魏庠知制誥，柴成務同知給事中。制敕不便宜，准故事，封駁四人，分治六房，掌讀内外出納之事，政令有失，論奏而駁正之。

『左省駁議，不畏强禦。』杜牧。『給事東闥，實掌駁議。』《劉伯芻制》。『守駁正之任，道不依違。』《孫偓制》。

〔一〕　今按：『曰』後删略。據《宋史》卷三百一十三《文彦博傳》，『曰』後有『此潞公也邪』一句。

黄門要地，青瑣。

左掖管轄之司，桓玄。黄門畫堂之署。《漢儀》。

夕郎，小門下。夕則兩郎，向瑣闥拜，謂夕郎。齊世侍中爲門下，給事黄門，爲小門下。

立德邈然。晋任熙。有俊才。袁准。忠篤履素，清正廉潔。晋武：郎中張逵，忠篤履素，爲給事中。燕王陳劭，清正廉潔，爲給事中。給事常侍，或名儒，或國親。東方朔、劉向爲給事。胡伯始。

鄭衆以明經拜給事中，吕元膺有讜言拜給事中。傅朕八年，爵給事中。《漢元詔蕭望之》。

俾畀瑣闈，以備顧問。白居易《制》。白皙長大，言音明爽。令侍左右，臚傳詔旨。齊映。

敕有不可，敕後批之。李藩，裴垍以爲有宰相器，遂拜相。史臣曰：『批敕有夕郎之風。』駁奏無私，封奏駁正。盧鈞。

制敕不便於時者，封奏之；刑獄未合於理者，駁正之；天下冤滯無告者，與御史糾理之。有司選補不當者，與侍中裁退之。固不專於掌侍，奉讚詔令而已。《除鄭覃制》。

兼謨封還，韓幹〔一〕論駁。左藏史盗度支縑帛，文宗以經赦勿治。狄兼謨封還。《詔書》。韓幹論駁，援准古誼。

〔一〕今按：『韓幹』，《天中記》《山堂肆考》皆作『齊澣』。

存誠之執敕，袁高之執詞。薛存誠，神策軍與咸陽尉袁儋不平，誣奏，儋被罰。二敕皆執不下。憲宗悦，遣使勞之。德宗復用盧杞爲刺史，袁高執詞頭，謁宰相曰：『杞作相矯詐，若授之大郡，恐失天下，望宰相命舍人草之。』詔出執之不下，張獻恭陛下良臣〔一〕。

于放之封還詔書，盧載之封還詔書。唐于放，昭愍即位，封還詔書。李封吉〔二〕用事，與李仲不叶，逐嶺外。盧載，郭承嘏出爲刺史，封還詔書，曰：『能奉其職，宜在瑣闥。』文宗復爲給事。

封還敕書，奏不擇辰。崔植，皇甫鎛請減官俸禄，［植］封還敕書。［鎛］復奏《諸州鹽税榷酒疏》。李遜，舊制隻日視事對群臣，奏曰：『陳誠啓沃，不必擇辰。』憲宗嘉之，許不擇時奏對。

四方想見風采，許孟容。世人尚其倖直李渤。

有迴天之力，未嘗不盡言。太宗詔發卒修治洛陽宫，張玄素上書諫。魏徵曰：『張公論事有迴天之力。』穆質政事得失，未嘗不盡言。慷慨論正，孔戣。陳當世得失。薛元超。復

〔一〕今按：此句删略嚴重。《舊唐書》卷一百五十三《袁高傳》作『張獻恭等奏：「袁高所奏至當，高是陛下一良臣，望加優異。」』

〔二〕今按：『李封吉』，當爲『李逢吉』。下句『李仲』，當爲『李紳』。

爲郭承嘏。再除，薛存誠。鑾渚几榻，杖屨如舊。薛存誠。

宋：『惟東臺論駁之司，乃萬世出納之地。』《毛友制》。紫垣，黄閣，仙掖，東掖。『給事黄閣，職在出納。』《除龔原制》。『付基命於中書，付審駁於門下。有事殿中之官，實專閲讀之任。其還東臺，出納惟允。』《葉濤制》。『應有詔敕，詳酌可否，然后行下。』《續通鑑》。有事殿内之臣，職在於平奏述，詳論命令。駁其違者而正之，覆其善者而行之。至於决獄官人，發驛遣使，申冤滯，察苛撓，莫不總焉。南豐擬《制》。

正四品分治六房，掌讀内外出納之事。《職官志》。感激論事，知無不言。陳戩高宗時。平奏自任，抗論無避。程瑀。除權邦彦簽書，論五罪三疏。委以次官，公乃乞罷。除兵侍不拜。除信州，侍御江躋、司諫方孟卿上疏留公，復除給事，特賜象笏示隆眷也。

議論引大體，以敕封還。元祐，黄廉議論引大體。何郯：唐介爲諫官，有補朝廷，不當出外，以敕封還。

趙汝愚之謂，趙君錫之奏。德壽宫陳源兼浙西副總，趙汝愚謂内侍不當干軍政。蔡確復觀文學士，章惇復資政學士，趙君錫奏駁奸惡。

禁門曰黄闥，内人主之。《輿服志》。

太宗《賜楊億》詩：『瑣闥昔年司制誥，共加藻思類相如〔一〕。』

沈佺期詩：『南省推丹地，東曹拜瑣闈。惠移雙管筆，恩降五時衣。』又：『案牘遺常禮，朋儕隔等威。旭日千門啓，初春八舍歸。』又：『言從温室秘，籍向瑣闈通。分曹八舍斷，解袂五時空。』

杜詩：『飄飄青瑣郎，文彩珊瑚鉤。』

薛存誠詩：『再入青瑣闈，忝官誠自非。拂塵驚物在，開户似僧歸。積草漸無徑，殘花尤洒衣。禁闈偏近日，行坐是恩暉。』

王維詩：『禁裏疏鍾官舍曉，省中啼鳥吏人稀。晨摇玉佩登金殿，夕奉天書拜瑣闈。』

姚合詩：『鴛鷺簪裾上龍尾，蓬萊宫殿雜〔二〕鰲頭。夕郎夜直吟仙掖，天樂和聲下禁樓。』

坡：『平生批敕手，淡里〔三〕寫黄紙。』黄：『儒者給事中，顧公甚奇偉。』

銀臺，瑣闥，黄扉，紫垣，夕郎，青瑣。

〔一〕今按：『昔年』『加』，《漁隱叢話》《宋詩紀事》皆作『往年』『嘉』。

〔二〕今按：『雜』，《姚少監集》作『壓』，是。

〔三〕今按：『淡里』，《東坡全集》《東坡詩集注》作『濃墨』，是。

嚴宸疏渥，瑣闥陞華。妙東〔一〕彤宸，峻躋青瑣。拜恩玉陛，平奏銀臺。疏恩西掖，進位東臺。

青瑣謂之夕郎，黄門冠乎後省。職爲廟堂之貳，權居臺諫之先。騫騰夕拜之遷，傾倒辰猶之告。名參黄繖之班，任極清華之選。持紫橐以昕朝，望高侍列；入青瑣而拜夕，寵焕爲真。論事激昂，百辟仰迴天之力；摛文淡麗，四方傳擲地之聲。惟時傑出之才，方資卓識；越處塗歸之任，特示殊遷。爲法從論思之表，持朝廷廢置之公。議論小異則宰輔不敢專，旨意可否則制詔隨以格。轉圜有道坐知天意之迴，反汗無嫌更覺王言之大。葳蕤豹尾方看翠駕之躬陪，突兀龍頭又喜黄扉之身到。詔令施行許稽參其利病，人才進退可抗論其正邪。玄素迴天，魏徵嘆仁人之力；李藩批敕，裴公推宰相之風。朝遊青瑣之闈，時批紫詔；夕對金鑾之殿，徐草黄麻。摇玉佩之珩璜入批敕尾，被衮衣之黼黻起立班頭。黄扉要近，哭李徯之白麻；青瑣邃嚴，批叔翰之黄敕。廟堂之所已議聽自轉移，臺諫之所未言許令彈擊。萬幾之闕賴以彌縫，百官之邪得而糾正。盡洗向時仗下馬之習，復見前輩殿上虎之風。封詞頭而不下，舊傳解事舍人之名；批敕尾以復歸，共觀儒者給事之力。睹萬間

〔一〕今按：『東』，《四庫全書》本《翰苑新書》續集卷四作『簡』。

之居，願同燕雀之賀厦；舐一丸之藥，尚冀鷄犬之得仙。文華飾國典行觀批敕之風，論議當帝心佇聽迴天之力。

皇極四　八章

檢校官

檢校本加官，自唐以來有之。凡内職崇班，今修武郎。武臣副率以上，初除及該恩，皆帶。若文臣，則樞密宣徽節度使始帶焉。

宰屬檢正

熙寧，詔中書五房各置檢正二員，在堂後官之上。都正一員，在五房提點之上。皆以士爲之。

《范鏜制》：『爾爲宰士，考校詳當，所補滋多。』『宰旅，宰掾。』《職略》。『檢正之制，自我神祖二省政事所出。』《陳夔檢正制》。『宰士止於中臺之屬，不與聞命令之原，故又置檢正，以通知三省之政。汝其擿過差以裨國論，程期會以檢吏奸。』《傅崧卿制》。檢正，五房各一人，掌糾正員務。

李夔奏：『神宗命檢正官畢仲衍集内外事物綱目爲中書備對，知官吏流品户口錢穀之數，知禮法文物軍兵名額之數，知刑罰赦宥之事夫役之數。大小精粗，無乎不備。』初議，中書置屬，神宗以爲必不能［得］第一等人才。

沈括博覽，潤甫所進。沈括檢正中書刑房公事，博覽於書，無所不通。鄧潤甫檢正中書户房公事，詔取所進文，上嘉之，遷集賢校理。

皇極四　九章

左右司

隋尚書都司置左右司郎中各一人，掌都省之職。唐武德省貞觀復置，呼左右司爲都公，龍朔改左右丞務，咸亨爲左右司郎中，武后增員外郎各一人。元豐，左右司郎中各一人，左右司員外郎各一人，號都司左右曹。隆興，左司書吏户禮機速房，右司書兵刑工賞功房。元豐，置御史房，主彈劾御史，案察失職。御史房置簿，書御史六曹官，糾劾多寡。

毗佐三台，助和鼎味。

『左右郎中，副左丞轄諸司，署録自勘稽失，知省内官職之事〔一〕。』《唐志》。『左右司掌付諸司之務，舉稽違，署符[目]，爲丞之貳。』《六典》。『左右司郎中員外郎掌付十有二司之事，以舉正稽違。都省掌舉諸司之綱紀與百寮之程式，以正邦理，以宣邦教。』上同。

『三公，天子之股肱。掾屬，則三公之喉舌。』崔寔論。『位庯〔二〕列宿，爵綰通班。總八座之繁司，承萬幾之要務。鏘鏘會府，掌北斗之機衡；肅肅禮闈，握南宫之樞奥。』張鷟。

褚球之加貂，劉埳〔三〕之上疏。褚球爲司徒右長史，加貂。臺佐加貂始此。劉埳疏曰：『尚書萬幾，乃爲政本。比者綱紀不舉，將救兹弊，且宜精簡四員，左右司郎中左右丞如並得人，自然綱維一舉〔四〕。』

詳整任職，掄選有序。武元衡左司郎中。吴王潛左司郎中，徐知誥相吴掄選有序，潛之力也。

〔一〕今按：此二句，《舊唐書》卷四十三作『省署鈔目，勘稽失，知省内宿直之事』。

〔二〕今按：『庯』，《御定淵鑒類函》《古今事文類聚》作『庯』。

〔三〕今按：『劉埳』，《舊唐書》卷七十四作『劉洎』，是。

〔四〕今按：此二句，《舊唐書》卷七十四《劉洎傳》作『左右丞、左右司郎中如並得人，自然綱維略舉』。

少自砥礪，彌綸省闥。袁陟〔一〕少自砥礪，著名節，彌綸省闥。勵志守常，介然獨立。隋骨儀。

居易病足，敏中器識。武宗聞白居易名，欲召用。居易病足，李德裕薦白敏中，敏中類其兄而有器識。

宋《左右授司門制》：『宜罷臺轄，更司門户〔二〕。』《淳熙制》：『思得時髦之英，任吾宰屬之職。』《續通鑑》：『謬迹都曹，職當綜核。』《四朝志》：『掌受付六曹之事，而舉正文書之稽失。』《會要》：『左右司郎中正六品，左右司員外從六品，掌受付六曹諸司出納之事，而舉正其稽失。左司治吏、户、禮、奏鈔、班簿房，右司治兵、刑、工、案鈔房，開折、制置、御史、催驅、封樁、知雜印房〔三〕，則通治之。』

神考肇建中臺，分六官而設之屬，以御史糾其稽違，都司較其功過。左右司歲考六曹郎官治狀，以功過封拆分等。

〔一〕今按：『袁陟』，《舊唐書》卷一百四十九作『奚陟』，是。
〔二〕今按：『更司門户』，《翰苑新書》《古今事文類聚》所引，皆作『更司門鍵』。
〔三〕今按：此句，《宋史》卷一百六十一作『開拆、制敕、御史、催驅、封樁、印房』。

王蕃奏：『都司以彌縫省事〔一〕爲職，事無不預。』神宗祖訓：『司官便是學爲宰相，豈可不同擇〔二〕？』陳瓘右司，奏曾布：『尊私祀而凌宗廟〔三〕，緣邊費而壞先政。』右司王岡謂呂頤浩：『秉國均於天下，具瞻之地不平，謂何？』張拭右司，責宰相不當用張説。劉贄與執政共決。元豐開天章閣，初用官制，詔王震、吴雍從輔臣執筆，入記聖語，面授左司。直使自書，時論榮之。

葉顒除右司，孝宗即位，欲清中書之務，增宰士之員。公膺首選，遷左司。一日，帝召諫官曰：『葉顒與宰相爲朋黨。』諫官曰：『聞之公論不然。』帝曰：『非卿，則朕無以知此人。』翌日除吏部侍郎。

范雍直龍圖閣，河北轉運使，都司出使除職始此。

精：『參證左曹。』《楊安國制》。『董正左曹。』《范純禮制》。『參證右曹』《裴倫制》。『分治六官。』《孫覺制》。『尚書政本，左右綱紀之地，故郎選異於諸曹。』南豐擬《制》。『中臺都事，主以郎吏，非獨付受書奏，亦以助正紀綱。』《張康國制》。『若綱在綱，振之則舉，弛之則廢。』『董正左

〔一〕　今按：『彌縫省事』，《宋史》卷一百六十一作『彌綸省闥』。
〔二〕　今按：『同擇』，《建炎以來系年要録》卷一百五十一作『慎擇』。
〔三〕　今按：此句，《宋史全文》卷十四、《宋史紀事本末》卷十一作『尊私史而壓宗廟』。

曹，宜莫如汝。都司紀綱之地，非習知臺閣故事，不在玆選。《范純禮制》。相門韋氏在，經術漢臣須。』《韋左丞濟》。

杜詩：『左轄頻虚位，今年得舊儒。皇朝之司直，天臺之管轄。

宰士，宰掾，宰旅，省掾。欽承上命，董正左曹。錫命九重，陞華二省。檢正。

都曹，都司，臺轄，都事。被命中宸，分司都省。寵冠郎曹，職參揆路。左右司。

鈞陶在相，必左右之惟人；董正治官，宜分中之有命。六卿分職之司，久勞協助；一相調元之地，更賴深裨。職陪右轄，當裨廟算之權；序進左司，益表朝行之峻。經綸萬務，方參議于輔臣；紀綱六曹，乃延登于宰士。督期會而檢吏奸，糾愆違而裨國是。特疏龍檢之恩，首列鳳池之屬。審政機之攸出，稽治式之已成。職居宰掾之尊，位冠郎闈之首。三公在朝必藉彌縫之意，六卿分職尤資糾劾之嚴。武元衡之詳整，白敏中之文辭。旋總憲臺，徑躋翰苑。置郵傳命，喜切抃於六鰲；助鼎調胹，嘗願分於一臠。簡在上心，允謂陳平之可用；學爲宰相，佇膺文子之同升。

皇極四　一〇章

侍從林駉

歐陽修進言曰：『侍從之臣，論思爲職。』范純仁抗疏曰：『侍從之官，是宜論思。』嗟夫！佩持荷槖，對立松階，承清燕之雍容，親龍光之密勿，莫親於侍臣之職固也。然閏色典故〔一〕，主判司存，謀議政事，參決疑難，孰非侍臣之責也？二公者，置而不言，一則曰論思，二則曰論思。漢之侍中大夫，非侍從之選乎？出入禁闥，掌直承明，謀議辨論，中外相應似也。夫何俳優不根之論，莫能勝義理之文；詞賦虚誕之作，不過狀陸離之景。

唐之將士〔二〕待制，非侍從之職乎？晨趨青瑣，夕宿嚴衛，上備顧問，次典議論似也。夫何應制摛辭者，第爲靡麗之文？李白。賦詩沽酒者，殊失操修之行？張洎。國朝王𠫑之爲待制，忤意季良；杜衍之爲待制，不誌薛顏。薛顏墓誌，杜衍却之。可以言侍臣之任乎？曰未

〔一〕今按：『典故』，《四庫全書》本《古今源流至論》後集卷二作『典誥』。
〔二〕今按：『將士』，《四庫全書》本《古今源流至論》後集卷二作『學士』。

也。楊億之爲翰林，揮翰如飛；陳彭年之爲翰林，詞墨優長。可以言侍從之任乎？曰未也。蔡齊之爲學士，不媚近似〔一〕；劉筠之爲學士，不奉權貴。可以言侍臣之任乎？曰未也。吾觀熙寧之詔曰：『侍從自今視朕過失，極言無隱。』又觀淳熙之詔曰：『侍從自後事有過舉，盡忠極言。』是故司馬温公之除翰林也，修心之諫，首論仁勇，治國之諫，歷陳賞罰，觀其不拜樞密之言曰『臣爲侍從，於天下事無不言者』可見也。范文正公之除待制也，百官之圖，不忌時宰，四論之獻，極指弊政，觀其諷丞相之言曰『論思，侍臣之職，予敢不勉者』可知也。『怨女三千放出宫，死囚四百來歸獄。』李昉之爲侍臣，誦此以規其君，何忠也！宋太宗曰：『朕何如唐太宗？』李昉誦居易《七德舞詞》。『玉輦經年不遊幸，上林花好莫曾開。』歐公之居從臣，咏此以諷其君，何直也！《春日帖子》，中含規諷。抑又論之，箴規闕失，搢紳責也。獎借風采，廟堂任也。蔡襄直臣，有補時政。一爲至和，權臣中傷，甘心請外以求避。范希文賢者，有裨君德。景祐大臣且戒，其侍臣非口舌之任。

〔一〕今按：『近似』，《四庫全書》本《古今源流至論》後集卷二作『近習』。

皇極四　一一章

三省同人侍中　中書令　尚書令　左右僕射

三省之職，起於秦漢。三省之任，重於東都。魏晉以尚書省統天下之務，中書省總機要之司，門下省掌出納之命，則唐與本朝也。且侍中秦官，特丞相史之任。漢選貴游充爲加官，掌侍左右分典服物。嚴助詞臣，得備顧問；安國名儒，特掌唾盂，其微可知也。中書令漢官，特少府屬之職。晚年倦政，游宴後庭，遂置中書俾領章奏。武帝初用宦者，成帝徵用士人，其權甚輕也。秦時少府發書殿中者，謂之尚書令，不過任蠶室至賤之人，通掌圖書，宣達封奏，而政不與焉。秦時以善射者掌事，謂之僕射。乃謁者冗從之徒，後置尚書，雖優此官，而任猶輕焉。此三省之職起於秦漢然也。西漢丞相總百官，而九卿分事，東都事權歸臺閣，而尚書分曹，出納王言，敷奏萬幾。令則總領紀綱，僕射分掌錢穀，而尚書之權始重。魏武置秘書令，典尚書之奏事。文帝置中書令，罷秘書之官屬，以秘書左丞劉放爲中書監，以秘書右丞爲中書令。職重情親，專掌機要，而中書之任始重。東都[一]以後，天子以侍中常在左右，與議政事，始不專用中書，入侍帷幄，出擁華蓋。嵇紹爲侍中，身捍乘輿。褚翼爲侍中，面叱峻兵。中書之權分而門下之權重矣。此三省之任，重於東都魏晋然也。

降及南北，大抵循襲。唐因隋制，以三省長官爲宰相。命太宗爲尚書令，封德彝爲中書令，高士廉爲侍中。後以太宗嘗爲尚書令，故以僕射爲侍中，中書令爲宰相。

武德間以裴寂、德彝爲左右僕射，貞觀初以蕭瑀、無忌爲左右僕射。其後以品高不除，他官參預，故有參議朝政參知政事之名。其後或加平章，或加同品，至拜僕射亦必帶之，故有平章同品之名。國初三省之令[二]實合爲一，凡命相者，必曰同中書門下平章事。其弊有三，不可不論。王珪以左僕射兼門下侍郎，蔡確以右僕射兼中書侍郎。確專政柄，惟重中書。蔡確偏重右相之弊一也。呂公著有同舟共濟之説，而執政皆協力。韓縝以猶子避親改授之命，而三省同取旨。韓縝爲右僕射，其猶子以避親，改授超升本班，始命三省合取旨。子厚惧權

[一] 今按：『東都』，《四庫全書》本林駉《古今源流至論》作『東晋』。
[二] 今按：『令』，《四庫全書》本林駉《古今源流至論》作『職』。

之去己，不置右僕射，子厚偏重左相之弊二也。左僕射爲太宰，右僕射爲少宰，自以太師兼總三省，號爲公相，蔡京偏重公相之弊三也。嗟夫，右相偏重之弊，王珪非不言之，言之卒不勝。左相偏重之弊，李清臣非不辨之，辨之卒不至。公相專恣之弊，宣和詔令非不言罷，而或以爲噬脂之禍。罷平章之名定丞相之稱，此乾道之令典也。

皇極四　一二章

兩府同人

國朝兩府之職，其周之冢宰司馬歟？漢之丞相太尉歟？然周以冢宰統司馬，故兵民有相通之意。漢太尉重於丞相，而武職往往偏失焉。冢宰司馬，周之六卿，其職適相等耳。然調發之權不歸之司馬，而歸之天官。故吕伋掌兵若無與於太保，而太保實俾之；程伯出師若無與於尹氏，而尹氏實命之。丞相太尉，漢之三公，其職亦相維耳。然官制益紊，文不足以勝武，兵有以異乎政。故諸吕兆禍，勢亦亟矣；擁昭立宣，事亦重矣。丞相平以金交太尉勃，而左袒之功僅濟。丞相敞至不敢摇一語，而大將軍以國家之權自任。且中書主民，密院主兵，其事相濟〔一〕也。中書降麻，密院降宣，其權相等也。自范質、王傅免相之後，而二府之事權裂矣。

獲繼遷母之議，非細事也，密院知之，而中書初未知之。興兵薊北〔二〕之役，非末故也。密院謀之，而中書不預聞之。此田公錫抗言，密院公事宰相不得與聞，中書政事樞密不得與議，不能無憾於咸平之時也。自寇公免相之後，而二府之事權裂矣。戎酋之降非末節也，而中書初不預知；元昊之叛非小警也，而邊奏皆不關中書。此丁度力言，二府分政，若措置乖異，則天下無適從，不能無激於康定之初也。自賈昌朝、陳執中免相之後，而二府之事權裂矣。趙明與西人戰，密院賞功而中書降約束，郭逵修堡栅，密院方詰責而中書降褒詔，此滕達道深嘆熙寧戰守異議之非也。至建炎間，高宗乃以宰臣張浚兼樞密，而趙鼎亦以右僕射兼之，剗亂而治，支危而安。大抵合之則文武相通，分之則兵政異情。雖然，五民〔三〕而知兵此固關天下之大計，密院而不與中書亦非大臣相維之意。是故，樞使而同平章事，君子以爲慶曆之善謀；密司不與三司之差除，議者爲元符惜之。

〔一〕今按：『相濟』，《四庫全書》本林駉《古今源流至論》前集卷六作『相埒』，是。
〔二〕今按：『薊北』，《四庫全書》本《古今源流至論》前集卷六作『薊門』。
〔三〕今按：『五民』，《四庫全書》本《古今源流至論》前集卷六作『主民』，是。

九卿 同人

論漢之九卿，當究其權之輕重。論唐之九卿，當究其職之煩省。然周有上下相維之制，漢有事權偏重之失。周有職任無曠之實，唐有員數過繁之弊。周百官聽命於六卿，而六卿聽命於太宰，故出納之要職，宿衛之親人，供奉之近習，若不可得而一，而不知實以冢宰兼之[一]，則其權未始不一也。司徒以旗致民，宗伯以軍禮同邦國。凡周人兵民之權，若不出於一，而不知實以三公兼之，則其權未始不一也。此上下相維之制然爾。漢景帝眷顧晁錯，而内史得侵申屠嘉之權。武帝屬意洪羊[二]倪寬，而九卿敢奪石慶之職。是時也，九卿更進用事，天下之務不關決於丞。禮事屬太常，刑典屬廷尉，兵事既屬光禄又屬中尉，邦賦既屬司農又屬少府，外廷之權丞相不聞，此漢事權偏重之由也。周或以公兼宗伯司寇，或以公兼司馬司空，是公得兼卿職也。或以卿兼鄉大夫，或以卿兼軍將，是卿得兼有司也。此職任無曠之實然爾。唐既有六尚書合周官之數，又有九卿寺同漢官之名。是時也，其任分則其數必繁，其數繁則其事必曠，太農少府復分於户部，太常守正復散於禮部。儀仗一事也，既掌於衛尉

[一] 今按：『兼之』，《四庫全書》本《古今源流至論》前集卷六作『統之』。
[二] 今按：『洪羊』，《四庫全書》本《古今源流至論》前集卷六作『弘羊』。

又掌於庫部，飲膳一事也，既任於光禄又任於膳部，其餘三寺亦多分，此唐職任過繁之由也。國初省部寺監皆爲空名，九卿之職併省不齊，且太常則易爲判禮之名，宗正則僅有判寺之官，太僕則群牧司是其職也，大理則糾察在京刑獄是其職也，鴻臚則其職歸客省四方館，光禄司農則其職皆隸三司，衛尉則其職分爲金吾衛仗三衙皇城等司，此國朝建置之始也。元豐詳定官制法唐六典，九寺有卿有少卿有丞簿之官，太常復置博士太祝奉禮協律之官，大理復置寺正評事司直之官。然既有六部又有四監，既有四監又有九寺，是不免有十羊九牧之煩。此四監之職可歸六曹之論，所以拳拳於劉公安世也。中興衛尉並兵部，太僕並駕部，光禄鴻臚併禮部，所存者僅五寺耳。雖然，論虞九官之制不若論夔典樂夷秩宗之爲盛，論周六卿之典不若論召公宗伯蘇公司寇之爲美。我朝其任太常也，范景仁爲判寺，力辨濮園之議；賈黄中除禮院，詳定損益之制。其任宗正也，元弼定教親之式，仲忽立糾親之法。

皇極四　一三章

六部同人

周之分典，其職有六。唐之設官，亦如其數。尚書久〔一〕不分曹，而分曹始於西漢。尚書久不以曹名爲號，而定號始於東都。魏晋而下，或分而五，或析而六。唐因隋制六典建官，六部制定。國朝鑑藩鎮之弊，乃以尚書郎曹出鎮〔二〕外寄，皆爲定官，特以寓禄秩序品位而已。神宗舉六典之制而盡復之，時元豐五年也。侍郎之名漢已有之，而今侍郎之任則自隋置也；郎中之名漢亦有之，而今郎中之任則自唐置也；員外之名古亦有之，而員外之任則自隋置也。蓋周之六卿統於大臣，故若分而實合；唐之六卿紊於寺監，故雖繁而實曠。

元豐以前名雖未正，而事權歸一，實有得於周；元豐以後制雖盡復，而冗員未並，未免類於唐。周冢宰征師於諸侯，司徒以旗致萬民，宗伯以軍禮同郡國，司馬大合軍以從司寇，

〔一〕今按：『久』，以及下句『久』字，《四庫全書》本《古今源流至論》續集卷五作『舊』。
〔二〕今按：『鎮』，《四庫全書》本《古今源流至論》續集卷五作『領』。

兵民之權若不一也，實以三公兼之。

邦布出入掌之外府，金玉收藏掌之王府。九功〔一〕九賦之入掌之内府，幣帛租賦之用散之六官，財帛之權若不一也，大臣得以均節會計之。唐一尚書之分，爲其屬者有四，是爲二十四司矣。廿四司之分，佐其長者有三，是爲侍郎、郎中、員外矣。六部之外又有九寺，九寺之外又有四監。户部之財散於司農、少府，禮部之儀裂於太常、鴻臚、光禄、膳部之權。衛尉掌庫部之事，太僕侵駕部之職。其餘四監又以兵禮二部而紊之，亦幾於繁乎！其惟職掌太繁，是其繁也，勢必至於紊，乃所以爲曠也〔二〕。故杜祐言其繁之弊，則有二垂、二契、二伯夷、二伯益之説，陸長源言其曠之弊，則有兵部無戎秩、户部無版圖、虞水不管山林、金倉不司錢穀之説。是其繁乃所以爲曠歟。國初，吏部則審官流外三班主之，户部則三司使判之。禮儀之事歸之太常，貢舉之政領之貢舉，四方奏案歸之審刑，在京獄訟委之糾察，兵部事歸之樞府，工部事歸之三司。然户部、工部之務盡歸三司，權其有無制其出入，兵部三衙之籍盡歸樞府，上下相維彼此相制，實有得於周者是也。元豐，司封司勳歸吏部，度支倉

〔一〕今按：「功」，《四庫全書》本《古今源流至論》續集卷五作「貢」。
〔二〕今按：此四句，《四庫全書》本《古今源流至論》續集卷五作「夫惟職掌太繁，其勢必至於虚授，是其繁也，乃所以爲曠也」。

部歸户部。二部也，事劇務繁，則侍郎之員二，郎中之員四。曰禮則祠部主客而下屬焉，曰兵則職方駕部而下屬焉，曰工則屯田虞部而下屬焉。三部也，曹閑局冷，則侍郎之員一，郎中之員二。都官比部屬之刑部，其曹稍繁，其事稍詳，則侍郎之員一，郎中之員四，糾以都司，察以六察。然寺監之員未歸六曹，不免有叢冗之弊；三監之權未合户部，不免有涣散之患，未免類於唐者此也。今六部星分，誠有周人六典之美。然事權不一，脉絡不通，盍思反而正之乎！何者？户部之財不豐，不責之户部，而流品不澄、軍功不多〔一〕、工役之繁，吏部、兵部、工部不得不任其責也。刑部之刑不息，不責之刑部，而制作之未明、教條之未至，禮部不得不任其責也。若此等類皆寓之以相聯相屬之意，則今之官非唐之官，乃周之官矣。

皇極四　一四章

太僕

《周禮》：『太僕掌正王之服位，出入王之大命。掌諸侯之復逆。復奏事，逆受下奏。建路

〔一〕　今按：『多』，《四庫全書》本《古今源流至論》續集卷五作『實』。

鼓于大寢寢刊外〔一〕，而掌其政。以待達窮者遽傳。令，聞鼓聲，則速逆御僕與御庶子。小臣掌王之小命，詔相王之小法儀。掌三公及孤卿之復逆，正王之燕服位。王之燕出入，則前驅。大祭祀、朝覲，沃王盥。小祭祀、賓客、饗食、賓射掌事，如太僕之法。［掌］士大夫之吊勞。凡大事，佐太僕。』

『祭僕掌受命于王以視祭祀，而警戒祭祀有司，糾百官之戒具。凡祭祀，王之所不與，則賜之禽。非郊廟尊祭祀，王不與。公卿祭其祖，則賜不與〔二〕。』

『御僕掌群吏之逆及庶民之復，與其吊勞。［大祭祀］相盥而登。大喪，持翣。掌王之燕令。』

『隸僕掌五寢之掃除糞洒之事。祭祀，修寢。王行，洗乘石。上車之石。掌蹕宮中之事。大喪，復于小寢、大寢。』

成王之綴衣，穆王之大正。《書・立政》：『虎賁、綴衣、趣馬、小尹，左右携僕，百事〔三〕庶府。此侍御之官也。』《書・冏命》：『今予命汝作大正，正于群僕侍御三臣，懋乃后德，交修

〔一〕今按：此句，《十三經注疏》本《周禮注疏》作『建路鼓於大寢之門外』。
〔二〕今按：此句，《十三經注疏》本《周禮注疏》作『公卿自祭其先祖，則賜之禽也』。
〔三〕今按：『百事』，《十三經注疏》本《尚書正義》作『百司』。

不逮。群僕謂祭僕、隸僕、戎僕、齊僕之類。僕臣正，厥后克正。僕臣諛，厥后自聖。后德惟臣，不德惟臣。』

呂氏曰：『陪僕褻御之臣，後世視爲賤品。而不之擇者，曾不知人主朝夕與居，氣體移養，常必由之，潛消默奪于冥冥之中，而明争顯諫於昭昭之際。抑末矣，自周公作《立政》，而嘆綴衣、虎賁知恤者鮮，則君德之所繫，前此知之者亦罕矣。周公表而出之，其选始重。穆王之用太僕正，特作命書，至與大司徒略等，其知本哉。』

皇極四　一五章

開府儀同三司

漢宣〔一〕，使馬防班同三司，三司之名始此。殤帝，鄧爲儀同三司，三司之名始此。魏，黄權開府儀同三司，開府之名始此。

德慚古人，位登袞職。齊徐孝嗣加儀同三司，聞詔斂容曰：『德慚古人，位登袞職。』固

〔一〕今按：『漢宣』，《通典》《通志》《文獻通考》均作『漢章帝』。

辭不受。

階極儀台，盛德居之。開元。

朱服。皂服。九命。如公。位次三公。位次王公。隋。班同衮章。齊。班同三事。《東觀記》馬防。位逾九卿，班同三府。漢馬防。

羊祜之有勳，何稠之著信。泰始詔羊祜有佐命之勳，其爲車騎將軍，開府如三司之儀。隋何稠著信蠻夷，以勳授開府。視儀上宰，以儀同爲相。

宋開府之不以名稱，張昭達之以盡臣節。宋璟不以名稱，止曰宋開府。陳張昭達，初文帝夢昭達升台鉉，及朝以夢告之，至是侍宴，酒酣告昭達曰：『卿憶夢否？卿何以償？』對曰：『臣當效犬馬之勞，以盡臣節。』

自：『安參台席，靦貌槐庭。』

精：『禮優八命，秩比三台。』『儀亞槐庭，比公府之命秩。』『宅慶紫霄，聯休皇極。』『心馳紫路，登文石而莫由；目送白雲，拜承明而未果。』『神夢紫霄，心飛丹掖。』

杜詩《哥舒開府》：『開府當朝傑，論兵邁古風。』『傷心庾開府，老作北朝臣。』又：『清新庾開府。』

皇極四　一六章

特進

漢制，功德優盛朝廷敬異者，賜位功德，位在三公下。宣帝太子外祖許廣漢位特進，特進之名始此。

或領城門兵，王商。或見禮如丞相，張禹。或給事中，薛宣。或奉朝請，傅喜。或議大政，張禹。其職不一。二漢魏晋，以爲加官。唐爲文散官，宋改左右僕射爲特進事，居文階之首。位次三公，榮亞三公。後漢位特進，次三公。『漢制以文冕列侍清祠，榮亞三公，位居第二[一]。自非學深張禹，功重竇融，則何以膺是寵章？』李德裕《謝狀》。尊爲國師，冠諸侯上。《唐詔》：『古諸侯勳德之盛，則就加特進以寵之。』《李德裕集》：『非茂勳俊德，曷以處之？』《隋》：『特進以加文武之德齊者。』布被瓦器，安車駟馬。後漢趙典尊，位特進而爲國師，布被瓦器。後漢梁適位特進，賜

[一] 今按：『位居第二』，《古今事文類聚》《翰苑新書》作『品居第二』。

安車駟馬。

以特進爲天子師，張禹。以年高特見優禮。後魏刁雍。

進達名士，掾吏俊哲。曹勝其所進達，[皆]海内名士。《後漢》：『陰識慕仲山甫匪躬之節，所用掾吏皆俊哲。』

朝位特見制，二品崇階制。

精：『嵬嵬特進，赫赫三事。』杜詩：『特進群公表，天人夙德升。霜蹄千里駿，風翮九霄鵬。』

皇極四　一七章

太尉

秦官，漢因之，或置或省。漢武置大司馬以當太尉之職，後漢建武復舊名爲太尉，靈帝並置大司馬、太尉。

隋以太尉、司徒、司空爲三公，唐因隋制，本朝沿隋唐之舊。政和以太尉本秦官，定爲武階之首。景帝復置，尊與丞相等。

蒙恩上司，楊震。進登上台。摯虞《册》。在漢，月俸三百五十斛，加秩至萬石，班第十八。正一品。

鹿轓，鵲印。後漢鄭弘爲臨淮太守，行春，兩鹿夾轂。主簿黄國賀曰：『三公車轓畫作鹿，當爲宰相。』後爲太尉。《博物志》：後漢，常山張顥爲梁相。天新雨後，有鳥如鵲墮地，化爲一圓石，顥破之得金印，曰『忠孝侯印』。顥表上聞，藏之秘府。靈帝時至太尉。

金印紫綬，漢。冕服七旒，玄衣纁裳七章。晋制郊廟。

雲母屏風，分隔其間。後漢第五倫爲會稽太守，署鄭弘爲督郵。弘爲太尉，倫爲司空，每朝見，倫曲躬自卑。帝置雲母屏風分隔其間。

恩加錦被。後漢，宋寵爲太尉，賜錦被。寵賜雲屏。見上。

晋制，吴詔。晋武《制》：『荀歆道行清純，敷揚五教，宜登上司，以光典治。』吴《詔》：『范謹道行清純〔一〕，朕所依憑，宜登上公，以副衆望。』

積德居順，在位清白。華太尉積德居順，其智可及也，其清不可及也。後漢鄧彪，在位清白，爲百僚式。

〔一〕今按：此句，《太平御覽》《册府元龜》《淵鑒類函》皆作『范慎勳德俱茂』，是。

秦太尉主五兵，漢因循而不革，故司馬之官主九伐之職。《晋書》太尉。訓五兵，臣不如王暢；文武兼資，臣不如李膺。陳蕃。

唐《詔》：『太尉之任，歷代所崇，掌四方之兵，冠百尉之首，其職重，其品尊。』唐興太尉，唐不名稱。李德裕拜太尉，固讓言：『唐興太尉惟七人。』唐不以名稱，房太尉琯，段太尉秀實。

三公星在杓南，主宣德化，和陰陽，太尉之象。

宋：上公一品。一品之任。儀物班序，居執政之次。訂掌武之崇稱，爲右資之極品。

自：自陳年老，固辭不許，陳實。任大責重，憂深如醉。劉寬被酒，睡伏。靈帝曰：『太尉醉耶。』寬曰云云。

精：務重統兵，事先掌武。揆路揚輝，臺庭改觀。拜上司之極品，居亞獻之殊榮。被日月之衣，居上司之位。李晟太尉，李愬太尉。

杜牧詩：『家呼小太尉，國號大凉公〔一〕。』

開班視衮章，視儀三事。視儀上宰。參華公衮。赤舃繡裳。華衮命圭。武階之長，冠

〔一〕今按：『大凉公』，《御定全唐詩》作『大樑公』。

秩西班。

皇極四　一八章

老成

《書》：『先民是若〔一〕。』『遠耆德。』『亦惟圖任舊人共政。』『無侮老成人。』『人惟求舊。』『播棄犂老。』『吾家耄遜于荒。』『咈其耇長舊有位人。』『汝丕遠唯商耇成人。』『則無遺壽考〔二〕，曰其稽我古人之德，矧曰其有能稽謀自天。』『番番良士，旅力既愆，我尚有之。』《詩》：『文王曰咨，咨汝殷商。匪上帝不時，殷不用舊。雖無老成人，尚有典刑。曾是莫聽，大命以傾。』

杜詩：『朝廷半老儒。』『中原仗老臣。』『中原憶老臣〔三〕。』

〔一〕今按：『是若』，《十三經注疏》本《尚書正義》作『時若』。
〔二〕今按：『壽考』，《十三經注疏》本《尚書正義》作『壽耇』。
〔三〕今按：『老臣』，《杜詩詳注》《九家集注杜詩》作『舊臣』。

皇極四　一九章

宦官

寺人之忠，史游之忠。《春秋傳》：『晉文公既入，吕、郤畏逼，將焚公而弑晉侯。寺人披請見，公曰云云。對曰：「君命無二，古之制也。」』真德秀曰：『披可謂知君臣之義矣。事獻惠時，知有獻惠而不知有文公。文公既入，即吾君也。有難不告，豈得爲忠乎？』漢元時，史游爲黄門令，勤心納忠，有所補益。真德秀曰：『優游翰墨，著爲小學之書。』

良賀之清儉，吕强之清忠。順帝時，中常侍良賀清儉退厚，陽嘉中詔舉武猛，賀無薦，曰：『既無知人之明，又未嘗交接士類。昔衛鞅因景監以見，有識知其不終。今得臣舉者，匪榮伊辱。』真德秀曰：『晉文得原，難其守，問於寺人勃鞮，以畀趙武〔一〕。夫襄賢者也，舉而得賢，則勃鞮亦賢也。後之議者，猶以爲譏。蓋中臣之職，承侍左右，從容納忠可也，而薦引人才，則非其職矣。良賀能以監薦鞅爲非，自謂得舉者匪榮伊辱，賢矣哉！』吕强清忠

〔一〕今按：『武』，華東師範大學出版社真德秀《大學衍義》卷三十九作『衰』。下句『襄』字，《大學衍義》作『衰』。

奉公，靈帝以强爲都鄉侯，辭讓懇惻。書法：『宦官能讓，一人而已。』疏曰：『諸侯上象四七，下裂茅土，高祖重約非功臣不侯，所以重天爵明勸戒也。曹節等並爲列侯，陰陽乖剌，罔不由兹。今外戚四姓造起館舍。師曠曰：「梁柱衣繡，民無褐衣；池有棄酒，士有渴死；厩馬秣粟，民有饑色。」此之謂也。蔡邕切言極對，致邕刑罪，室家徙放。段熲爲陽球所誣，一身既播〔一〕，妻子遠播。宜徵邕，反熲家屬。』帝多蓄私藏，强上疏諫，不省。黄巾賊起，强欲誅左右貪濁者。常侍趙忠等共誣陷强，自殺。真德秀曰：『處内侍之官，有直臣之節。』

劉貞亮之忠，馬存亮之忠，嚴遵美之隱。唐劉貞亮性忠强，識義理。順宗立，淹痼不朝，惟李忠言、牛美人侍。美人以帝旨付忠言，忠言授王叔文，叔文與柳宗元等裁定，然後下中書。貞亮與劉琦等勸帝立廣陵王爲太子，盡逐叔文黨。憲宗。馬存亮元和時進中尉軍。敬宗初，染署工[张韶]與卜者蘇元明善。韶輸染材入宫，陰結諸工，昏夜爲變。時帝擊毬清暑殿，存亮迎捧帝足泣負而入。討賊，射韶及元明。存亮功最高，推委權勢，求淮南監軍。太和中，王守澄誣宰相宋申錫，上欲屠申錫家。固争，乃止。逮事德宗，更六朝，資

〔一〕今按：『播』，華東師範大學出版社真德秀《大學衍義》卷三十九作『斃』，是。

端畏，善訓士。唐世中人以忠謹稱者，惟存亮、西門季玄、嚴遵美三人而已。嚴遵美歷左軍容使，嘆曰：『北司供奉官以胯衫給事，今執笏，過矣。』後從昭宗遷鳳翔，求致仕。徵爲兩軍中尉，遵美曰：『一軍尚不可爲，况兩軍乎？』隱青城山，年八十餘卒。

論内臣忠謹之福

歐陽修作《五代史》，記叙後唐張承業本末，謂其事甚偉。顧其時與事有不可爲後法者，故略之。

齊貂漏師，趙高教獄。《春秋傳》：『齊寺人貂始漏師于多魚。』杜預曰：『寺人，閹官豎貂〔一〕也。齊桓内則如夫人者六，外則幸豎貂、易牙，終以此亂國。傳言貂於此始擅貴寵，漏泄桓公軍事。』秦趙高生而隱宫，始皇聞高通於獄法，拜中車府令，使教胡亥决獄。二世即位，教以嚴法刻刑。

范曄《漢·宦官傳序》：『易曰：「天垂象，聖人則之。」宦者四星，在皇位之側，故《周禮》置官，亦備其數。寺人掌女宫之戒。漢襲秦制，置中常侍官。然亦用士人以參其選，銀璫左貂，給事殿省。高后稱制，乃以張卿爲大謁者，受宣詔命。文帝時，趙談、北宫伯子頗

〔一〕今按：『豎貂』，以及下句中的『豎貂』，《十三經注疏》本《春秋左傳注疏》作『竪貂』。

見親幸。武帝數宴後庭，請奏機事，多以宦人主之。中興之初，內官悉用閹人。永平中，始置中常侍四人，小黄門十人。和帝幼弱，鄭衆專謀禁中，終除大憝，遂享分土之封。中常侍十人，小黄門廿人，金璫右貂，兼領卿署之職。手握王爵，口含天憲。其後孫程定立順之功，曹騰參建桓之策。舉動迴山海，呼吸變霜露。雖袁紹龔行，芟夷無餘，然以暴易亂，亦何云及！』

鄭衆誅竇憲，樊豐譖楊震。和帝永元中，辭多受少，宦官用權，自此始。真德秀曰：『此東漢內臣預政之始也。鄭衆爲人雖賢於其徒，然開端作俑，終爲漢世大患。安帝永初二年，太尉楊震數論中常侍樊豐等罪，爲所譖，罷爲庶人，飲酖卒。元年，太尉徐防以灾異、寇賊策免，司空尹勤以雨水漂流策免。仲長統昌言曰：此戚宦之臣所致然也，反責讓三公，至於死免，可謂嗷號泣血者矣。』

孫程等之爲列侯，唐衡等之爲五侯。安帝崩，中常侍孫程等迎濟陰王，程等皆爲列侯，是爲十九侯。濟陰王立爲順帝。桓帝延熹元年，召唐衡、單超、左琯、徐璜、具瑗誅梁冀，封爲侯，世謂之五侯。白馬令李雲露布上言：『梁冀以罪行誅，猶召家臣搤殺之耳。而猥封謀臣萬户以上，高祖聞之，得無見非？西北列將，得無解體？』帝怒，送北寺獄。五官掾杜衆願與雲同日死，皆死。

李固之策，朱穆之疏。順帝陽嘉二年，洛陽宣德亭地坼。李固對策曰：『置常侍二人，方直有德者省事左右，則升平；黄門五人，才智閑雅者給事殿中，可致也。』宦官詐爲飛章以陷其罪，出爲洛令。張綱書曰：『文、明二帝，中常侍不過兩人，頃年以來，無功小人皆有官爵，非愛民重器承天順道者也。』不省。延熹三年，尚書朱穆疏曰：『漢故事，中常侍參選士人。建武以後，悉用宦者。延平以來，浸益貴盛。可悉罷省。』不納。進見諫曰：『漢家舊典，侍中、中常侍各一人，省尚書事，黄門侍郎一人，傳發書奏。和熹太后稱制，不接公卿，以閹人爲常侍，黄門通命。宜皆罷遣。』帝怒，不應，穆憤懣發疽卒。真德秀曰：『杜衆、李雲死於前，朱穆又死於後，亡國之政日促矣。』

劉瓆之殺趙津，袁紹之斬趙忠。富賈張賂遺中官得顯位，南陽太守成瑨捕泛遇赦，誅之黄門。趙津放恣，太原太守劉瓆赦，後殺之單獄。陳蕃疏曰：『寇賊在外，四支之疾；内政不理，心腹之患。』不納，瑨瓆死獄中。河内張成[善]風角，推占當赦，教子殺人。司隸李膺殺人，天子怒，下膺等北寺獄。竇武疏曰：『二世之難必將復及，趙高之變不朝則夕。』書奏以病，上還城門校尉槐里侯印綬。膺等多引宦官子弟，宦官請帝皆歸田里。蕃、武同心謀誅宦官，宦官反誣蕃、武。蕃、武皆死，遷太后於南宫。是時，趙忠、張讓皆封侯。靈帝言：『張常侍是我父，趙常侍是我母。』上欲登永安候臺，宦官恐見其居處，使人諫曰：『天子不當登高，登高則百姓虛散。』上不敢升臺榭。郎中張鈞書曰：『張角所以作亂，其源皆由十常侍，宜斬十常侍懸頭南郊，以謝百姓，布告天下。可不須師旅而大寇自消。』帝怒曰：『此真狂子也！』收掠死獄中。靈帝崩，袁紹引兵捕趙忠等斬之。無少長殺之，凡二千餘人。真德秀曰：『寵盛則爲害愈深，爲害深則被禍愈酷。蕃武圖之而不勝，漢以益亂，袁紹圖之而不〔一〕勝，漢遂以亡。』

《唐宦者傳》：『太宗詔内侍省不立三品官，門閤守禦、廷内掃除、廩食而已。武后時，稍增其人。中宗，黄衣二千員，七品以上員外置千員，然衣朱紫者尚少。開元、天寶，黄衣以上三千員，衣朱紫千餘人。光焰殷殷動四方。輒拜三品將軍，列戟于門。肅、代庸弱，倚爲扞衛，故輔國以尚父顯，元振以援立奮，朝恩以軍容重，然猶未得主兵也。德宗懲艾泚賊，故以左右神策、天威等軍委宦者主之，置護軍中尉、中護軍，分提禁兵，是以威柄下移，政在宦人。玄以遷崩，憲、敬以弑隕，文以憂憤，至昭而天下亡矣。黨類殲滅，王室從而潰喪，譬猶灼火攻蠹，蠹盡木焚，詎不哀哉！』

高力士之將軍，李輔國之殿中。高力士先天中，以誅蕭、岑等功爲右監門衛將軍，知内

〔一〕今按：『不』，華東師範大學出版社真德秀《大學衍義》卷三十九無此字。

侍省事。四方奏請，先省後奏。肅宗在東宫，兄事力士。他王公主呼爲翁，戚里諸家尊曰爺，帝或不名而呼將軍。帝幸蜀還，徙西内，爲李輔國所誣，流巫州。李輔國，肅宗爲太子，謀誅楊國忠。太子至靈武，勸遂即位，擢家令。四方章奏、軍符、禁寶一委之。輔國不啖葷，時時爲浮屠詭行。帝還京，拜殿中監。則介士三百人爲衛。張后召越王、兖王圖之。元振告輔國，囚二王殺后。代宗立，以定策功，愈跋扈。謂帝曰：『大家第坐宫中，外事聽奴處決。』帝不欲顯誅，遣使者夜刺殺之，抵其首溷中，殊右臂，告泰陵。然猶秘其事，刻木代首以葬。《綱目》：『夜遣盜竊輔國首及一臂而去。』書法：『書盜殺何？病唐也。』

程元振之右監門，魚朝恩之觀軍容。元振與輔國立太子，是爲代宗。拜右監門將軍，盡總禁兵，軍中呼十郎。貶裴冕，殺來瑱，惡李光弼，數媒蝎以疑之。廣德初，帝出居陝，京師陷。太常博士、翰林待詔柳伉上疏：『必欲存宗社，獨斬程元振首，馳告天下。』削爵歸田。帝還，［元振］衣婦衣入京，圖不軌，流溱州死。真德秀曰：『代宗非英主也，然能殺輔國以攄二帝之憤，逐元振以紓四方與諸將之怨，其視肅宗之姑息，蓋少瘉焉。』朝恩給事黄門，肅宗以子儀、光弼皆元勳，難相統屬，故不置元帥，以朝恩爲觀軍容宣慰處置使。觀軍容之名，自此始。范祖禹曰：『夙沙衛殿齊師，殖綽、郭最曰：「子殿齊師，齊之辱也。」况天子之師，而使宦者爲之主帥乎？是辱天下之衆也。』《綱目》：『廣德元年以魚朝恩爲天下觀軍容宣慰處置使，總禁兵。』發明：『宦者之蠹至是深矣，宦者之權至是極矣。』

朝恩之專領神策，朝恩之願得金紫。代宗東幸，朝恩迎乘輿。帝德之，專領神策。引輕浮後生，講五經大義。永泰中，釋菜，執《易》升坐，言鼎覆餗象，以侵宰相。有賜墅，觀沼澄爽，表爲佛祠，爲章敬皇后薦福，即后謚以名祠，許之。壞諸宮館及將相故第，收材佐興作，數毁子儀，遣盗先冢。養息令徽，爲内給使，服緑。見帝曰：『願得金紫。』帝未答，有司已奉紫服于前。帝殺之。

竇文場之降麻，竇文場之付軍。貞元十二年，以竇文場、霍仙鳴爲護軍中尉。文場諷宰相比統軍降麻。翰林學士鄭絪奏：『故事惟封王、命相用白麻，今不識陛下特以寵文場耶，遂爲著令也？』上謂文場曰：『武德、貞觀時，中人不過員外將軍，衣緋者無幾。輔國以來，始壞制度。朕今用爾，不謂無私。』文場叩頭謝。遂焚之。胡氏曰：『人心雖有所蔽，亦有所明，肅宗寵任輔國而惜宰相，嘉裴冕之不從。德宗委信竇霍而惜白麻，咎大臣之不拒。』書法：『其書之何？重降麻也。於是文場求降麻，帝諭焚之而咎宰相之不能拒，書幸之也。』自朝恩死，宦人不復典兵。及涇師亂，文場從。至奉天，帝并左右軍付文場。帝自山南還，詔文場、仙鳴分總之，廢天威軍入左右神策。真德秀曰：『[宦官]常主兵柄，自德宗始。然開其端又自明皇、肅、代始。』

承璀之爲行營，弘志之立太子。憲宗時，吐突承璀爲神策左軍中尉。王承宗反，以承璀爲行營招討處置等使。翰林白居易上奏以爲：『國家征伐當責成將帥。近歲以中使爲監軍，四方聞之必輕朝廷，四夷聞之必笑中國。』上不聽，果無功還。［承璀］降爲軍器使，中外相賀。憲宗末年，承璀謀立澧王爲太子，上不許。［上］服金丹，多躁怒。内常侍陳弘志立太子穆宗，殺承璀。真德秀曰：『憲宗，英主也，不知《春秋》書「閽弑吴子餘祭」之義昵近刑人，以隕其身；又不知顧命逆子釗之事，使嗣子之立出宦者之手。人主其可以不學哉？』

劉蕡之極言其禍，鄭注之謀誅不克。王守澄、明等弑敬宗，迎立江王涵入宫。文宗親策舉人，方正劉蕡極言其禍曰：『臣恐曹節、侯覽復生於今日。』考官馮宿等畏［宦官］不敢取。四年，上與學士宋申錫謀誅宦官。鄭注令豆盧著誣告申錫謀立漳王。帝黜申錫，宦官益横。李訓、鄭注謀誅不克，自是天下事皆决於北司。

周墀之泣，慎由之藏。開成四年，上坐思政殿，召學士周墀賜酒。問曰：『朕可方前代何主？』對曰：『堯舜之主也。』上曰：『赧、獻受制於强諸侯，今朕受制於家奴，以此言之，朕殆不如。』泣下沾襟，墀伏地流涕。士良弘志屢欲廢帝，崔慎由爲學士。士良等曰〔一〕：

〔一〕今按：『士良等曰』，華東師範大學出版社真德秀《大學衍義》卷四十作『上謂慎由曰』。

『上政令多闕，太后有制，更立嗣君，學士當作詔。』愼由曰：『雖死不承命！』士良等引至小殿，數帝過失。送愼由，戒曰：『毋泄，禍及爾宗！』愼由指〔一〕其事藏箱枕間。將没，授其子胤。故胤惡中官，終討除之。

孟昭圖之疏，朱全忠之驅。僖宗即位，田令孜爲中尉。上年十四，呼爲阿父。黄巢入長安。中和元年，車駕至成都。孟昭圖疏曰：『天下者，高祖、太宗之天下，非北司之天下；天子者，四海九州之天子，非北司之天子。』令孜屏不奏，矯詔[貶昭圖]嘉州司户，遣人沉蟇頤津。昭宗即位，楊復恭恃援立功，所爲多不法。上御安喜門，攻第不克。李茂貞獻復恭書云：『吾於荆棘中立壽王，纔得尊位，廢定策國老，有如此負門生天子！』昭宗與崔胤謀去宦官，中尉劉季述幽上少陽院。天復元年正月，崔胤迎上御長樂門樓，擒劉季述，誅其黨二十餘。朱全忠驅，數百人盡殺之，止留老衰幼弱者三十人以備洒掃。

天文不利，一柳因名。漢靈帝中平二年，襄楷曰：『天文不利宦者，黄門常侍盡族滅矣。』文宗大和九年，鄭注等謀誅宦官，腰斬于獨柳之下。其地獨有一柳因名。司馬公曰：『袁紹行之於前，而董卓弱漢；崔胤襲之於後，而朱氏篡唐。是猶惡衣之垢而焚之，患木之

〔一〕今按：『指』，華東師範大學出版社真德秀《大學衍義》卷四十作『誌』。

蠹而伐之，其爲害豈不益大哉！』

論内臣預政之禍

《總》：『未見君子，寺人之令。』『寺人孟子，作爲此詩。』『匪教匪誨，時維婦寺。』《詩》。『惡惡如巷伯。』『獨謀於寺人。』《記》。

《僖・廿五》：『晋侯問原守於寺人勃鞮。』柳子厚《晋文公問守原議》：『晋君擇大任，不公議於朝，而私議於宫；不博謀於卿相，而獨謀於寺人。其後景監得以相衛鞅，弘石得以殺望之。誤之者，晋文公也。』

宋柳之又有寵，元積之知制誥。昭公十十一月〔一〕，宋平公卒。初，元公惡寺人柳，欲殺之。及喪，柳熾炭于位，將至，則去之。比葬，又有寵。言元公好惡無常。元和十一年，元積爲祠部郎中，知制誥。書法：『病之也。』前以惡宦官貶，今以善宦官用，一元積也，前後相反如二人焉。此《綱目》所以深病之也。』柳初惡而又寵，左氏言宋公之不常。元前貶而今用，《綱目》病唐帝之相反。

鄭衆之爲侯，中官之襲封。封鄭衆爲鄛鄉侯。書法：『元帝之篇書，未有封侯者。宦

〔一〕今按：『十一月』，《十三經注疏》本《左傳》作『十二月』。

者爲中書令而已，漢末之禍始此矣。』順帝陽嘉四年，初聽中官得以養子襲封。書法：『自書封鄭衆爲鄛鄉侯，而中官封爵矣。於是聽以養子襲爵，則德其立已故也，私已甚矣。書曰初，病漢也。』發明：『開府階誠宜以陰子，謁者監何由有兒？此唐人李中敏書判之語也，而不知其源已始於漢。』

劉陶之書，天下之語。劉陶等書，中官手握王爵，口含天憲，運賞則使餓隸富於季孫，呼吸則令伊、顔化爲桀、蹠。桓帝延熹二以宦者單超爲車騎將軍。書法：『宦者爲將軍，自桓帝始。』天下爲之語曰：『左迴天，具獨坐，徐卧虎，唐兩墮。』左悺有迴天之力，具瑗驕貴無偶，徐璜如卧虎之可畏，唐衡持兩端，一作兩性，急如雨之墮。

曹操之言，魏丕之法。曹操曰：『宦者之官，古今宜有，但世主不當假之權寵，使至於此。既治其罪，當誅元惡，一獄吏足矣，何至紛紛召獄吏〔一〕乎！』建安廿五，魏主丕立法：『自今宦者不得過諸署令。』作金策藏石室。書法：『《綱目》惡魏甚矣，書立法，何譏也！何譏焉，非天子不制度，丕襲王耳，而專主法，故書譏之。雖然，是良法也。』罷中書官置尚書五人書，成帝建始四年。除公卿子弟補宦官書，靈帝中平六年。宦者不得過諸署令書，是年。命宦

〔一〕今按：『召獄吏』，中華書局《資治通鑒》卷五十九作『召外兵』。

官毋得衣紗縠羅書。唐文宗太和三年。』

黄皓之爲中常侍，法興之爲真天子。延熙八年，董允卒，以宦者黄皓爲中常侍。書法：『董允卒而黄皓用，李絳出而承璀入。唐憲。宋閹人華願兒，願戴法興〔二〕，言於子業曰：『道路皆言法興爲真天子，官爲贋天子。』遂賜死。

承祖之爲將軍，劉騰之爲司空。魏太和十五年，以宦者符承祖爲悖義將軍，封佞濁子。書法：『承祖坐贓應死，削職禁錮則已矣，加以惡稱而「將軍」之而「子」之謂，果何哉？東都不義，侯之繼也。』魏正光二年，以宦者劉騰爲司空。發明：『宦者爲三公，始見此。』

高力士之知内侍省，楊思勖之平安南亂。開元元年，以高力士爲右監門，知内侍省事。除三品將軍者寢多，宦官之盛始此。書法：『曷爲書爲將軍？譏也。書爲將軍，著唐世之禍始也。』十年，安南亂，遣内侍楊思勖討平之。書法：『内臣總兵，始此。』

爲大將軍，爲館驛使。十二年，以楊思勖爲輔國大將軍。書法：『自單超始書爲將軍，至張讓再見，力士三見，然未稱大將軍也。宦者稱大將軍始此。自是，高力士、程元振大將

〔二〕今按：『願戴法興』，當爲『怨戴法興』。

軍，楊復恭上將軍，不可勝書矣。』元和十二年，以宦者爲館驛使。左輔闕裴璘〔一〕諫曰：『內臣外事，職分各殊。塞侵官之源，絶出位之漸，事有不便，必戒於初。令或有妨，不必在大。』上不聽。

李輔國之兼大僕射，李輔國之兼中書令。乾元元年，以李輔國兼大僕射。書法：『李輔國，宦者也。宦者有爲將軍者矣，未有爲卿者也。自是而書爲兵部尚書，書爲司空兼中書令，至進爵爲博陸王，極矣！』寶應元年，以李輔國爲司空，兼中書令。書法：『於是復爲宦者書爲司空，司空是三公也，魏有劉騰，唐有輔國。』

輔國之爲博平王〔二〕，元振之爲大將軍。發明：『以一閹尹，而寵之以宰相，封之以王爵，自有中人以來，未之有也。』以程元振爲大將軍。發明：『是一輔國未去，一輔國已生矣。』

太中八年之對，太中九年之杖。太中八年，學士韋渙對曰：『不若就其中擇有才識者與之謀。』上曰：『此乃末策。』胡氏曰：『韋渙之言非末策也。昔李德裕與樞密議，約敕監

〔一〕 今按：『裴璘』，《舊唐書》作『裴潾』，是。
〔二〕 今按：『博平王』，參上文，似當爲『博陸王』。

軍，於是師出有功。故知裁制中臣，就其中擇忠智者與之謀，其處之未必不善於外庭之所爲也。』太中九年，浙東軍亂，逐觀察使李訥，貶訥爲朗州刺史，杖監軍王宗景，配恭陵。自今戎臣失律，並坐監軍。書法：『宣宗威攝閹竪，於是監軍書杖配者。』

中使之捶崔發，園使之遇鄭朗。敬宗寶曆元年正月赦，鄠令崔發聞五坊人毆百姓，命擒以入，曳之於庭詰之，乃中使也。收發繫獄，執杖亂捶。既絶始蘇，詔復繫之。李逢吉曰：『母年八十，積憂成疾。』命釋其罪，慰勞其母。太中十年，内園使李敬實遇鄭朗不避馬，上責敬實，對曰：『供奉官例不避馬。』上曰：『汝銜敕命，横絶可也；豈得私出而不避宰相乎！』命剥色，配南牙。剥降服色而配後。

仇士良之教黨，楊復光之泣下。士良致仕，教其黨曰：『天子不可令常閑，宜以奢靡娱其耳目，慎勿使之讀書，親近儒生。』黄巢陷長安，周岌降之。夜宴召監軍楊復光，酒酣，復光泣下，良久曰：『丈夫所感者恩義耳！公自匹夫爲公侯，奈何捨十八葉天子而臣賊乎！』岌亦流涕，瀝酒爲盟，以擊朱温，遂克鄧州。發明：『善有可録，雖盜賊小人，不可棄也。唐亡於宦者，而楊復光有討賊之功。《綱目》樂與人爲善，亦不以宦者之故而不録。故特書忠武監軍克復鄧州以予之。』

獻有張父，僖有阿父。劉友益書法曰：『於是政令一委令孜，呼爲阿父，故特書之。獻有張父阿母，僖有阿母。臨亂之君如一轍矣。』定策國老，門生天子。

唐之爲監軍，蜀之爲節度。同光二年，復以宦官爲内諸目使及諸道監軍。書法：『書復以何？志失也。』二年，蜀以王承休爲天雄節度使。書法：『唐書白志貞爲浙西觀察使矣，未有宦者爲節度使者也。宦者節度，於是始見。』

明宗之罷監軍，南漢之爲太師。同光四年，明宗監國，罷諸道監軍。南漢以龔澄樞爲内太師。書法：『内太師，何譏也！趙高書中丞相，澄樞書内太師，皆譏也。』

張承業之稱唐官，郭氏子之疾宦者。晉王存勖授張承業開府，儀同三司，左衛上將軍燕國公固辭不受，但稱唐官終身。胡氏曰：『張承業之志行，雖搢紳士夫有遠不能及者，可以爲内侍之師法矣。爲晉養民畜財，職也；受克用顧託，忠也；行法不寬貴戚，公也；晉王欲使分過終不承命，守也；居唐官終其身，義也。』郭崇韜素疾宦者，嘗密謂魏王繼岌曰：『大王他日得天下，騬馬亦不可乘，况任宦官！俗呼爲騸馬。宜盡去之，專用士人。』

胡氏之論，胡氏之説。胡氏曰：『劉龑之不智，亦甚哉！人惟愛其親故及人之親，愛其子故及人之子，何者？推類故也。宦者無父，何以知孝？無子，何以知慈？無父子慈愛之心，安得有君臣忠厚之道，而得爲長久計乎？』五代漢主龑以士人多爲士孫計，故專任宦者。胡氏曰：『秦有趙高，而後關東兵起；漢有中常侍，而後黄巾賊作。』

宦官上 林駉

周以冢宰統閽寺，漢初以丞相監宫中，於是無近習之弊。東漢用佞幸預政〔一〕，唐命中人典兵，於是有内庭之變。嗟夫，爲閽而稱士，《周禮》閽人，上士四人。爲巷伯而嫉惡。勃貂、管蘇有功於晋楚，景監、繆賢著庸於秦趙。吕卻將焚宫，披以難告，楚共王曰：『管蘇節我以文，達我以禮。』商君入秦，因景監求見。繆賢曰：『臣舍人藺相如可使也。』兹皆有益於人之國，而君子必欲去之而後已，何耶？蓋薰腐之徒無所愛惜，退而視其室則無妻妾之情，俯而顧其後則無子孫之親，所以爲妻妾子孫者，聚則成一室，散則行道之人耳。是以倚勢怙寵，竊柄弄權，爲勃貂、管蘇者百不一二，爲竪刁、伊戾者十已七八，故君子患之。周閽人守中門之禁，寺人掌女宫之戒。漢以宰相得監宫中，丞相嘉檄召鄧通，少府統中書，宰相統少府，况以司馬遷爲中書令，石顯用事，康衡、甄譚條奏舊惡，此周漢盛時無近習之弊者，寧非大臣統制之功歟！

東都以宦官專領監寺，是政權歸之矣。唐以宦官專典禁衛，是兵權歸之矣。政權歸之，則賢否混淆，而其亂在朝廷。兵權歸之，則變生肘腋，而其亂在宫禁。西漢之制，侍郎

〔一〕今按：『預政』，《四庫全書》本林駉《古今源流至論》續集卷八作『與政』。

皆用明經，常侍參用士人，誠美意也。夫何章和以後議郎不在宿直之中，郎省皆爲黄門之廬？別自立監專以閹人領之。自是閹人不領於外朝，手握王爵，口銜天憲，曹節王甫無所顧忌。唐初之際，内侍省不置三品官，黄衣廪食守門搏命，誠長法也。夫何肅代以後或命朝恩管神策兵，或使承璀爲招討使？韓全義討淮，賈良國監其軍；高崇文討蜀，劉正亮監其軍。西頭之勢過於南衙，樞密之權甚於宰相。蕭復言之而不見聽，柳伉及之而不能用；高元裕言其勢重南衙，白居易言不當位大帥。

宦官下 同人

國朝，不典兵，不預政。舊制，内臣將命于外，不預公事，此不使之預政也。舊制，宦官專任本職，不得典衛，此不使之典兵也。是故，史崇真言縣令貪廉可信也。乃命監司以審察，真宗景德。楊繼凝奏苑卒自溺可從也。乃付外司以鞠劾，彼安得以預政乎！黄德化〔一〕之爲監軍，少牽西士，用吕文靖之謀而永罷監軍。王守忠之爲鈐轄，恐循唐弊，從富鄭公之言而永罷鈐轄。彼安得以典兵乎？仁宗。不特此也，張守忠本近侍爾，以役夫斃於木下而抵

〔一〕今按：『黄德化』，《四庫全書》本林駉《古今源流至論》續集卷八作『黄德和』。下句『少牽西士』，《古今源流至論》續集卷八作『少牽西帥』。

極法。王繼恩有大功爾，以交結中外而謫筠州，是又不輕免其罪也。

内侍押班，雖曰遷官，然未滿五十年者不許之。内侍磨勘，雖曰當得，然未滿二十年〔一〕者不與之，是又不輕進其官也。噫，亦有由也。周以冢宰統閹寺，而侍御皆正人。漢以丞相監宫中，而宦孺無非習。國家所以統屬宦者，蓋樞府任其權耳。觀傅堯俞奏樞密不治内侍，求内降之罪，則宦官有過，樞密得治之矣。觀高若訥爲樞使不制内侍，留後之官，則宦官進秩，樞密得專之矣。有如都知之罪韩公竄之，節度之求梁適沮之，是宰相復得治也。兼判二省，韓絳力言，妄圖押班，吕誨極辨，是臺諫復得言也。

全彬誥辭，劉敞不撰。至和元年，石全彬。惟簡誥辭，蘇轍封還。元祐元年，梁惟簡。元豐大臣，「不遵典章」。河東總兵，非無帥也，而乃使王中正領之。熙河用事，非無人也，而乃使李憲典之〔二〕。鄧潤甫、周尹言之，蔡承禧、彭汝礪言之，司馬公劉莘老又極言之。至使押班李舜舉亦曰：『四郊多壘，卿大夫之辱，不宜内臣掌將帥之任。』噫，舜舉本閹人也，時亦任邊事也，且能責王珪以内臣不當任將帥之責，珪也不自知愧，迎勞問之，至使聞者爲之發

〔一〕今按：『二十年』，《四庫全書》本林駉《古今源流至論》續集卷八作『三十年』。

〔二〕今按：『典之』，《四庫全書》本林駉《古今源流至論》續集卷八作『專之』。

嘆〔一〕。異時童貫握兵權於外，以典兵爲常。梁思成〔二〕擅文柄於內，以預政爲例。陶鑄將相垂二十年。中興以來，內侍之官不許兼職，恐失於檢察也；都知之親非時不見，恐昵於近習也。

皇極四　二〇章

附監司

《書·舜》：『肇十有二州。十有二牧。』『禹別九州，有九牧。』《周禮》：『八命作牧。』《史》：『黄帝置左右監，監于萬國。』秦置監察御史。漢惠帝遣御史監三輔郡，察事凡九條。後諸州復置監察御史。文帝以御史不奉法，乃遣承相史出刺并督察御史。武帝置部刺史，掌奉詔條察州，以六條問事，秩六百石。士司十二人，居部九歲，舉爲守相。成帝以刺史位下大夫，而臨二千石，輕重不准，乃更爲州牧，秩二千石，位九卿。後漢復刺史。靈帝改爲

〔一〕今按：『發嘆』，《四庫全書》本林駉《古今源流至論》續集卷八作『發慚』。
〔二〕今按：『梁思成』，當爲『梁師成』。

牧。魏晋爲刺史。後魏州置三刺史。隋煬罷州置郡，置司諫臺大夫一人，巡察畿内。刺史十四人，巡察畿外。唐分天下爲十道，置巡察使二十人。景雲改按察使。開元置採訪處置使。至德改觀察使。本朝監司有轉運使、副判官、提刑、提舉、常平。

《韓詩外傳》：『王者必立牧方三人，使窺遠牧衆也。遠方之民有飢寒而不得衣食，有獄訟而不平其寃，失賢而不舉者，入告於天子。天子於其君之朝也，揖而進之曰：「噫，朕之政教有不得爾者耶，何如？乃有飢寒而不得衣食，有獄訟而不平其寃，失賢而不舉。」然後其君退而與卿大夫謀之，遠方之民聞之，皆曰：「誠天子也！」夫我居之僻，見我之近也；我居之幽，見我之明也。可欺乎哉？故牧者所以開四目達四聰也。詩曰「邦國若否，仲山甫明之」，此之謂也。

任膺廉使，魏謩疏。歷居廉鎮。崔鉉制。銀印青綬，漢。銅印黑綬，晋。赤幢曲蓋，晋向雄。曲蓋朱旗。段潁。徐邈清白，凉州刺史。胡質清高。荆州刺史胡威父。晋武問：『孰與父清？』對曰：『臣父清，畏人知；臣清，畏人不知。』

楊秉清儉，高肇清能。後漢楊秉爲刺史，計日受禄，不入私門，家貧並日而食。後漢高肇莅五州，以清能著號良刺史。

李恂席皮，羊祜遺犢。漢李恂兖州，清約率下，席羊皮，卧布被。晋羊祜青州，牛於群産犢，遺之而去。

飲酌貪泉，叱驅益坂。晋吳隱之廣州，試酌貪泉，見泉。返家之日，唯身而已。宅茆茨六間，坐無完席，以蓬爲屏。王尊益州，至九折坂曰：『此非王陽所畏途耶？』叱其馭曰：『驅之。』王陽爲孝子，王尊爲忠臣。

行部，何武傳。巡部，後漢制。分路揚鑣，爲朕耳目，隋文詔。行部去帷，命御褰帷。郭賀喬卿有殊政，百姓歌曰：『厥政仁明郭喬卿，中正朝廷上下平。』顯宗賜三公之服，黼黻冕旒。敕行部去襜帷，使百姓見其容貌，以彰有德。唐賈珍冀州言曰：『唐遠視聽，糾察美惡，何有及垂帷裳以自掩蔽乎？』命御者褰帷，百姓聞風震竦，贜者望風解印去。』

分刺諸州，漢。廉問七州，唐。分馳郡國，督察在位，其敷以言，録見囚徒。漢。刺舉州事，奉詔條察州。漢元。督奏郡國，漢朱博表。談咏南樓。晋庾亮。

山濤搜才，彦夏接士。冀州見人才，濤居此州，搜賢求士三十餘人，冀州之士於是爲盛。晋華軼江州，以友道接士，甚得江表之歡。

孺文按故人，賈逵舉不法。蘇章曰：『今夕蘇孺文與故人飲酒者，私恩也。明日冀州刺史按事者，公法也。』州人望風畏肅。賈逵預州，舉奏阿縱不法者。帝曰：『真刺史也。』聞風震竦，望風畏肅。見上。

奉詔六條，手書一紙。晋劉弘荆州，咸曰：『得劉公一紙書，賢於十部從事。』化行如神，恩化大行。吴崔徵益州。魏劉馥單馬到合肥，立學校，廣屯田，興芍陂。決遺如神，斷決如流。朱博本武人，冀州。荀晞道兖州。表善懲惡，不發不畏。吴張康益州，王國冀州。不發私書，不畏强禦，號王獨坐。皇甫賑饑，喬元開廪。漢皇甫嵩冀州，奏請一年租以賑飢民，百姓歌曰：『天下亂兮市爲墟，母不任子兮妻失夫，賴得皇甫兮復安居。』晋喬元守州年饑，開倉以給之，天子嘉之。鼓樓擒盗，桴鼓不鳴。李嵩并州，州多劫盗。村置一樓，樓内一鼓，盗發打之。俄頃之間，聲布百里，遂多擒獲。諸州鼓樓自嵩始。邢邵兖州，有善政，桴鼓不鳴。

百姓越江山而歸，吴人襁負而至。羊祜荆州。男女出迎，童兒迎道。宋始興王濬荆州還朝，人歌曰：『始興王，人之父。赴民急，如水火。時復來，乳哺我。』重臨荆州，男女出迎。郭伋細侯并州結恩德，及後入界，童兒數百各騎竹馬迎於道路。

心存朝廷，晋王昶。歌興里巷。兖州。雖在外任，心存朝廷。賈琮，交阯反，靈帝以琮交州刺史。到部移書，各使安書〔一〕。里巷歌曰：『賈父來晚，使我先反。今見清平，吏不敢叛〔二〕。』

重授并州，爲天下最；梁習。三臨徐州，威惠宣著。王懿。賜黼黻而彰德，見上。賜車蓋而彰德。董霸揚州。治有異績，宣帝詔賜車蓋，特高一丈，以彰有德。

父子相代，兄弟並任。畢終慶〔三〕爲本州。夏侯但、逵〔四〕豫州。我之有州，頻得夏侯。前兄後弟，布政優優。

舉爲守相，召爲司農。漢武時，刺史九歲舉爲守相。梁習。

在州二十年，在鎮十餘年。魏梁習并州，無方通珍物，明帝異之，禮賜甚厚。晉桓宣梁州，綏撫故舊。

張既雍州，荀羨徐州。張既雍州，太祖曰：『若還本州，可謂衣繡行也。』晉荀羨徐州，

〔一〕今按：『安書』，《後漢書》卷三十一《賈琮傳》作『安其資業』。

〔二〕今按：『吏不敢叛』，《後漢書》卷三十一《賈琮傳》作『吏不敢飯』。

〔三〕今按：『畢終慶』，當爲『畢終敬』，《山堂肆考》卷七十三作『唐畢終敬與子元賓父子相代，爲兖州太守，當世榮之』。

〔四〕今按：『逵』，當爲『夔』。《梁書》卷二十八：夏侯但弟夏侯夔。

時年二十。

四龍三虎。漢李元禮祖父修，安帝時生子亮、叔、訓、秀，號四龍，皆爲牧守。三虎見下。

宋：舉薦四條，按察四條。湯思退爲相言，元祐宰臣司馬光，所陳舉按官吏八條，今欲立，舉薦四條：一仁惠，二公直，三明敏，四廉謹。按察四條：一苛酷，二狡佞，三昏懦，四貪縱。凡監司州軍皆得以此八條舉按從之。

紹興之言，乾道之命。紹興，上謂宰執曰：『安民之要，無過擇監司，可令侍中公舉，中書置籍。朕亦書之屏風，置諸左右。』十七，上曰：『監司，朝廷耳目之官，得其人則一路安，不可不擇之也。』乾道，命監司各限十日，條便民之事件以聞，必傅經典以稱治辯。彭汝礪務大體，不事苛細，議獄必傅經典。蔣之奇爲部使者十二，所至以治辯稱。

轉運江東，貪吏解去。耳目江東，叱賊避害。揚紘，富弼薦也。儂智高執孔宗旦。

自叙：王雍之言，范公之語。王雍常州，爲牧之道，亦難亦易。其身正，不令而行，故曰是易。其身不正，雖令不從，故曰是難。范文正爲參政，取班簿視不才監司，每見一人姓名，一筆勾，以次便易〔一〕。富公曰：『十二丈則是一筆勾焉，知一家哭矣。』范公語：『一家哭何如一路哭耶。』

四瞪，三虎。胡宗旦始官江東，與李道徐尚同等四人爲監司耳目，人惡之，號曰四瞪。慶曆中，漕司揚紘、王綽、提刑王鼎頗務深刻，號江東三虎。

旁引：『皇皇者華，君遣使臣也。』《詩》。《周禮·地官》：『掌節，皆以英簜輔之。』杜子春云：『以函器盛此節，或曰英簜畫函。』《詩》：『六轡如濡，六轡如絲。』

虎節，龍節。『道路用旌節，邦國用使節，山澤用虎節，土國用人節，澤國用龍節。』《周禮》。

星駕，輶軒。《詩》：『星言夙駕。』周秦以八月遣輶軒之使採異代方言。』

軺車驛騎，使車朱軒。《輿服志》：『大使車，小使車。』李壽乘法，駕騑駿朱軒。

使星臨益，見奉使。建節出關。終軍。張綱埋輪，范滂攬轡。覽觀風俗，動揺山岳。

黜陟察風俗，御使察風俗。唐德宗遣黜陟使十二人〔二〕行天下。陸贄言請以五術察風俗。則天光宅，遣御史察風俗。

〔一〕今按：『便易』，當爲『更易』。

〔二〕今按：『十二人』，《御批資治通鑑綱目》卷四十六作『十一人』。

柳：『堯置州牧四岳持而綱之，立有德有能者參而維之。運臂率指，屈伸把握，莫不統率。』

詩：梁武帝詩：『玉節居分陝，金貂總上流。』孟浩然詩：『南紀西江闊，皇華御史雄。』

警：膚使，福星，外臺，刺史，皇華，廉使。攬轡撫封，褰帷問俗。輟玉筍班，遣皇華使。肅將星駕，分察日畿。珠旒遣使，銀印生光。涣發芝函，寵輔英簜。

家人有嚴君焉，舊膺此選。皇華遣使臣也，今世其官。周原六轡，與春風和氣以偕來。閩部百城，若景星慶雲之争睹。使星臨於分野，原隰生光。暖氣變於寒陰，陽春有脚。慷慨叱王尊之馭，澄清登孟博之車。觀風而得偉人，未春而有和氣。褰帷問俗，捐隻手以活民。攬轡澄清，炯雙眸而察吏。漢使所部十三州，咸蒙惠澤。湖南之地二千里，如在春風。威星摇岳，見登車攬轡之初。汗吏望風，至投印解綬而去。乘茬直上，天已界於漢中。叱馭疾驅，星忽臨於益部。咏四牡之閑閑，暫勞攬轡。扈六轡之耳耳，行即召環。前時吴下阿蒙，豈敢刮目。明日冀州刺史，更望私恩。繡衣霄衣，姑爲七聚以小留。璽詔春頒，即對三朝之促覲。

晉徐邈與范甯言：『足下慎選綱紀，又得〔一〕公方之人以爲監司，則清濁能否，與事而明。』

監司 林駉

周禮〔二〕撢人循省四方，漢遣掾使分制諸郡，良法也。自武帝始置刺史，秩卑權重，尚得察舉之體。至成帝易爲州牧，秩重權專，流爲藩鎮之弊。迨國用增置監司，帥臣而下亦許糾劾，有元封之得，無綏和之失，此古今按察之大略也。自古封建之法行天下至廣，難以統一，故五載一巡守，以一風俗以通民情。至周而稍多，五載巡守既不能行，故置撢人之屬以達上下，使無壅蔽。秦人郡縣之後，周制始壞，置監察御史掌監郡。漢興，蕭相國遣掾史行部，郡國之治悉達于公府，關絡脉理，一達于上，亦周人之遺意也。元封五年初置部刺史，每以秋分行部，以詔書六條察舉郡國。以六百石之微，察二千石之尊，其秩卑，其權重。秩卑使其人自奮，權重使其志得行。綏和以來，始更部刺史爲州牧。始也官下縣令，今位九卿矣。始也秩六百石，今秩二千石矣，其秩重，其權專。然何武以貴治賤，不以卑臨尊，

〔一〕今按：『得』，中華書局《資治通鑒》卷一百七作『擇』。

〔二〕今按：『周禮』，《四庫全書》本林駉《古今源流至論》續集卷七作『周命』，是。

故欲罷刺史而置州牧。博以秩卑賞厚，勸功樂進，故欲罷州牧而置刺史。東都以來，其制復變。始州牧奏劾長吏者，三公遣吏驗實然後退黜。光武不任三府，故權在州牧廢置自由，則嘗一變矣。始以六條詔察過是〔一〕者，罷免其後乃與賦政治事之吏，則又一變矣。其始傳車周行，後乃更爲重鎮據有州郡，則又一變矣。是知有重鎮，不知有朝廷。

袁紹、曹操首亂而争雄，蘇峻、桓温效尤而跋扈。自晋至陳，多由於此。至唐之興，不鑑前轍，以河北隴右之極邊爲天下之重鎮，而撫之以都督，其品位崇重，復不少抑，豈所謂五大不在邊之説乎！

齊映爲觀察，以刺史不如制而謫爲别駕。劉晏爲觀察，自刺史六品以下得杖而後奏。甚至諸道守臣〔二〕，皆兼觀察之權。江南觀察使即宣帥爲之，荆湖觀察使潭帥、鄂帥爲之。此元城先生所以嘆刺史爲良法，州牧爲隳制也。國初實無監之目，雖除轉運專主軍餉，王師既返其職，旋罷。如平澤潞則命高防充北路轉運使，用師湖南則命沈義倫充京西轉運使是也。迨僭僞略平，諸道轉運，然但司財計，而按察未任爾。

〔一〕今按：『過是』，當爲『過失』。
〔二〕今按：『守臣』，《四庫全書》本林駉《古今源流至論》續集卷七作『帥臣』。

興國中，高保寅請罷支郡以損方面，而轉運始加按察之任。慶曆間，歐陽公請遣使者以察官吏，而轉運始帶按察之職。然按察之官尚未衆也，監郡之責亦委倅貳。東坡所謂『若問君王覓符竹，恐無螃蟹有監州』，借錢昆之言以自詠其事，蓋可見矣。故金穀之任漕司主之，刑獄之事漕司專之。噫！漢以二千石而爲牧，禄秩太重，人有僨職〔一〕。我朝以郎曹出使而得劾宰執侍從之臣，漢制不及也。唐以帥臣而兼觀察，無由糾舉，人多廢職。我朝以名藩具狀而亦書姓名於監司之前，唐制不及也。不特此耳，奏事稱旨特賜金紫，馮亮。將漕有勞榮錫錦袍，景祐間。華其躬也。覆正死罪則遷員郎，杜衍提刑。索治冤獄特命遷官，成正忠提刑。榮其秩也。

有訪西蜀利害者，趙稹益州轉運。有罷江南横賦者。陳靖江南轉運。有除陝路之害者，蘇頌陝路轉運。有救東國之民者。鮮于侁京東轉運。噫！三虎楊紘猶使貪吏解去，况不爲三虎乎！四瞪李道尚能化罟蠻儂〔二〕，况不爲四瞪乎！

〔一〕今按：此句，《四庫全書》本林駉《古今源流至論》續集卷七作『禄秩太優，人無奮職』。

〔二〕今按：此句，《四庫全書》本林駉《古今源流至論》續集卷七作『四瞪宗旦尚能叱罟蠻儂』。

皇極四　二一章

刺史

惟四方之兵寇，由刺史之威輕。靈帝中平五年，太常劉焉見王室多故，建議以爲：四方兵寇，由刺史威輕。且用非其人所置。宜改置牧伯，選清名重臣以居其任。朝廷遂從焉。議以焉爲益州牧，務行寬惠，以收衆心。焉，魯恭王之後。

幽之刺史，預之刺史。幽部應接荒外，資費甚廣。劉吴敝衣繩履，食無兼肉，務存寬政，勸督農桑，開上國胡市之利，通漁陽鹽鐵之饒，青徐士庶避難歸吴者百餘萬口。建安廿五，漢獻以賈逵爲預州刺史，時刺史多不攝郡。逵曰：『州本以六條詔書察二千石以下，今長吏慢法，盜賊公行，州知而不糾，天下復何取正乎？其二千以下阿縱不法者，皆奏免之。外修軍旅，内治民事，興陂田，通運渠。』曹丕曰：『真刺史矣！』顔師古曰：『一條强宗豪右田宅逾制，二條二千石不奉詔書倍公向私，三條二千石不恤疑獄風厲殺人，四條二千石選署不平蔽賢寵頑，五條二千石子弟恃怙榮勢，六條二千石遣公下比阿附豪强。』

徐邈之爲凉州，傉檀之爲凉州。建興六年，魏以徐邈爲凉州刺史，務農積穀，立學明訓，進善黜惡，與羌胡從事，不問小過，若犯大罪，先告部帥，乃斬以殉，服其威信，州界肅清。秦禿髮傉檀爲涼州刺史，宴於宣政堂，嘆曰：『古人言作者不居，居者不作，信矣。』孟禕曰：『昔張文王始爲此堂，於今百年，十有二主矣。惟履信思道者可矣久處。』

慧度之爲交州，韋珍之爲郢州。宋交州刺史杜慧度爲政纖密，一如治家，吏民畏而愛之。城門夜開，道不拾遺。魏太和十八年，郢州刺史韋珍有聲績，賜以駿馬穀帛，境内孤貧者散與之。書法：『書賜珍何？予珍也。』

劉道産之爲雍州，梁彦先之爲岐州。宋雍州刺史劉道産善爲政，民間有襄陽樂歌。隋梁彦先岐州刺史，奉課連爲天下最。下詔褒美，賜粟帛。徙相州，每鄉立學，風化大變。

魏之徵還，唐之世襲。魏天賜二功臣爲州者，徵還京師以爵歸第。貞觀十一，以荆王元景長孫無忌等爲諸州刺史，子孫世襲。書法：『刺史世襲，其爲建國也大矣。使卒行之，治亂未可知也。末世藩鎮不世襲之，世知矣。』

和干子之免杞州，楊承令之貶睦州。隋開皇三年，時刺史多任武將，侍御史柳彧表曰：『干子弓馬，武用是其所長，治民莅職，非其所解。』隋主善之，干子竟免。開元十三，選諸司長官、諸州刺史，命百官餞於洛濱，自書十韻詩賜之。左丞楊承令在行中，意怏怏，貶睦州別駕。

王丘之懷州，崔沔之魏州，耀卿之濟州。封泰山，至宋州，宴從臣。謂張悦曰：『懷州刺史王丘，餼牽之外一無他獻；魏州刺史崔沔，供帳無錦繡，示我以儉；濟州刺史裴耀卿，表數百言，莫非規諫。真良吏矣！』以丘爲尚書左丞，沔爲散騎侍郎，耀卿定州刺史。

欲重刺史，特選京官。明皇四年，欲重都督刺史，選京官才望者爲之。書法：『帝可謂知所謂權衡矣。』

贊盧奂於陝州，貶陽城於道州。廿四年，上還西京，過陝州，以刺史盧奂有異政，題贊於廳事而去。餘見賜書翰，陽城貶道州刺史，治民如治民，賦稅下登〔一〕，觀察使數加誚讓。自書其考曰：『撫字心勞，徵科政拙，考下下。』觀察使遣判官督其賦，城自繫獄。判官馳謁城，不復歸。判官辭去。又遣他判官往按之，判官載妻子行中道逸去。

爲海州之刺史，帖其名於殿柱。大中八年，以李行言爲海州刺史。上獵於苑北，遇樵夫問：『縣令爲誰？』曰：『李行言。』『爲政如何？』曰：『性執。有强盜數人匿，軍家索之，竟不與，盡殺之。』上歸，帖其名於寢殿之柱。及除刺史，入謝，上賜之金紫，取帖示之。

咸通八年，懷州民之逐刺史劉仁規。咸通十一年，光州民之逐刺史李弱翁。書法：

〔一〕今按：此句，《資治通鑑》卷二百三十五作『治民如治家，賦稅不登』。

『上元以來，書牙將逐其上矣，未有役卒逐其上者也。至元和之末，而書役卒逐其上矣，未有民逐其上者也。於是而書民逐其上矣。書民逐其刺史，而唐之紀綱大壞矣。書法於是三年三書民逐其上，唐之紀綱掃地矣。』

高適詩：『龍鍾還忝二千石。』『刺史似寇恂，列郡宜競借。』『刺史諸侯貴。』『諸侯非棄擲。』『堯有四岳明至理，漢二千石真分憂。』『中有古刺史，盛才冠岩廊。』

皇極四　二二一章

守令 林駉

嘗觀班孟堅之傳淳史〔一〕而有疑焉。夫親民者，莫如守；而於民最親者，莫如令。今漢傳所記守相甚悉，凡令若長没而不書。豈爲邑者，不逮於郡耶？否則瑣瑣爲不足紀也。

〔一〕今按：『淳史』，《四庫全書》本林駉《古今源流至論》前集卷七作『循史』。

噫，此班孟堅史筆之微旨歟！且天下至廣也，縣邑〔一〕至衆也，以郡而言之，守令之賢否，且不能人人而察，而縣倍於郡，令倍於守，其廉其貪，其才其庸，况得枚舉而縷計哉！故漢之察吏，深得上下相維之意。璽書勉厲惟及守相，刺史六條獨察二千石，以此見命守察令之意。是時也，有聲中興者茂陵之績著魏相，治行尤異者陽翟之治彰。趙廣漢。道不拾遺，何愧於潁川之遜畔；三老願留，何慊於膠東之勞來。焦延壽。播之謡詠，著之史册，班史豈故遺於此哉！忠義不傳，而紀信之實未嘗没；湯周不列酷吏，而豈能逃深刻之失。蓋漢之察吏者，既惟切切於守相，而固之傳循吏不屑及於令宰者宜矣。至膺百里而綰銅章者，皆委其責於守君相也。

王尊之守安定，則出教告屬縣以明謹所職。朱博之爲冀州，則以兩令换縣不職而改任。薛宣亦以刺史當察墨綬之長吏。此漢制所以近古也。國家損鎮長〔二〕之權，而邑之事始舉。國家選京兆之官，而邑之任始重。守臣歲舉一人，則天聖之詔也仁宗。知州課縣令三條，則熙

〔一〕今按：『縣邑』，《四庫全書》本林駉《古今源流至論》前集卷七作『郡邑』。
〔二〕今按：『鎮長』，《四庫全書》本林駉《古今源流至論》前集卷七作『鎮將』。

寧之法也。神宗。守倅察縣令而善[一]，則元祐之令也。哲宗。今守相任者察之責爲吾惑焉[二]。其所剡薦者，以財賦充益爲善[三]，而留意教化者未必不遭斥逐。其所稱賞者，以催科先辯爲最，而勞心撫字者未必不考下下。高宗聖訓曰：『縣令末也，郡守本也。郡守得人，則縣令何患不得人。此今日家法也。』雖然，令長得人責之守牧，守牧得人責之部使。

郡守 同人

漢之兵財在於郡守，故郡守得以伸其權。唐之兵財不在刺史，故刺史無以行其志。國初分藩鎮之權付郡守，而兵財有餘。熙寧收郡守之權歸朝廷，而兵財不足。漢内郡甲卒掌於郡尉，邊郡兵官屬之長史。然都試之講，太守會之；虎符之調，太守分之。趙廣漢之將兵屬蒲柳將軍[四]擊匈奴，朱買臣之將兵與横海將軍擊南越。則一郡之兵守得以自將也。千乘河東均輸有官，雁門沃陽榷鹽有丞。然葦蒲之入郡得取之，廩餼之錢郡得藏之。文翁守於蜀郡，減少府用度以興學校。魏尚守於雲中，以軍市之租而給士卒。則一郡之財守得

[一] 今按：『而善』，《四庫全書》本林駉《古今源流至論》前集卷七作『四善』。
[二] 今按：此句，《四庫全書》本林駉《古今源流至論》前集卷七作『今守相任考察之責者，吾惑焉』。
[三] 今按：『善』，《四庫全書》本林駉《古今源流至論》前集卷七作『先』。
[四] 今按：『蒲柳將軍』，《四庫全書》本林駉《古今源流至論》續集卷七作『蒲類將軍』，是。

以自用也。

唐始易太守而爲刺史，郡守一輕，藩鎮一重〔一〕。白居易《江州壁記》：『郡守之職統於諸侯帥，郡佐之職移於部從事。』刺史本以職租賦也，諸鎮不領度支，刺史何有於兵〔二〕乎？刺史正以掌軍旅也，諸鎮兼總兵權，刺史何有於兵乎？

宋解强藩之權於杯酒之間，去積世之患於笑談之頃，錢穀之利入于王府，精兵之强收之京畿。向之支郡隸於雄藩者，今直屬京師耳。向之郡吏制於帥臣者，今得自奏事耳。是故山澤之利歸於轉運，轉運不自私也，盡給逐郡以用之。經費之錢總於轉運，轉運不自有也，皆聽支通〔三〕以支之。不然趙贊、董遵誨之徒，以郡中管榷悉與貿易，而卒得捍御之力者，非其驗與？守帶知軍事之銜，軍政得制也。倅帶通判軍事之職，軍政得貳也。不然李漢超、馬仁瑀之徒，召募驍勇以爲爪牙，而多有克捷之功者，非其效與？

熙寧，大臣變法過當，以郡之兵權太重而輕之，以郡之財用太豐而收之。舊例軍額守所主也，併額以後隸于憲司，守不敢過而問焉。舊例兵馬守所制也，團結以後歛于將副，守

〔一〕今按：『一輕』『一重』，《四庫全書》本林駉《古今源流至論》續集卷七作『日輕』『日重』。
〔二〕今按：『兵』，《四庫全書》本林駉《古今源流至論》續集卷七作『財』，是。
〔三〕今按：『支通』，《四庫全書》本林駉《古今源流至論》續集卷七作『知通』。

不得過而問焉。是守無兵權也。二税之數悉入經費，正使之錢已禁醖造。問其茶鹽，茶鹽有使。問其坑冶，坑冶有司。青苗取息，免役收錢，星火文移，秋毫不貸。是守無財用也。噫！兵去則無以備非常，財乏則無以支不給。今郡縣之兵，有禁兵、有廂兵、有弓兵。係於廂者，郡可私以役使，而禁兵弓兵之籍見在帥司，以備宣撫征伐攻戰之役。所謂兵者，特兵籍而已。一郡之財，有贍軍、有係省、有上供。爲係省者，州可留以廪給，而贍軍、上供之數悉輸轉運，以備户部俸給賞犒之費，所謂財者，特應期會而已。

守令吏者，理也。循吏顔師古曰：『循，順也。』上順公法，下順人心。永平九年，詔司隸刺史歲考長吏，殿最以聞。揚或問曰：『吏也，循吏可謂吏？』董仲舒曰：『郡守縣令，民之師帥，所使承流而宣化也，師帥不賢，則主德不宣，恩澤不流。今吏既無教訓於下，或不承用主上之法，暴虐百姓，與奸爲市，貧窮孤弱，寃苦失職，甚不稱陛下之意。陰陽錯繆，氛氣充塞，群生寡遂，黎民未濟也。』

汲黯之爲東海守，汲黯之爲淮陽守。汲黯爲東海守，好清静，多病卧閤内不出。歲餘，東海大治。其治務在無爲，引大體，不務文法〔一〕。爲淮陽守，爲上泣曰：『臣自以爲填溝

〔一〕今按：此二句，《史記》卷一百二十《汲黯傳》作『弘大體，不拘文法』。

壑，不復見陛下，不意復收用。臣常有狗馬病，力不能任郡事，願爲中郎，出入禁闥，補過拾遺，臣之願也。』上曰：『君薄淮陽耶？吾今召君矣，顧淮陽吏民不相得，吾徒得君之重，卧而治之。』居淮陽，十歲〔一〕而卒。

潁川教化，南陽教化。韓延壽爲潁川太守，承廣漢之後，教以禮讓，必聘賢士，以禮待用。表孝弟，治學官，春秋鄉射，講武，習射御之事。治城郭，收賦租。爲東郡，令行禁止，斷獄大減。爲馮翊，昆弟相訟，閉閤思過。此兩兄弟深自悔，願以田相移，終死不敢争。郡中歙然，傳相敕厲。恩信周遍，推其至誠。召信臣，文王子召公奭之後。文帝時爲南陽太守，教化大行，户口增倍，號曰召父，徵爲少府。

交趾教民，九真教民。光武時，交趾太守錫光教民夷以禮義。任安爲九真太守，教民耕種嫁娵。故嶺南華風始於二守焉。

河東興學，雍丘化民。漢獻帝建安九年，以杜畿爲河東太守，單將數十騎赴堅壁而守之，於是務崇寬惠，民有詞訟，爲陳義理，勸耕桑課畜牧。百姓豐實，然後興學校，舉孝弟，修戎事，講武備，河東遂安。劉矩爲雍丘令，以禮化民。有訟者，提耳訓告，使歸更思，訟者

〔一〕今按：『十歲』，《史記》卷一百二十《汲黯傳》作『七歲』。

感之，輒各罷去。

新息長之教化，廣陵守之教化。賈彪爲新息長，小民貧困，多不養子。嚴爲其制，與殺人同罪。南有盜劫害人者，北有婦人殺子者，彪出按驗，掾吏欲引，南彪怒曰：『寇賊害人，此則常理，母子相殘，逆天違道。』遂驅車北行，案致其罪。賊聞之面縛自首。數年間，人養子者以千數。曰此賈父所生也，皆名之爲賈，男曰賈子，女曰賈女。張綱爲廣陵太守，單車詣張嬰壘門，請與相見。延置上座，譬之，嬰泣下歸降。在郡一歲卒，嬰等五百餘人爲之制服行喪，送到犍爲，負土成墳。

中都之教化，蒲邑之教化。孔子初仕爲中都宰，魯屬邑。制爲養生送死之節：長幼異食，强弱異任，男女别塗，路無拾遺，器不雕僞，爲四寸之棺，五寸之椁，因丘陵爲墳，不封不樹。行之一年，而四方之諸侯則焉。子路治蒲，子曰：『蒲其如何？』對曰：『邑多壯士，又難治也。』子曰：『恭而敬，可以攝勇。寬而正，可以懷强。愛而恕，可以容困。温而斷，可以抑奸。如此加之，正不難矣。』子路治蒲三年，孔子入其境曰：『善哉由也，恭敬以信矣。』入其邑曰：『善哉由也，忠信而寬矣。』至庭曰：『善哉由也，明察以斷矣。』

宓子賤之單父，端木賜之信陽，憫子騫之費宰。孔子謂宓子賤曰：『子治單父，衆悦子，何施而得之也？』對曰：『此地民有賢於不齊者五人，不齊事之，而禀度焉。』孔子嘆曰：『賢者，百福之宗也，神明之主也。惜乎不齊之以所治者，少也。』端木賜爲信陽宰，孔子曰：『勤之慎之。吾聞，知爲吏者，奉法以利民；不知爲吏者，枉法以侵民。』憫子騫爲費宰，問政。子曰：『以德以法。夫德法者，禦民之具，猶禦民之有銜勒也。君者人也，吏者轡也，刑者策也。夫人君之政，執其轡策而已。』

薛宣之條教，劉寬之孝弟。薛宣，左馮翊，賞罰明，用法平，所居皆有條教可記。劉寬慰父老以農里之言，南陽勉少年以孝弟之訓。

卓茂之循良，杜詩之清平。光武以卓茂爲太傅，封褒德侯。司馬公曰：『獨能取忠厚之臣，旌循良之吏，拔於草萊之中，置諸群公之首，宜其光復舊物，享祚久長，蓋由知所先務而得其本原故也。』建武七年，以杜詩爲南陽太守，政治清平，興利除害，修治陂地，廣作土田。南陽語曰：『前有召父，後有杜母。』

張堪之政，廉范之來。張堪爲漁陽太守，視事八年，匈奴不敢犯塞。勸民耕稼，以致殷富。歌曰：『桑無附地，麥秀兩歧。張君爲政，樂不可支。』廉范爲蜀郡太守，成都舊制禁民夜作，以防火灾。范毁削先令，嚴使儲水而已。歌曰：『廉叔度，來何暮。不禁火，民安作。昔無襦，今五袴。』

弘農之虎，九江之虎，九江見虎。劉昆爲令江陵，有火灾，叩頭火滅。爲弘農太守，虎皆負子渡河。以宋均爲尚書令，爲九江守，五日一聽事，百姓安業。舊多虎暴，均曰：『夫江淮之有猛獸，猶北土之有鷄豚也。今爲民害，咎在殘吏，而勤勞張捕，非憂恤之本也。其務退奸貪，進忠善，可一去檻阱，除削課制，其後無復虎患。』帝聞均名，故任以樞機。文吏習爲欺謾，廉吏清在一己。均曰：『國家喜文法廉吏，以爲足止奸也。然文吏習爲欺謾，而廉吏清在一己，無益百姓流亡，盜賊爲害也。』

元和之詔，光和之詔。章帝元和二年，詔戒俗吏矯飾者，詔曰：『俗吏矯飾外貌，似是而非，朕甚厭之，甚苦之。安靜之吏悃愊無華，日計不足，月計有餘，如襄城令劉方，吏民同聲，謂之不煩。雖未有他異，斯亦殆近之矣。夫以苛爲察，以刻爲明，以輕爲德，以重爲威，四者或興，則下有怨心。吾詔書數下，冠蓋接道，而吏不加治，民或失道，其咎安在？勉思舊令，稱朕意焉。』靈帝光和五年，詔公卿舉刺史二千石爲民害者，太尉許馘、司空張濟，承望内官，子弟賓客貪穢皆不敢問，而虚糾邊遠小郡清脩有惠和者二十六人，吏民詣闕陳訴。司徒陳耽上言：『公卿所舉，率黨其私，所謂放鴟梟而囚鸞鳳。』帝以讓馘、濟，坐徵者悉拜議郎。發明：『是時刺史二千石貪如豺虎，所在縱横，方且詔「公卿舉爲民害者」，何哉？書之於册，足以發千古之一笑耳。』

劉寵之守會稽，陳球之守零陵。劉寵爲會稽太守，除煩苛禁非法，被徵爲司空。五六老叟齎金百錢送曰：『明府下車，狗不夜吠，民不見吏，今聞當去，自扶奉送。』爲人選一大錢受之。桂陽賊胡蘭等攻零陵，太守陳球固守。掾吏白球遣家避難，球怒曰：『豈顧妻孥而沮國威乎！』乃弦木爲弓，羽茅爲矢，多所殺傷。

韓韶之爲嬴長，朱暉之爲太守。桓帝永壽二年，公孫舉等寇青、兗、徐州。尚書選能治劇者，艱也尤甚也。以韓韶爲嬴長，賊不入境。流民入界，開倉賑之。主者争不可。韶曰：『長活溝壑之人，而以此伏罪，含笑入地矣。』韶與同郡荀淑、鍾皓、陳實皆爲縣長，以德政稱，人謂之潁川四長。朱暉臨淮太守，善政。歌曰：『强直自守〔一〕，南陽朱季。吏畏其威，民懷其惠。』

薛宣之語，馬援之言。薛宣爲郡，所至有聲迹。宣子惠爲彭城令，宣嘗過其縣，心知惠不能不問以吏事。或問：『何不教戒惠以吏職？』宣笑曰：『吏道以法令爲師，可問而知。及能與不能，自有資材，何可學也。』馬援爲隴西太守，曰：『大姓侵小姓，黠使不從令〔二〕，此乃太守事耳。』

〔一〕今按：『自守』，中華書局《資治通鑒》卷四十三作『自遂』。
〔二〕今按：此二句，中華書局《資治通鑒》卷四十三作『大姓侵小民，黠吏不從令』。

朱邑之爲大司農，黄霸之爵關内侯。地節三年，以朱邑爲大司農。少爲桐鄉嗇夫，廉平不苛。遷北海太守，以治行第一入爲大司農。及卒，天子賜其子金百斤以奉祀。神爵四年，賜潁川太守爵關内侯。在郡八年，政事愈治，鳳凰神爵數集郡國，潁川尤多。賜爵關内侯，黄金百斤。

何武之去，王渙之卒。何武爲吏，守法盡公，進善退惡，其所居無赫赫名，去後常見思。洛陽令王渙卒，居身平正，外猛内慈，百姓莫不流涕，爲立祠，作詩絃歌以祭。殤帝太后曰：『夫忠良之吏，國家所以爲治也。求之甚勤，得之至寡，其以渙子石爲郎中。』書法：『其卒渙何？録循吏也。』

楊旋之爲零陵太守，裴潛之爲代郡太守。蒼梧桂陽賊攻郡縣，零陵太守楊旋制車馬數十乘，以囊盛石灰於車上，繫布索於馬尾，順風鼓灰，賊不得親。以火燒布，馬奔賊陣，群盜駭散，郡境以清。代郡烏桓三大人皆稱單于，裴潛爲代郡太守，單車之郡，撫以恩威，遂皆襲服〔一〕。書法：『惟潛始以恩威見稱，則絶無而僅有者也，特書嘉之。』

虞詡之募壯士，陶潛之送一力。虞詡爲朝歌長，設三科募壯士，攻劫者爲上，傷人偷盜

〔一〕今按：『襲服』，中華書局《資治通鑒》卷六十七作『讋服』，是。

者次之，不事家業者爲下。得百餘人，討群盗平之。爲武都太守，令吏士各作兩竈，日增倍之，擊羌破之。視事三年，朱石八百〔一〕，鹽石四百。陶潛爲彭澤令，不以家自隨，送一力給其子，書曰：『此亦人子也，可善遇之。』

漢之吴祐，魏之慧龍。膠東相吴祐，政崇仁簡，民不忍欺。嗇夫孫盛〔二〕私賦民錢，市衣進其父。父怒曰：『有君如是，何忍欺之！』促歸伏罪。性慚懼自首，具談父言。祐曰：『掾以親故受污辱之名，所謂觀過知仁矣。』使歸謝其父，還以衣遺之。魏神策四年，王慧龍爲滎陽太守。在郡十年，農戰並修，大著聲績。宋主反間於魏，云『慧龍欲引宋人入寇。』魏主賜慧龍書曰：『劉義隆畏將軍如虎，欲相中害，朕自知之。』宋主遣刺客吕惠伯刺之，慧龍使探其懷，得尺刀。曰：『各爲其主耳。』釋之。後慧龍卒，惠伯守墓終身不去。

魏太延之詔，魏延興之詔。魏太延三年，魏詔吏民告守令罪。書法：『於是詔吏民得告守令爾，直書詔吏民告守令罪何？病魏也。是詔一行，難乎爲上矣。』魏延興三年，詔守令勸課農事，同部之内貧富相通，家有兩牛通借無者。縣令能静一縣劫盗者，兼治二縣，即

〔一〕今按：『朱石八百』，中華書局《資治通鑑》卷四十九作『米石八十』，是。

〔二〕今按：『孫盛』，中華書局《資治通鑑》卷五十二作『孫性』，是。

食其禄。縣令能治一縣者，兼治三縣，三年遷爲郡守。郡守自一郡至三郡，亦如之三年，遷爲刺史。

齊以小滿爲限，齊之士人爲令。齊武帝賾。永明元年，復郡縣官，田秩遷代，以小滿爲限。詔以过境寧晏，治民之官普復田秩。宋末以來，以治民之官六年過久，乃以三年爲斷，謂之小滿。由是一以小滿爲斷。齊天統二年，齊始用士人爲縣令。魏末以來，縣令多用廝役，僕射元文遥以爲縣令治民之本，遂請革選。齊之士人爲縣令自此始。發明：『縣令吏民之表，而齊用廝役爲之，謬可知矣。書始用士人，非美之也。正所以見其前此未嘗用士人爾。』

魏王珪之遣使，宋元嘉之遣使。王珪遣使循行郡國，察守宰不法者，親考察黜陟之。宋元嘉三年，遣使巡行郡縣，遣散騎常侍遠渝等十六人分行郡縣，觀察吏政，訪求民隱，又使郡縣各言損益。

馬周之言，太宗之詔。馬周曰：『百姓所以治安，惟在刺史縣令。今重内官而輕州縣，刺史多用武臣，或京官不稱職，始補外任，邊遠之處用人更輕，所以百姓未安，殆由於此。』貞觀二年，詔舉堪縣令者，上曰：『爲朕養民者，唯在都督、刺史，朕嘗疏其名於屏風，坐卧視之，得其在官善惡之迹，皆注於名下，以備黜陟。縣令尤爲親民，不可不擇。』乃命五品以上各舉堪爲縣令者，以名聞。

隋主之訪房恭懿，唐帝之擢劉仁軌。隋新豐令房恭懿政爲三輔最，每朝謁，隋主呼至榻前，訪以治民之術。十四年，以劉仁軌爲櫟陽令。陳倉折衝都尉魯寧坐事繫獄，自恃高班，慢罵陳倉尉劉仁軌，仁軌杖殺之。州司以聞，上怒，將斬之。仁軌曰：『魯寧對臣百姓辱臣如此，實忿而殺之。』魏徵曰：『隋末，百姓强而陵官吏，多如魯寧之比，隋以是亡。』上乃擢仁軌爲櫟陽丞。

廣人之請立碑，汝民之乞留葬。宋璟爲相，廣州請爲璟立遺愛碑。璟請禁之，以革諂諛之風。於是他州皆不敢立。乾祐三年，漢汝州防禦使劉審交卒，汝州吏民詣闕上書，以審交有仁政，乞留葬汝州，得奉事其丘隴，許之。書法：『卒審交何？録循吏也。』

見縣令戒以養民之意，召縣令試以理人之策。開元元年引見京畿縣令，戒以惠養黎元之意。四年召新除縣令，試理人策。韋濟詞理第一，擢爲醴泉令。

巴西令之清儉，醴泉令之異政。張嵩清儉，爲巴西令，官滿，駕柴車載書，腰垂破銀章。隋文章擢巴西守，有遺愛碑。大中九年，上校獵渭上，有父老十數聚於佛祠。上問之，對曰：『醴泉百姓也。縣令李君奭有異政，考滿當罷。詣府乞留，故此祈佛，冀諧所願耳。』及懷州刺史闕，上手筆除君奭。

北韓，南郭。李罕之爲澤州刺史，領河陽節度史，專以寇鈔爲事，自懷、孟、晋、絳數百里間，州無刺史，縣無令長，田無禾麥，邑無烟火者，殆將十年。荆南留後郭禹撫集凋殘，華州刺史韓建招撫流散。時人謂之北韓南郭。

貞元年之省官復官，光啓年之勞食賜茶。貞元三年，省州縣官當減千人，收其禄以給戰士，張延賞之謀也，怨嗟盈路。六月，復所省州縣官，從李泌之請也。僖宗光啓三年，張全義爲河南尹，出見田疇美者，召田主勞以酒食，有蠶麥善收者，呼老幼賜以茶綵衣物。民間言：『不喜聲伎，見之未嘗笑，獨見佳麥則笑耳。』雋不疑曰：『凡爲吏，太剛則折，太柔則廢。威行施之以恩，然後樹功揚名，永終天禄。』

皇極四　一三三章

太守

郡守秦官，掌理其郡，秩二千石。漢景中元更名太守。後魏置三太守。開皇罷郡，以州統縣。天寶改州太守。總理郡政，宣布條教。

黄堂。塗以雌黄，故曰黄堂。皂蓋朱旛，一麾五馬。領魚。分虎。唐。魚佩。唐。珪符。王融。

適其全器，俾領瑞符。元和制。青龙符。銅魚符。玉麟符。銅虎符。竹使符。雙旌。

兩轓。隼旟熊軾，紆青拖墨。方寸之印丈二之組。

清白吏。楊震涿郡。府君。朱世良清河，老人曰：『非惟政善，清亦徹底。』獨立使君。周裴俠守河北。

清白自將，清畏人知。陸長源汝州，送車二乘。曰：『吾祖罷魏州，有車一乘，圖書半之，吾愧不及先人。』胡質荊州，其子威曰：『臣父清畏人知，臣清畏人不知。』

四知之畏。楊震東萊太守。清如冰雪。魏令狐邵弘農太守。清見越石。宋吳願晉安太守，海邊有越王石，嘗隱雲霧，清太守乃得見，願往見之，清徹無蔽。酌泉賦詩。吳隱之廣州。受魚垂庭。羊續南陽太守。

昔人爲蜀，終身無蜀物，吾欲子孫，不敢越裝。王僧儒南海太守。

文武兼備。盧植九江守。文武備具。寇恂河伯守。

天下長者，雲中太守孟舒是也。漢文田叔。與我共理者，其唯良二千石乎！漢宣。

治尚清平，號然慈父。唐李桐客通巴二州。訓如父，慈如母。蒲鞭。劉寬歷三郡。李白詩『蒲鞭掛檐枝，示耻無撲抶』是也。皮鞭。崔伯謙北地太守。葦杖。《選》『南陽葦杖，不足比其仁』是也。愛民卹物，有脚陽春。宋璟。萬物吐氣。一州受福。陳子昂曰：『一州得才刺史，十萬户受其福。得不才刺史，十萬户受其困。』

宣布詔。黃霸潁川。宣布詩。王褒益州。

薤本，鎧脚。龐參守漢陽，郡人任棠有奇節。參到，先候之。棠不與言，但以薤一本、水一盂置屏前，自抱兒伏户下。參曰：『水者，欲吾清也。薤者，欲吾擊强宗也。抱兒當户者，欲吾開門恤孤也。』唐薛大鼎滄州，鄭德本瀛州，賈敦頤冀州，皆有治名，河北稱鎧脚刺史。

驅蚊扇，記惡碑。袁光庭典名藩有異政，明皇謂宰輔曰：『光庭逐惡，如扇驅蚊。』盧奂累任大郡，人畏如神，凡治奸惡，既斷其罪，又以所犯刻石立門，再犯致死，時謂記惡碑。

廣設耳目，人謂有千里眼。魏王逸〔一〕光州。職事稱神，黄霸。決郡如神。朱博冀州。抑强扶弱，耿純。令行禁止。東陽。摧折豪强，嚴延年河南。摘發奸邪。黄香。

尹翁歸之，東海大治。祖士雅之，豫州太平。魏朗河内爲三河表，顔斐雍州爲十郡最。治有異等，王成。治爲第一。潁川黄霸，河南吴公，北海朱邑。奏課第一，清簡爲最。李忠丹陽，三公奏課，天下第一。李峘睢陽，清簡，爲二千石最。政平訟理，囹虚盗息。顔斐。市無二價，宋登潁川。道不拾遺。嚴延年涿郡，范曄天水。狗不夜吠，劉寵。賣刀買犢。龔遂。禾同穎，梁柳渾吴興。麥兩岐。漢

〔一〕今按：『王逸』，《魏書》卷五十八作『楊逸』，是。

張堪漁陽。蠶四熟，尹思政青州。蝗赴海。馬稜武陵。鰐遠徙，韓愈潮州。虎渡江，蝗散去。宋均九州〔一〕。

有鳳凰麒麟，無蝮蝎鯨鯢。岑彭潁川，甘露嘉禾，鳳凰麒麟。王業荆州，山無蝮蝎豺狼，川無鯨鯢風波。興學成都，俗好文雅〔二〕。文翁。杜甫詩曰『文翁儒化成』是也。北州之學，桂陽之教。《後漢》：『伏恭常山，北州多伏氏之學。』劉昊〔三〕桂陽，下車修庠序之教。

賓客滿門，朱博。掾吏爲師友。漢馮翊〔四〕。陳蕃設榻，汲黯卧閤。汝南太守范孟博，南陽宗資主畫諾。南陽太守岑公孝，弘農成瑨但坐嘯。

勸務農桑，躬勸耕農。黄霸潁川，召信臣南陽。修堰溉田，築堤溉田。張琳眉州，修章仇通濟堰溉田。歌曰：『前有章仇後張公，疏决水利粳稻豐。』南陽杜詩不可同，何不用之代天工。』白居易杭州，築堤捍錢塘。

二州食境，一境獲全。陳君賓鄧州，蒲吴二州民就食其境。晉陶回吴興，民飢開倉，一境獲全。耆老歌德，吏民立祠。狄仁傑寧州。王堂巴郡。魏郡歌岑君，平州歌田君。岑熙，『我有枳棘，岑君伐之；我有蟊

〔一〕今按：『九州』，當爲『九江』。《歷代名臣奏議》卷二九八、《古今事文類聚》後集卷三六皆作『九江』。

〔二〕今按：『俗好文雅』，《漢書》卷八九作『蜀好文雅』，是。

〔三〕今按：『劉昊』似誤，當爲『衛颯』。《後漢書》卷七六《衛颯傳》作『遷桂陽太守……颯下車修庠序之教』。

〔四〕今按：『馮翊』，當爲『嚴詡』。《漢書》卷七七、《資治通鑒》卷三六皆作『嚴詡』。

賊，岑君遏之。狗吠不驚，含哺鼓腹。』

何武去後常見思，謝安去後人思之。所居民富，所去見思。生有榮號，死有奉祀。《前・循吏傳》。

令僕爲郡守，宰相爲刺史。後漢尚書令出爲郡守，入爲三公。則天［議更州縣］，李嶠曰：『今重内官，輕外職，望於臺閣寺監，妙簡賢良，分典大州，平章事韋，嗣立先行。』

賜衣乃遣，太宗。賜詩以餞。玄宗。光寵守臣，以責其功。協氣嘉生，薰爲太平。太宗。悉出諫官，以補郡吏，是憂其末而忘其本。望之。望之爲馮翊，經明持重。嚴助拜會稽，春秋以對。

皆自郡守，入拜三公。第五倫、鮑昱、虞植、爰延。由二千石入爲宰相。《唐・馬固傳》。

漢宣帝之璽書，增秩賜金；漢光武之手迹，以賜萬國。耿純拜東郡，百姓隨車，願得耿君。寇恂爲潁川，百姓遮道，復借寇恂。郭伋并州，入界重迎。黄霸潁川，復詔歸郡。八居九列，四登三事。劉寵自會稽罷歸云云。

自縣之州，近世未有。傅癸爲山［陰］令，遷益州。

袁公之召，德政不易。袁滋華州，召拜將軍，耆老遮道，於陵曰：『不敢易袁公之政。』

虞公之後，善政猶存。瑯琊王秀，承虞公之後，善政猶存。

唐書淮式，刺史替代及别追，皆降魚書，然後離任。老叟持錢，見上。耆老遮道。見上。荆州截鐙，吴郡攀舩。唐姚元崇荆州受代，乘馬鞭鐙，民皆截留。鄧攸吴郡，離郡之日，郡人攀舩，相送三百里不忍别。

百姓攀轅，烏鵲擁車。侯霸臨淮太守，被召，百姓攀轅卧轍。李元紘治潤代去，吏民遮留，烏鵲擁車。

去思遺愛，所在歌舞，思如慈親。宋范石湖成大。

受代民遮道，既破〔一〕人絶橋。范思點池州。愛養百姓，重利用刑。受代，民遮道。曾子固在齊，朝廷變法，推行有方，民用不擾。既罷，州人絶橋閉門遮留。

王氏三窟，石君萬石。晋王衍尚書令，弟澄荆州，弟敦青州。石奮四子皆二千石，號萬石君。

父子相代，兄弟繼踵。畢終敬父子兖州。馮立上郡。歌曰：『大馮君小馮君，兄弟繼踵相仍循。聰明賢智恩惠民，政如魯衛德化均，周公康叔猶二君。』

大馮君，小馮君。見上。

〔一〕今按：『破』，《曲阜集》卷三《子固先生行狀》作『罷』。

大南郡，小南郡。劉之遴湘東長史，弟之亨南郡太守。荆土懷之，號大南郡、小南郡。

豫州兄弟之政，夏侯達。洛州兄弟之碑。賈敦頤洛州立碑，敦實刻石，號常棣碑。

盧奂不墜家風，恭仁乃是義方。陝州刺史。玄宗贊：『專城之重，分陝之雄。人多惠愛，性實謙冲。亦既利物，在乎匪躬。斯爲國寶，不墜家風。』楊恭仁，雄之長子，除甘州。隋文帝謂雄曰：『非爲朕舉得人，乃是卿義方所致。』

望之之子，翁歸之子。蕭望之平原子育東海。尹翁歸東海，三子皆郡守。

冀州故人，後堂邑子。見監司。翁歸爲東海，定國欲託邑子，令坐後堂，語終日不敢見。

鼓吹遊鄉黨，富貴歸故鄉。蘇亮岐州，以其牧守本州，朝廷特給路車，鼓吹先還其宅。並給騎士三十，列羽儀遊鄉黨。經過故人，觀旬月而入州，世以爲榮。朱買臣。

衣錦晝游，衣錦還鄉。唐張士貴虢州。唐姜謩以平薛仁杲，[拜]秦州。劉之遴，武帝云：『富貴歸鄉，盡榮養之理。還家上冢，鄉里爲榮。』韓稜南陽。

君懷故土，出爲郡吏。嚴助。

情好數密，政術俱美，號聯璧。韋孝寬淅陽郡守，獨孤信新野郡守，同隸荆州。

河東股肱，汝南心腹。季布，上曰：『河東，吾股肱郡。』韓崇引見，賜車馬束帛，曰：

『汝南心腹之郡。』

河潤九里，京師蒙福。郭伋，潁川盜起，拜伋太守，帝勞云云。

行部所經，雨輒隨車。百里嵩徐州。合浦還珠，孟嘗。草木知名。張萬福濠州。

伺察稱明，移病自訟。黄霸潁川，嘗有伺察，檢吏遺行，吏出道旁，烏攫其肉。後還勞之曰：『甚苦，食於道旁，乃爲烏所攫肉。』吏大驚，咸稱神明。韓延壽東郡，移病自訟〔一〕。

登樓談咏，庾亮。着屐遊山。謝靈運永嘉。

夢刀，畫鹿。王濬夢三刀爲州，又益一刀，益州。鄭弘爲淮陰，行春隨車，白鹿夾轂。黄國賀曰：『三公車畫鹿，爲相。』

平州之歌，廣州之歌，益州之謡。田仁會平州，自暴以祈而雨大至。人歌曰：『父母育我兮田使君，挺精神兮上天聞。』宋邵曄知廣，鑿河通舟，颶不爲害。陳世卿代之，奏免廣南以鹽。歌曰：『邵父陳母，除我二苦。』張咏守蜀，季春糶米以濟貧民。王晦叔知益州，奏復之。民謡曰：『蜀守之良，先張後王。』

真良二千石，真良太守。陳居行徽州，大事公明，真良二千石也。劉敞揚州，郡有雷

〔一〕今按：『自訟』，當爲『息訟』。

塘，民耕其中，官取蓄水，以備漕運，田主奪業，公判還。桂衍曰：『真良太守！』

號稱循吏，所至立祠。陳居仁。斬一猾吏，得好知府。益州。相繼守郡，號良吏。謝絳、仲淹、孫甫鄧州。

一龜一鶴，屏去龜鶴。趙清獻任成都，一龜一鶴。再任，屏去龜鶴。張公裕詩：『馬諳舊路行猶滑，龜放長江不復來。』

一介不取，一硯不持。王信知紹興。包拯端州，歲貢硯，命製者纔足貢數，一硯不持歸。

市藥往任，戒市南藥。向敏中廣州，前後郡守多涉外議，敏中始至，市業以往，在任無所須。余襄公事。

白集一部，乃爲終身恨。此君清節，可爲世戒。蔡君謨嘗書小吴牋云：『李及知杭州市白集一部，乃爲終身恨。此君清節，可爲世戒。』

分送饋遺，不飾厨傳。余崇龜守九江，鄰郡節序例有饋遺，分送過客。

治尚和易，人不忍欺。田況成都。不嚴而肅，郡無留事。吕公著五鼓起，黎明出，凡典六郡以爲常。

爲政簡易，剖析如流。清獻再任成都。王信湖州。寬簡便民，官府如僧舍。寬者不苛刻，簡者不煩碎。歐陽公。府事至繁，默記决遣。張文定知開封。

照天蠟燭，水晶燈籠。田元均成都，謂照天蠟燭。張中庸洋州，號水晶燈籠。

以名教成俗，一個信方成。范希文洪州，以名教成端厚之俗。張忠定曰：『前一任則未也，此一任應稍稍爾，只此一個信，五年方得成。』

知岳州爲荆襄之最，移蘇州有神明之政。滕宗諒修岳陽樓。所至有聲，爲湖湘之最。向子忞衡州。所至有聲，在杭越尤著。趙抃。

王質比於子産，謝絳比於杜詩。行寬厚之政，辨孤寡之冤。韓忠獻洋州，李申誣兄子爲他姓，醉其嫂而嫁之，盡奪奩囊，公察其冤。韓忠獻之守安陽，比漢循吏。趙清獻之守錢塘，比漢循吏。

政尚嚴明，産積巨萬。鄭丙越州。劉敞治長安，范偉積産巨萬。

作愛民詩，諭七邑宰。王十朋泉州，作愛民詩諭七邑宰曰：『九重天子愛民深，令尹宜懷惻隱心。今日黄堂一杯酒，使君端爲庶民斟。』

丐者衾，病者養。余崇龜守江州，冬冒雪往江亭，親加存撫，人與錢三千，米五斗，州兵給布襦，丐者給褚衾，病者創安養院以贍之。

生者養，死者葬。趙抃越州，吴越大饑，盡所以救荒之術，發廩勸分，以家貲先，生者養，病者藥，死者葬。下令修城，使民食其力，故越人雖飢不怨。

免上供而粜常平，發常平而不俟奏。蘇軾杭州，大旱饑疫，分請于朝，免本路上供米三之一，故米不翔貴。明春減價粜常平，民免旱苦。范純仁慶州，餓殍滿路，發常平不俟奏。

歲饑寬鹽禁，大饑宴湖上。張咏知杭州，歲饑，民冒禁販鹽，捕獲數百人，悉寬其罰。吴中大饑，文正縱民競渡，太守日出宴于湖上，自春至夏，居民空巷出遊。又召諸佛寺興土木之役，又新倉廒吏舍，日役千夫。監司劾杭州不恤荒政，公乃自叙所以宴遊興造，皆有以發有餘之財，以惠貧者。是歲，杭州不流徙。

增價來米商，減價榜通衢。趙清獻知越州，兩浙旱蝗，米價踊貴，諸州皆禁，禁增米價。公獨榜衢路，任增價糶之，米價更賤，民無饑死。文潞公在成都，米價騰貴，因就諸城門置院十八處，減價糶賣，不限其數，張榜通衢，米價遂減。

富鄭公之拜禮部，李允則之詔嘉獎。富弼，河朔大水，擇所部豐稔者三州，勸民出粟，得十五萬斛，置以官廩隨所在貯之。明年麥大熟，流民各以遠近受粮，活十萬人。仁宗遣使勞之，拜禮部郎。李允則潭州，欲發官廩，先賑後奏。轉運使以爲不可，則以家資爲質，乃得發廩。詔書嘉獎。

益州無餒色，南康無飢色。張忠定前後治益，米斗直錢三十六，乃按諸邑田税如其價，歲折六萬斛，至春籍城中，細民計口給券，俾輸元估價糶之，奏爲永制。逮今益民無餒色，公之賜也。朱子適值荒旱，拯救有方，天子嘉其能就任，除直秘閣提舉浙東。

緩私鬻之罪，開自新之路。余崇江州，有鬻私茗者，斷而遣之曰：『此輩皆因衣食不給，若不開自新之路，則胥爲盜矣。』

得無名錢，輸不足者。陳襄常州，召還閲公帑，得無名錢數百萬，因召積年有官逋未償情可矜而力不足者悉輸之。

不催科而税辯，趙概青州。釋逋錢而民償。蘇頌杭州。百餘人以轉運使泣訴曰：『責所逋市易緡錢，晝繫公庭，夜禁厢院。』公曰：『吾今釋汝，衣食之餘，悉以償官。』於是縱之。轉運使大怒，欲責公，而民償責者乃先期而至。

范成大之處州，推廣義役。范成大知處州，諭鄉人輸金賣田儲歲入助當役者，命曰『義役』。

王居正婺州，大將張俊于上有田，丐免征徭。公言：『興兵以來，士大夫勳戚之家，科擾與編户等，將相之臣不能體此乎？』

呼爲余佛，思如慈親。余崇龜九江，不雨，禱祈雨霔，呼爲余佛。范成大明州，民思如慈親。

伸達冤滯，振業矜寡。向子忞衡州。

不以向公牧我，願得向公三年。隣於衡之人則曰：『天子何爲不以向公牧我？』向忠懿公蔡州，邀使者馬首，願得向公三年。

一曰『此我公也，汝奪之』；一曰『今我公也，汝何有焉』。杜衍乾州安撫使，察其治，行權鳳翔，二邦之民争於界上云云。

彭柳令無傷，蜀民慶復來。辛仲甫彭州，課民種柳，以蔭行路，目爲補闕柳。李順之亂，猶令無傷此樹。張忠定。

不治園圃，訓告侈靡。文正公杭州。廖剛漳郡，侈靡逾制，爲文訓告，風俗變。

李及杭州，不事遊宴。惡錢塘風俗侈靡，不事遊宴，未嘗市器物。

張公蜀州，著爲常式。張忠定，蜀風尚侈，遊觀之所，飲饌之品，著爲常式。斷事爲判語，讀示之。蜀人鏤版名之曰『戒民集』，以敦風俗篤孝義爲本也。

王素成都，録爲異斷。録公所行，爲王公異斷。

范成大之處州，復通濟堰。梁天監中，詹南二司馬作通濟堰於松陽，公尋古迹，堰成而水大至。公被召。

趙尚寬之唐州，復三大陂。按圖記得召信臣故迹，復三大陂。仁宗詔進秩賜金，唐民立像祠之，介甫作新田詩，子瞻作新渠詩。

滑州之堤，號陳公堤。陳堯佐，河决滑州，作堤號陳公堤。

湖州之塘，號胡公堤。胡宿湖州，大興學校，築石塘，捍水患，號其塘曰胡公塘，而學者立生祠。

輒出俸錢以助其費，仍出家書以費〔一〕習讀。王沂公凡更四鎮，悉興學校，輒出俸錢以助其費。青州，仍出家書以費習讀。

有學行者加禮，就舉學者知勸。張泳〔二〕益州，學校頹替，公迎郡人有學行者李畋等加禮敦勉，就舉學者知勸。

養成人才，大興學校。曾肇應天府。

暇修武備，不擾而辯。余崇龜九江。給軍不擾及民，余崇龜。軍食充給。張泳〔三〕成都。

劉忠顯之除資政，柳氏子之拜監察。除公資政，抗辭五六，上親筆促拜。奏曰：『艱難時與士卒同暴露，今獨先受賞，士卒謂何？』上即促第賞。柳開，太宗適河東，以開知常州。適常潤有寇，知潤州。招諭群盜以俸金給之，解衣與賊首。曰：『彼失所則盜，不爾則民，推以赤心，夫豈不懷？』半歲輯寧，拜監察御史。

向文簡之永興，即席誅亂卒。有告禁卒欲倚儺爲亂者，密使麾兵被甲伏廡。明日，命

〔一〕今按：『費』，《四庫全書》本《翰苑新書》前集卷五十三作『備』。
〔二〕今按：『張泳』，《宋名臣言行録》前集卷三作『張詠』。
〔三〕今按：『張泳』，《宋史》卷二百八十二作『張詠』。

儺至階，振袂一揮，伏卒齊出，盡擒之，果懷斷刃，即席誅之。掃庭，張樂飲宴。蘇子容之杭州，談笑捕亂卒。蘇頌杭州，燕有美堂，聞將兵結集謀害官吏，公談笑自如，密諭兵官捕首領送獄中，坐客不知也。

務去民疾，曾鞏。豪猾歛手。吴奎。寇攘屏迹，曾鞏。寇盜亦息。曾鞏嚴保伍而盜息。有盜則鳴鼓，饑盜得減死。曾子固，有盜則鳴鼓相援，又設方略明賞購急。王堯臣光州，歲饑，盜得減死。曰：『此飢民求食耳。』

錢餘〔一〕人不取，雨至蝗出境。劉敞鄆州，道中餘錢一囊，人不敢取。雨至蝗出境。外户不閉，號曾開門。賊竄他境，路不拾遺。曾公亮鄭州。

夜宴不罷，拆厩爲薪。神色自若，無以爲變。文潞公益州。遊宴夜久不罷，從卒拆厩爲薪。公曰：『天寒可拆。』神色自若，無以爲變。

有盜剽海招以上命，藉以爲兵乃無警。陳康伯泉州云云。方臘陷杭官吏悉遁，葺壘出戰賊亦潰。劉忠顯守越云云。民創生祠，飲食必祝曰：『活我者，劉公也。』

范忠宣之守齊，囚半減。囚繫常滿，呼立庭上曰：『若能悔過，我欲釋汝。』皆叩頭曰：

〔一〕今按：『餘』，《四庫全書》本《翰苑新書》前集卷五十三作『遺』。

『敢不佩服！』遂釋之。是歲犯法者減舊歲之半。

陳文簡之開封，獄常空。

李及杭州，内侍無加禮。内侍江德元權傾天下，其弟德明奉使過杭，李及知杭州，待之一如常時，無所加益。

韓絳成都，内侍禁貿易。絳知成都，異時内臣奉使至蜀，州郡迎悦其意，有所貿易，請附益之。公請加禁約，英宗詔内侍省著爲令。

吴正肅之蔡州，告者伏辜。吴正肅公知蔡州，有告妖賊聚確山者，上遣中貴人至蔡捕十人。使者欲持兵自取之，公曰：『吾雖不敏，聚千人于境内，安得不知？此不過鄉人聚爲佛事耳。』乃館使者與之飲酒，而遣人召十人送京師。告者果伏辜。

王文正之大名，虞使〔一〕沐浴潔服入境。忠定守青州，遣使問安否。張忠定。余靖在廣州，恩信被異域。

范成大之明州，罷進奉局。魏王蒞於明州，范成大代之。奏曰：『张津、伯圭、魏王皆國懿親，時節奉海物於兩宫，臣外朝臣也，不敢效尤。』上命停貢，而罷進奉局。

〔一〕今按：『虞使』，《古今事文類聚》外集卷十作『敵使』。

韓氏子之河南，止保馬法。韓絳知河南，行保馬法。每都馬五十匹，期十五年數足。提舉官欲速成爲己功，脅促州縣要以二年，期會既急，民至罷産，公修奏止之。

崇龜九江，抑而不奏。余崇龜守九江，廬山産靈芝，海安縣〔一〕野蠶成繭，僚屬勸公圖上，公抑而不奏。

陳襄淮陽，不敢不奏。一日屋有冰文，作花菓鳥獸狀。時守淮陽，有請奏祥瑞者。公云：『此事當奏，但非瑞奏耳，但作奏云「有此祥不識者」』。皆以陳公得體。

地寶有限，不宜崇奉。范思點〔二〕池州，陛辭言：『佛老之害，空糜金飾像。地寶有限，禁庭尤不宜崇奉。』

『此人上言，何事不了。』張忠定泳成都，以鹽易米得數十萬斛，乃奏罷陝西軍粮，上云云。

居仁徽州，上嘉明練。陳居仁。李浩台州，上稱不畏。殺豪民鄭憲，上稱不畏强禦。

賈黄中之昇州，賜錢旌其潔。賈黄中知昇州，一日行部見扃鐍甚嚴，得寶貨數十櫝，皆

〔一〕今按：『海安县』，《古今事文類聚》外集卷十作『德安县』。
〔二〕今按：『范思點』，《四庫全書》本《翰苑新書》前集卷五十三作『施師點』。

李氏宫闈之物。黄中表上，太宗賜錢二十萬，以旌其潔。

何承舉〔一〕之滄州，賜紙録其最。滄徙雄州，賜御書印紙録其課最，仍賜内府弓劍。

『直柏終爲棟，衡剛不作鈎。』包拯合淝人，守本郡，不屈法阿鄉曲，作詩云云。

關節不到，有閻羅包老。知開封，而親舊犯法撻之。知廬州，而從舅犯法撻之。

許汾鄧州，祈雨雨漲。許汾蔡州，禱雪雪至。入境而雨，劉敞。隨車而雨。陳戩處州。

撤元濟廟，建二公祠。王質蔡州，有吴元濟祠。公曰：『豈有逆醜血食耶，狄梁公胡爲不祠？』撤元濟廟，建二公祠。

蝗自出境，見上。蝗飛墜水。趙抃冀州。

取二雛鳥，張次山治罪。張次山［爲］泰山守，鸛集戒石前，若有所訴。諭鸛先飛，鸛集一木上，蓋有取二雛鳥，次山治罪，鸛飛去。

患鄉里者，張忠定戮市。張忠定益州，民間訛言有白頭翁午後食人男女，公得爲鄉里患者，戮于市，即日帖然。

漏水歷歷分明，皆謂公曰神明。張忠定漏水歷歷分明，一刻差誤，必詰之。守鐵者指

〔一〕今按：『何承舉』，當爲『何承矩』。

名伏辜，皆謂公曰神明。

自叙：《揚》或問酷吏，曰：『虎哉虎哉，角而翼者也。』

群罷北海，臟污狼藉，溷軒厠屋。奇巧，亦載以歸。羊元〔群〕。

七亡，貪吏取受三也。七亡，苛吏徭役五也。七死，酷吏驅殺一也。

撫字心勞，徵科政拙，考下下。陽城道州。

五薦不入朝，一麾乃出守。顔延之爲永嘉守，甚怨憤，作《五君詠》於阮咸云云。

太守薄德，謬叨黽組。梁陸倕潯陽守。以儒雅爲德，無幹局之譽。晋鄭冲陳留守。幸備郡守，不聞仁愛教化。嚴延年河内〔一〕，號屠伯。母曰云云。

年六十，得一州如斗大。宗慤。只見汝送人作郡，不見人送汝作郡。《世説》：羅友家貧，乞禄於桓温，曰：『見中路一鬼揶揄曰：「只見汝送人作郡，不見人送汝作郡。」』温笑，爲襄陽守。

杜詩：『虎之飢，下巉岩。蛟之横，出清泚。早歸來，黄污人衣眼眯〔二〕。』

〔一〕今按：『河内』，《前漢書》卷九十、《後漢書》卷一百七皆作『河南』。

〔二〕今按：此句，《全唐詩》作『黄土泥衣眼易眯』。

精語：宓子賤鳴琴，身不下堂而單父治。巫馬期以星出以星入，而單父亦治。巫馬期問子賤，子賤曰：『我任人，子任力。任人者佚，任力者勞。』《韓詩外傳》。

『丈夫官至刺史，亦榮矣。』『斂此大惠，施于一州。』《送陸傪歙州序》韓。

『居一州之表，爲百里之帥〔一〕。』『潁川有封侯之賞，膠東有璽書之勞。』『於吏有君臣之道焉，於人有父母之道焉。』『膏雨吾土，襦袴吾人。』『秩眹隼旟，榮驂熊軾。』『當天子分憂之地，萬物吐氣。』杜甫《序》。

『惠露沾吴，仁風扇越。』《選》。『隼飛旗上，熊伏軾前。皂蓋分輝，彤幨耀彩。』《職源》。飲酒者醇旨，輒號顧長康。《南史》：『顧憲之爲建康令，甚得人和，都下飲酒者醇旨輒號顧長康〔二〕，謂其清且美。』

杜詩：『盤錯神明惧，謳歌德義豐。』『黠吏因封已，公才或守雌。』『單父長多暇，宓。河陽實少年。潘。』『寵渥徵黄漸，權宜借寇頻。』『王皀聊暂出，蕭雉自〔三〕相馴。』『塵滿萊蕪甑，堂横單父琴。甑中生塵范史雲，釜中生魚范萊蕪。人皆知飲水，鄧攸。公輩不偷金。直不疑。』『山雉迎舟楫，江花報邑人。魯恭馴雉，潘岳種花。』『使君高義驅今古，寥落三年坐劍州。但見文翁能

〔一〕今按：此句，《紀纂淵海》作『爲千里之師』。

〔二〕今按：『顧長康』，中華書局《南史》卷三十五作『顧建康』。

〔三〕今按：『自』，《杜詩詳注》《九家集注杜詩》均作『只』。

化俗，焉知李廣未封侯。』『分符潁川政。』『能名自潁川。』

李：『吾愛崔秋浦，宛然陶令風。河陽花作縣，秋浦玉爲人。』『廊廟之具裴施州，宿昔一逢無此流。金鐘大鏞在東序，冰蠶玉衡〔一〕懸清秋。堯有四岳二千石〔二〕，漢二千石真分憂。』

『風行於上而水波，此天下之至文。仁形於心而民服，此天下之善化。九轉丹砂鑄鐵成金，我簡靜則民肅。兩漢循吏鑄頑成仁，我樂易則民親。』『立朝無物望，補外倘天幸。』『察人極涇渭，問俗及豚羔。』『羆稏豐圩户，桁楊卧松庭。』『訟息常休吏，民貧更勸分。』山谷。

杜詩：『炎海韶州牧，風流漢署郎。』『使君騎紫馬，良守此憑熊。』『王室比多難，岳牧用詞人。』『人生五馬貴，莫遣鬢毛侵〔三〕。』『琳瑯照一門。』『看君妙爲政。』『刺史諸侯貴，郎官列宿應。』『淮海惟揚一俊人，金章紫綬照青春。湘西不得歸關羽，河内猶宜借寇恂。』

『官閑事亦無。』坡杭州，秦觀。『燕寢凝清香。』韋蘇州。『蘇州刺史例能詩。』劉夢得《贈白公》。『衡陽太守虎符新。』韓翃。『望崇早合歸黄閣。』羅隱。『一麾行指斗牛邊。』曾鞏。『今朝自請

〔一〕今按：『冰蠶玉衡』，《九家集注杜詩》作『冰壺玉鑒』。

〔二〕今按：『二千石』，《九家集注杜詩》作『明至理』。

〔三〕今按：此句，《杜詩詳注》《九家集注杜詩》皆作『莫受二毛侵』。

左符來。』劉禹錫。『剖竹赤城邊。』李白。『衫羅邑裸登臺閣，禄履聲中閲簿書〔一〕。』方雄飛。『庾公興不泄，黄霸鎮每静。』杜。『老手便劇郡。』坡。『賢人當重寄。』李。『文石陛前辭聖主，碧雲天外作冥鴻。』杜。『江南藩郡古宣城，碧落神仙擁使君。』晏殊。『今日新安守，因君水更清。』劉長卿。『豫章吴郡郎，談揮迴雨暘。』『政成正入邦人咏，詩就還隨驛使來。』介甫。『名郎元是足風流，得郡東南地更幽。』曾南豐。『鶴髪州民擁使車，人人自説受恩初。』權德輿。『今侯冰蘗清到底，一粒不嚼唐陵〔二〕米。一芽只瀹清泉水，玉皇知渠是廉吏。』誠齊。『行看鳳尾詔，却下虎頭州。』坡。『公餘身在水雲鄉。』王十朋。『萬頃平湖几席間。』『粲粲元道州，詞氣浩縱横。』杜。『漢家太守治才高，楚國山川氣象豪。』司馬光。『使君朱旆來翻翻，人道使君如羊杜。』坡。『新賜魚書墨未乾，賢人暫屈遠人安。』劉禹錫。『紅旆擁雙節，白鬚無一莖。』白。『緹騎朱旗入楚城。』劉禹錫。『使君家似野人居。』杜牧之。『英英桂林伯，實惟文武才。』『蓋海旗幢入〔三〕，連天觀閣開。衙時龍户集，上日馬人來。』韓。『元侯文章翁，更以吏能著。』介甫。『漢庭初拜建安侯，天子臨軒寄所憂。』劉長卿。『朝廷擁重鎮，師帥得賢侯。』『暫辭雙鳳闕。』

〔一〕今按：此句，《玄英集》卷四《贈處州段郎中》詩作『杉蘿色裏登臺閣，瀑布聲中閲簿書』。
〔二〕今按：『唐陵』，當爲『廬陵』。
〔三〕今按：『入』，《五百家注昌黎文集》《東雅堂昌黎集注》皆作『出』。

『劒外官人冷。』杜。『諸葛蜀人愛，文翁儒化成。公來靈山重，公去靈山輕。』『南斗避文星。』杜。『萬里分符去。』郭祥正。『少年不願萬户侯，頗願身爲漢嘉守。』坡。『鄉綬迎朱轂，江花照錦衣。』温公。

『禮加徐孺子，龍自比。詩接謝宣城。比裴使君。』『看君宜着王喬履，真賜還疑出尚方。宓子彈琴邑宰日，終軍棄繻英妙時。承家節操尚不泯，爲政風流今在兹。』『酒酣誇新尹，畜眼未見有。感此氣揚揚，須知風化首。感田父之揚揚知新尹之風化。語多雖雜亂，説尹終在口。』『歲晚歸鳧舄，荆門留美化。』『領郡輒無色，之官皆有辭。無喜色，有推辭，譏之也。』

孔德璋文《周彦倫鹽縣令》：『紐金章，綰黑綬。跨屬城之雄，冠百里之首。張英風於海甸，馳妙譽於浙右。敲撲諠囂犯其慮，牒訴倥偬装其懷。常綢繆於結課，每紛綸於折獄。籠張趙於往圖，架卓魯於前籙。希蹤三輔豪，馳聲九聲牧〔一〕。』

《警》：右虎留符，左黿拂印。分虎專城，拂黿差轂。疏榮叢陛，作牧名藩。鳳詔起家，魚書鎮郡。顯疇鴻望，榮綰虎符。出綍西垣，分符南服。螭陛疏榮，麟符作屏。□簡龍旒，起憑熊軾。雙旌兩幡頓覺偏城之重，一襦五袴想迴寒谷之春。庶民安其里是在二千石之

〔一〕 今按：『九聲牧』，當爲『九州牧』。

良，刺史得其人兹爲十萬户之福。鄴侯出守，衍苦李之盤根；召伯來宣，新甘棠之美化。

《潮》：『魚佩虎符香，新凝於燕寢。鳳儀龍首患，自息於鰐溪。』

《岳》：『京洛雲山外，方佇來儀。乾坤日夜浮，又煩坐鎮。』

《黄》〔一〕：『碧油紅旆，宣中宸之寬條。赤壁黄岡，壯上流之重寄。』

《婺》：『明光侍雕輦，真玉皇香案之臣。皂蓋駐雄藩，作金華洞天之主。』

《平江》：『厭承明之勞，出領黄堂之寄。樂姑蘇之勝，來吟畫戟之詩。』

《楚》：『銅虎分符，資循良之共理。石龜設險，喜牧禦之得人。』

《臨江》：『皂蓋朱幡，豈但人生五馬貴。清江碧嶂，盡在都城百雉中。』

《輔》〔二〕：『羞崑崙薄蓬萊，孰窺雅意。右扶風左馮翊，欲展通才。』

《饒》：『番君得江湖之心，定酬民望。雷令候斗牛之氣，乃借鄰光。』

《黄》：『千里思賢，夢過黄泥之坂。一書將散，望高赤壁之風。』

《嘉定》：『對月半輪，好在漢嘉之太守。披雲五朵，乃是瀟湘之故人。』

〔一〕今按：篇名簡稱有誤，《四六標准》卷二十七篇名全稱爲《代迴曹岳州》。

〔二〕今按：篇名簡稱有誤，《四六標准》卷二十七篇名全稱爲《代迴林嘉兴》。

《武岡》：『黔之巑，巫之磻，地稱樂土。軫之旁，鶉之尾，天假德星。』

《瑞》：『停鸞起敬，長懷東閣之郎君。烹鯉得書，知在西江之道院。』

《南康》：『訪靈谷之烟雲，既擁千騎。懷廬山之風月，忽寄雙魚。』

《興化》：『先生有道義，皇上輟從圜璧之師。太守爲誰，廬陵修來作方壺之主。』

人生五馬，剩收及物之功。山有九龍，豈少專城之樂。布寬大之六條，銷愁嘆於千里。最是桐鄉之父老，曩皆竹馬之兒童。細民呼舞，巨姓服馴。秀麥兩歧，拔薤一本。潤九里而福京師，先一州而後天下。徒得君重，無俾民憂。一郡得賢，萬物吐氣。傳家萬卷，洞先秦在史之書。出守一麾，續兩漢循吏之傳。得千里則活千里之民，乃公素志。寬一分則受一分之賜，亦衆共期。过城蹂躪之餘，野馬也塵埃也。郡守經理之始，繭絲乎保障乎？卧汲黯於淮陽，姑許召還禁闥。召望之於馮翊，不如即置本朝。選用賢良欲安之，願察舉龔之意。備具文武可使也，更疇借寇之功。何武去見思，遺愛滿淮堧之左。叔度來何暮，先聲宣浙水之西。拔薤而擊强宗，諒無待任棠之諷。索棗而誇新尹，但長怜杜甫之詩。

《柳》：『問柳猶存，唐閩人之遺愛。分符共治，漢循吏之方來。』

《建》：『修貢春山，續端明之舊譜。懷賢雲谷，訪侍講之遺言。』

《處》：『照水堂閑，矯矯元章之健筆。凝霜閣邃，堂堂内相之遺風。』

《武岡》：『惟武岡之矯矯，晉數茂弘。若文儒之申申，唐推公綽。』

《劒》：『名節奇芬，訪了齋翁之健筆〔一〕。學問墜緒，續龜山老之心燈。』

《衡》：『湘水如舞，暫迎五袴之來。岳雲既開，又趣雙旌之入。』

《撫》：『厭承明之廬，抗嚴助之素志。照臨川之筆，尋靈運之舊遊。』

《太平》：『載酒龍山，尋孟嘉之風味。泛舟牛渚，問公瑾之功名。』

《建昌》：『金盤玉杯，考顔碑之遺迹。銅陵石澗，尋謝屐之舊遊。』

《贛》：『牙旗鐵馬，虎頭素重於百城。寶帶金魚，龍尾仍通於八座。』

《袁》：『江山勝遊，謝靈運之風流尚在。閭里無事，韓昌黎之政術可師。』

《汀》：『平生所聞，陳汀州流風未遠。丞相皆舉，龔渤海即日當遷。』『元戎小隊，暫頒千里之風。方國細書，行促九重之覲〔二〕。』『朝廷深知弱翁，佇看峻擢。兒童争迎郭伋，安得久留。』『無疾其驅，應有千里之詔。起視乳穴，更觀刺史之謡。』

〔一〕今按：『健筆』，《翰苑新書》續集卷十五作『手筆』。

〔二〕今按：此二句，《四六標准》卷二十八作『元戎小隊，又頒千里之春。方國細書，行趣九重之覲』。

皇極四　二四章

京兆尹 都廂

官制：秦分天下爲三十六郡，京師爲内史。漢景帝分左右内史。武帝置京兆尹、右扶風、左馮翊爲三輔。後漢都洛爲河南尹。魏晋因之，江左丹陽尹。北齊清都尹。周隋京兆尹。唐初牧，開元尹。五代都汴開封尹。國朝建隆以來爲要劇之任，小事則專決，大事則稟奏。親王爲之號『判南衙』，蓋四方取則之地也。

事實：職司京尹。韓表。職司輦轂。唐孟容奏。服銀章青綬，佩水蒼玉。

玉麟，銅虎。樊子蓋河南内史屢有理績，隋文曰：『别造玉麟符以代銅虎。』

明府威名著，府君道教舉。漢侯文謂：『孫保明素著威名。』李燮公幢蓋鼓吹，履潔白之節。秉執忠良，吏民愛敬。歌曰：『我府君，道教舉，恩如春，威如虎，愛如母，訓如父。』

晋庾純之清精，唐韋渙之公正。晋詔：河南京畿大都，四方表則，庾純清精忠正，才經治亂，故其以純爲河南尹。唐韋渙爲京尹，公正方嚴，吏不敢欺。

聲重朝廷，名重朝廷。雋不疑爲京兆尹，叱送獄自謂衛太子者。袁安爲河南尹，政號嚴明，名重朝廷。

京兆五守，西漢難追。河南二尹，東平罕繼。廣漢、敞、尊、章、駿。民歌曰：『前有趙張，後有三王。』『前有趙張三王，後有邊延二君。』後漢邊鳳、延篤。

宜紆朝紱，用清都輦。唐詔。百郡之首，見下。四方取則。見上。

馮翊岳牧之首，京兆輦轂之師。《白集制》：『馮翊，吾左輔也，故其選任冠四方岳牧之首。』柳公綽奏：『京兆爲輦轂師表。』京兆郡國之首，所管神州赤縣。韓。

政尚寬簡，政號嚴明。顧少連政尚寬簡，不爲灼灼之名。袁安見上。大體不苛號稱職，劉晏。及任繁劇號稱職。韓維見下。

愛如母之李燮，見上。視如子之延篤。延篤視民如子，正身率下。聽訟理冤，發奸擿伏。

恩信周遍，韓延壽。忠良秉執。李燮見上。政號嚴明，袁安見上，政存寬簡。源乾曜。

晋元帝《序》：『尹者，正也。廣漢和顔接下，子高自輔經術，孫寳行嚴霜之誅，袁安留冬日之愛。』『廣漢聰明，下不能欺。延壽厲善，所居移風。翁歸抱公，潔己爲近世表。張敞儒雅，刑罰條教可觀。』

晋武《詔》：『河南百郡之首，其風教宜爲邇遐所模，以導齊之。都尉王恂忠亮篤誠，才兼文武，明於治化，其以恂爲河南尹。』

張敞略循於廣漢，栖楚人比於廣漢。其治略循趙廣漢之迹，而以經術自輔其政，桴鼓稀鳴，長安市無偷。唐劉栖楚抑豪右，甚有鉤距，人比之趙廣漢。

不爲灼灼之名，顧少連見上。亦無赫赫之名。唐魏少游以吏幹知名，四爲京尹，無赫赫之名，廉謹有足稱。

五爲京尹，再遷河東。柳仲郢父子。前尹赫赫，具瞻允若。後尹熙熙，具瞻允斯。唐李仲通叔明兄，長安歌云云。

鷹之始擊，當順天氣。孫寶召爲京兆尹，以立秋日署侯文爲東部督郵。敕曰：『今日鷹隼始擊，當順天氣，取奸惡以成嚴霜之誅。』

鴟之必訴，果得其人。温彰聞挽鈴聲，視之，乃鴟也。曰：『必訴其人採子。』命吏視之，果得採雛者。

京兆銓下，非無取雛之訴鸛。泰山石前，亦有採子之啼鴟。見太守。

吏民稱，百姓謡。趙廣漢和顔接下，京兆政清，吏民稱之不容口。唐李峴以雨灾歸咎京尹，出爲長沙太守，百姓謡曰：『欲米賤，追李峴。』

和顔接下，見上。發奸摘伏。廣漢發奸摘伏，威制毫强。剪治宗强，華松漢人。彈擊豪强。許孟容唐人。豪右斂迹，威望大振。

輦轂之下，彈壓爲先。郡邑之治，惠養爲本。柳仲郢，先爲京兆嚴明，後爲河南寬惠。

撿御貴戚，搏擊豪强。《李郃傳》：『整頓京師，撿御貴戚。』翟方進：『搏擊豪强，政令甚明。』

威肅爲政，勤儉爲務。黎幹威肅爲政，人頗便之。吴凑勤儉爲務，人樂其政。

嚴而不殘，雋不疑。簡而不犯。晋傅瑕。豪右歛迹，見上許孟容。豪右大震。楊於陵。聽訟理冤之延篤，摘瑕指奸之吴凑。見上。三輔爲最，尹翁歸。京師肅然。張酺。

名存内史之榮，寵貴京兆之號。郡國高第入守京兆，治行第一入守京兆。長安中浩穰，郡國二千石高第，入守京兆不過二三年，近者數月一年，輒危。惟廣漢、黄霸、張敞治行第一，久任入守京兆。

出任京尹日引月長，出爲京尹試以政事。魏劉靖：入作訥言，出任京尹，富民之術，日引月長。王駿爲少府，成帝欲大用，出爲京尹，試以政事。

未以贓罪，不用誅罰。袁安未嘗以贓罪鞫人，在職十年。張敞表賢顯善，不醇用誅罰。

明禁令而發奸，有疑獄而下筆。魏鄭渾勤稼穡，明禁令以發奸，民安於農而盜賊息。吴凑凡有疑獄，下筆决斷。

宋：召典京部，總京邑之浩穰。尹正畿甸，以委都府之治。

沈遘之通達世務，大夫稱能。包拯之大開牙門，宦官歛手。沈遘通達世務，晨起視事，日中庭無留人，士大夫交稱其能。包拯大開牙門，人至庭下，自道曲直，閭里男女，亦知其名。宦官爲之歛手。

治有能名，蔡襄。聲聞赫然。吴奎。

堯佐誠信，杜衍至公。陳堯佐治煩之術，威以擊强，察以防奸，公之爲政，一以誠信。每正月夜放燈，則悉籍惡少禁錮。公曰：『尹以惡人待汝，汝安得爲善？吾以善人待汝，汝忍欲爲惡耶！』盡縱之，凡五夜，人無犯。杜衍至公，能使權要不敢有所干。

爲人剛嚴，不可干以私。包孝肅公。聽斷如神，不敢干以私。杜衍。

吏民大驚，權幸不便。張方平，默記數百，以次決遣，吏民大驚，以爲神。李椿壽翁，臨安擇守，公在議中，執政謂公待人無委曲。上曰：『欲得如此人。』更〔一〕以權幸不便解去。

爲政精敏，京師翕然。吕溱。如在無事，奸民不欺。王岩叟，不爲精神智力，如在無事小郡，奸民不敢欺。

奸吏發事，流於海島。鄭戩。内侍怙奸，疏列其罪。范文正。不事風采，寵貴置法。歐陽

〔一〕　今按：『更』，《宋史》卷三百八十九作『竟』。

公。明於從迹〔一〕，豪猾斂手。吳奎。

豪右屏迹，輦轂肅清。李穆，豪右屏迹，權幸不敢干以私。韓維，分決輕刑，輦轂肅清。神宗曰：『韓維以文學及任繁劇，號稱職可謂得人。』

權豪側目，遼使嘆息。吴芾命下之日，都人相賀，吏屬屏氣，權豪側目。王安禮未三月，獄内皆空。遼使嘆息，以爲異事。

朝廷無憂有范君，京師無事有希文。京師興謡。治益閑暇，仲淹。尤號嚴肅。李穆，見下。擢爲宰相，擢爲參政。劉沆有治劇之聲，擢爲宰相。李穆爲參政。曰：『鄉居京府，尤號嚴肅，故曰奬擢也〔二〕。』

程琳少盗，蔡襄破奸。程琳治益精明，盗訟稀少，詔書褒美。蔡襄談笑無留事，破奸廢隱。

京師浩穰，非卧治之比。蘇頌，京師浩穰，鞭撲以治，非濠、潁卧治之比。

千里之圻，無一人之獄。范百禄囹空，僚屬欲言于朝，曰：『千里之圻，而無一人之獄，

〔一〕今按：『從迹』，《四庫全書》本《翰苑新書》前集卷五十三作『從政』。

〔二〕今按：此句，《四庫全書》本《翰苑新書》前集卷四十二作『上曰：「卿居京府，尤號嚴肅，故加奬擢也。」』

此上德所格，豈尹功？』

三世尹京，搢紳盛事。梁子美，曾祖顥，祖適。徽宗曰：『三世尹京，搢紳盛事。』

《唐》：洛州長史，前賈後張。賈敦頤、張仁但。

自叙：晉袁甫曰：『人各有能，有不能。黄霸馳名於州郡而自〔一〕譽於京邑。』

精語：『赤心事上，布宣天子威德。忠於君，孝於親。』韓愈《上李實大尹》云云。

『誠以海内法式，自京尹始，輦轂之下，盜賊爲先，假之恩威，用襲豪右。』《元和制》。

尹坐堂上，階下拜二赤縣令，屬官長百人悉可笞辱，非有德不可爲，豈止取吏事耶。杜牧。

『京尹，咽喉之地。』温嶠。

杜詩：『赫赫蕭京兆，今爲時所怜。』蕭至忠附公主被誅。杜詩《贈鮮于仲通》：『王國稱多士，賢良復幾人？異才應間出，爽氣必殊倫。始見張京兆，宜居漢近臣。驊騮開道路，鵰鶚離風塵。侯伯知何算，京兆，古之侯伯也。文章實致身。鮮于以文致身。奮飛超等級，容易失沉淪。脱略磻溪釣，操持郢匠斤。雲霄今已逼，台衮更誰親。鳳穴雛皆好，龍門客又新。義

〔一〕今按：『自』，《晉書》卷五十二《袁甫傳》作『息』，是。

聲紛感激，敗績自逡巡。』

《寄河南韋尹遷尚書函》：『有客傳河尹，逢人問孔融。自比。青囊仍隱逸，章甫尚西東。鼎食爲門户，詞場繼國風。尊榮瞻地絶，疏放憶途窮。濁酒尋陶令，丹砂訪葛洪。江湖飄裋褐，霜雪满飛蓬。牢落乾坤大，周流道術空。謬慚知薊子，真怯笑揚雄。盤錯神明惧，謳歌德義豐。尸鄉餘土室，難説祝鷄翁。自比。』

杜詩：『府中羅舊尹。』鄭谷詩：『京河亞尹是優賢。』杜牧詩《韋尹》：『一謝岑陽舊使君，郡人矯首望青雲。政聲長與江聲在，自到津頭日夜聞。』

警：都府，京部，京轂，神皋，京邑，京華。羽儀卿寺，彈擊帝城。光奉贊言，允釐神甸。首躋郡牧，坐鎮神皋。被命席前，宣風輦下。寵疏漢禮，尹正周畿。飭五雉之工，趁新班於紫橐；扈六飛之蹕，還舊硯於黄圖。張京兆以經自輔，儒雅素稱；趙廣漢摘伏如初，見聞皆震。蕭鼓行春，期迓碧油之元帥；匀衡虚位，佇看緑鬢之中書〔一〕。問牛知馬，何勞鉤距之私；視鴟得雛，察見挽鈴之異。鉦簫〔二〕可設，皇千里之畿可令奠枕；桴鼓不鳴，翼四方之則何用

〔一〕今按：此二句，《臞軒集》卷七《賀趙京尹啓》作『簫鼓行春，驩迓碧油之元帥；鈞衡虚左，佇看緑鬢之中書』。

〔二〕今按：『鉦簫』，當爲『鉦筒』，古代官府接受告密文書的器具。

置箭。踏紅輦路，莫修燕賀之儀；望碧油幢，姑致魚封之慶。彈壓爲先，暫屈月卿之重；威名大振，益增天府之崇。伊吾在江左，今復奚憂；蕭何鎮關中，終觀必用。楚令尹之三仕，莫窺喜愠之心；魏少游之四來，更紀神明之政。劉沆在天聖初，自尹而入爲相；張敞爲京兆最，繼後者難其人。效韓愈謹奉大尹之書，非爲文也；慕劉向獨存馮翊之傳，尚有志焉。

京兆尹 林駉

周之六卿，六卿分治。漢〔一〕之畿甸，治以内史。此京尹之始制也。漢之始也，以内史治京師之民，以主爵中尉治京師之列侯，而諸陵豪右則又屬太常。其後也，武帝以右内史爲京兆尹，以左内史爲左馮翊，以主爵中尉爲右扶風，專治其民，而列侯則改屬鴻臚。又其後也，元帝分陵邑以屬三輔，命三輔以糾列侯，豪右民庶皆得同治。然初年所用石慶、兒寬之徒，循良慈愛之吏。皆爲内史。末年所用王尊、王章、王駿之類，嚴毅威名之人。蓋内史始專治民吏訟簡，寡而易辨，民心謹畏而易和，故其勢不得不寬。至三輔同治列侯，植黨通謀，桀驁難繩，倚勢作威，縱肆莫治，故其勢不得不嚴。大抵京畿煩劇之衝也，豪右民庶之蠹也，倘非扶弱抑强，凛然風彩，斷獄視刑恢乎餘刃，則何以壯根本之勢哉！唐李元紘决三

〔一〕今按：『漢』，《四庫全書》本林駉《古今源流至論》後集卷三作『秦』，是。

輔之渠而權貴沮氣，許孟容捕神策之吏而閹寺屏息。宋，聽斷明審府無留事，章聖至賦詩勞之，則有若周起。真宗開封尹。聽斷繁冗庭無留訟，裕陵以稱職奬之，則有若蔡齊。元豐。剖决精敏，奸無所假，則李穆其人也。太平興國。决事神速，獄常屢空，則程琳其人也。明道二年。其優治繁冗爲如何？王岩叟能使老奸自然畏慄，杜衍自使權要不敢有干。姜遵公直清政，擦子之語京師傳播。包拯强嚴不私，包老之語遠近稱嘆。其不畏强禦爲如何？仁宗朝，姜遵號姜擦子，薛奎號薛出油，包拯京師語曰『關節不到有閻網包老』。誠以輦轂之下，奸滑囊橐；劇要之所，文書丘山。非明不足以聽斷，非嚴不足以折奸。是故，薛奎本循吏也，居蜀之日以德愛稱，至尹開封嚴肅爲治。蘇頌本惠人也，守杭之日盡釋係民，至尹開封頗嚴鞭撲。二公補外則以寬，暖然而春；守内則以嚴，凄然而秋。或曰歐陽修不事風采，范循禮〔一〕一切以寬，亦不失爲尹京之能吏，豈專在於乳虎蒼鷹之酷耶！曰不然，歐公承包希仁威嚴之後，包拯。純禮繼吴居厚刻深之餘，以寬濟猛，特一時權宜之用，非可常論也。

都廂：宋大中祥符置京新城外八廂，真宗以都門之外居民頗多，特置廂吏，命京府統之。

〔一〕今按：『范循禮』，《四庫全書》本林駉《古今源流至論》後集卷三作『范純禮』。

皇極四　二五章

留守

隋大業代王侑留守西京，唐太原府亦置尹及少尹。宋天子巡守親征，則命親王或大臣總留守事，掌宮鑰守衛，修葺彈壓之事，錢穀兵民之政。

事：卧總留臺。唐太宗幸玉華宮，房玄齡以疾卧總留臺。方委留鎮。《韓皋制》。留事。魏志。管鑰。蕭何以信謹守管鑰。麟符。玉麟符。傳符之制，京都留守曰麟符。隋煬幸遼東，樊子蓋東都留守。楊玄感作逆攻城，樊子蓋備禦有功。車駕至高陽，追詣行在，帝勞之，比蕭何、寇恂。且曰：『公宜持重，戈甲五百人而後出。爲公别造玉麟符，以代銅獸。』

虎節，持節。《周禮》：『山國用虎節。』後魏，留守京師並加持節。

降絲綸，賜旗甲。晉天福敕：『留守之任，委寄非輕，凡降絲綸，宜同將相。今除留守，宜並降麻。』留守降麻，自安彦威始。舊制，命留守必賜旗甲，與方鎮同。元和，尚書左丞吕元膺東都留守，終無所賜。諫官上疏，憲宗曰：『不當與後。』皆停。

固社稷臣，國之元老。郭子儀，京城留守。帝曰：『子儀固社稷臣。』賜鐵券，圖形凌烟閣。玄宗東巡，以宋璟留守。上曰：『卿國之元老。』璟極言得失，特賜綵絹，手制曰：『所進言書之座右，出入觀省。』

顧少連之號良吏，李大亮之稱王陵。顧少連東都留守，表閑田以利民，號良吏。李大亮副玄齡居守，玄齡稱有王陵、周勃之節。

留守北宫，留守東都。牛僧孺留守北宫，特寵異之。裴度文宗時，閹豎擅威，不復有經濟意，治緑野堂。

東都留守，嚴于用武臣。唐故事：居守之任，或用舊德，或用故相，未嘗以武將而當保釐之重。長慶以浚郊有事，以武義軍節度使陳楚爲東都留守。

乃眷留都之重，委以别京之重。眷是别都之重。守宫鑰之同嚴〔一〕。處居留之任。上委保釐之務，近付京都之鑰。

寇萊公之大名，吕頤浩之建康。寇準鎮大名府，謂北使，北門鎖鑰，非准不可。紹興召吕頤浩付建康，頤浩以疾辭。趙鼎曰：『頤浩之政，長於彈壓，民望其來。』上曰：『煩劇之政，固以彈壓爲先。』

〔一〕今按：『同嚴』，《紀纂淵海》卷三十三作『謹嚴』。

洪遵之知建康，夢得之守建康。洪遵知建康，遍走郊野，位置營壘，民居及冢墓無相涉，諸將不能易。上賜手札曰：『寨地異同，卿挺身任責，非乃心王室疇克爾。』葉夢得留守建康，團結松江〔一〕民兵守馬家渡。

數百人出西門，數千人出南門。劉錡東京副留守，六日賊至云云。虜大敗，拔寨遁去。歉歲輕法而遠近爲法，王曾留守洛陽。不戮一人而輦守清肅。真宗幸鄴，李沆以宰臣爲守。虜使押字書名，虜使沐浴潔服〔二〕。韓魏公鎮北門。王沂公再涖大名，軍伍畫像以事之。

條具十事，上有二字。呂祉知建康。淳熙范成大行宮留守，陛辭[詔]明日辭選德殿。上曰：『勸卿一杯。』二内侍奉縑素來，上有『石湖』二大字，復袖御書蘇軾詩一軸以賜。社稷所重，非卿不可。真宗幸澧測〔三〕，謂王旦曰：『京師，社稷所重，非卿不可。』精：任關中之事，蕭何。掌北門之管。《左》杞子。命以居守，俾之保綏。統禦都邑，操持紀綱。《賈耽制》。

劉禹錫《送裴司徒》詩：『星夜出關東，兵符賜上公。山河歸舊國，管鑰換離宮。行色

〔一〕今按：『松江』，《山堂肆考》卷六十四作『沿江』。
〔二〕今按：兩『虜』字，《翰苑新書》前集卷四十三作『邊』。
〔三〕今按：『澧測』，中華書局《宋史》卷二五三作『澶淵』。

旌旗動，軍聲鼓角雄。漢壘三秋静，胡沙萬里空。其如天下望，朝夕咏清風。』

留鑰，宫鑰，留臺，留司，别京，别都，留事，留鎮。光奉明綸，出司宫鑰。輟臨北固，來尹東郊。光膺制綍，移帥留都。起自殊庭，典司留鑰。出綸廷閣，司鑰留臺。識尚書之履，雖暫遠於闕庭；殿天子之邦，實密裨於王室。姑煩東土之保釐，暫倚北門之卧護。厥士允修，惟民其乂。膺畢命保釐之託，賴君陳分理之猶。任承相於關中，深計本根之重。用真儒於天下，大與朝野之瞻。十乘鼎來雖慰江東之父老，三公夾輔已虚朝右之班聯。保釐東郊，周王用宅洛邑先君奭以經營；奄守北國，漢祖注意關中賴蕭何而謹守。周以上公出而分陝，唐雖宰相外則臨戎。資令文武既坐鎮於兵民，貴重簪紳復典司於管鑰。江左見導無憂，固將大用；此門非准不可，未免小留。兵事節度，付公允藉中權之重；天下安危，注意方當左轄之虚。紀律嚴而名分正，號令一而賞罰行。河南借寇恂，願屈碧幢之駐；關中用蕭相，倚看黄閣之登。緑沉金鏁，帳環百萬之精兵；首帕腰刀，庭列諸屯之將相。紫蓋黄旗，挺吴楚東南之會；碧幢紅旆，總江淮表裏之權。龍盤鍾單，行將扈蹕以東征；馬飲長江，永絶投鞭而南下。九十年王氣鬱葱，莫重居留之守；數千里風寒險要，盡提表裏之封。寶帶萬釘，已峻真文昌之拜；牙旗十丈，有光大元帥之行。寇萊公之鎮北門，契丹伏其望重；范文正之理西夏，元昊惧而膽寒。符刻玉麟徒得君重，鼎調金馬行以公歸。白鹿坡頭，正想入元戎之報； 玉麟堂下，無從陪賀客之塵。 玉麟堂上，尚煩元帥之策过； 丹鳳門前，行趣相君之待漏。 輕裘緩帶，聊借重於陪京； 疊蓋重金，即褒加於舊德。 琱戈淑旗，允賴金城之勢； 玄衮赤舄，即還玉鉉之司。

皇極四　二六章

縣令林駉　附丞簿尉

前漢詔書言守不及令，至明帝詔不得謬舉黄綬，始言之矣。 班史傳循吏言守不及令，至范史載車魯諸人，始及之矣。 然漢有自孝廉舉者，趙廣漢、王尊。 有自賢良舉者。 魏相、貢禹。 有自直言方正舉者，王尊、房鳳。 有自茂才四行舉者薛宣、何武。 以詐御史傳者棄市，魏相。 以侍中犯法者斷頭。 何巽。

胡建捕客於蓋主之家，義縱不少貸於太后外孫之罪。 舉選之法既不輕任，誅戮之權復無所制，則職亦不輕矣。 治劇有功，何並。 將漕有最。 陽翟之課，治行尤異，趙廣漢。 外黄之政，上書願留。 焦延壽。

自號〔一〕令轉守槐里，王尊之能也；由櫟陽徙雲陽平陵，朱博之最也。則吏亦未嘗不賢矣。或遷刺史，朱博。或遷諫議，劉輔。或遷都尉，廣漢。或遷中丞，薛宣。上之寵擢爲如何？

瑯琊太守不肯令掾下縣，曰縣自有長吏。朱博。馮翊京尹不肯出縣行，曰縣皆有賢令長。韓延壽。下之待遇爲如何？

漢法太守除吏，而刺史察二千石，一守得人，則諸縣得人，此西漢法簡而易用也。東漢詔書之下，督及黄綬，丁寧切責，欲皆卓魯，然非執要御詳之道，何東都之不憚煩也。唐明皇縣令理人之策召試於後庭，而韋濟獲第一之擢。宣宗醴泉考滿之政，預得於父老，而李君奭被刺史之制。然姚崇之言曰『擇十道使患未得人』，安得縣令皆稱職？則知二君雖以縣令爲意，而未得其所以審擇獎庶民之術〔二〕。噫！無惑乎？漢詔之不及班史之不傳歟！宋始邑而事權牽於鎮將，今別置尉簿，悉統於縣，其權重矣。始邑而令長委於無能，今京朝等官始令受職，其選清矣。然猶未也，按察郡守，監司任之，按察縣令，郡守任之。一則曰

〔一〕今按：『號』，《古今源流至論》續集卷七作『虢』。
〔二〕今按：『獎庶民之術』，《古今源流至論》續集卷七作『獎勵之術』。

縣有課最，知通考察也。二則曰令難盡擇，精選郡守也。是故，宦寺索牛，以理拒之；吴育陽城縣，宦寺索牛駕車。衛士縱馬，以法杖之。范純仁襄邑縣，衛士縱馬食田。

青苗不吼〔一〕，寧棄官去姜潛。免役不議，寧投劾去劉蒙胡陽縣。民田植桑，存名著作。范純仁陽城縣，因民有罪，使植桒，號爲著作林、著作公，作宰時官也。縣庭植柏，留號萊公。寇準河東縣，手植雙柏，民比甘棠。

不奉行茶法，雖忤使者，民所利也唐恕。不高價估絹，雖忤轉運，民所便也。宇文之邵曲水令。治簿書恤孤寡，非朐山之範乎？劉彝朐山令。清如水平如衡，非穀城之謡乎？葉康直光化縣，豐稷穀城令，人歌曰：『葉光化，豐穀城，清如水，平如衡。』宋以坑冶之利，常平之倉，命丞職之。邑版之稽，地力之教，命簿職之。撿覆之事，巡捕之責，命尉職之。裴明允，一慈溪尉耳，親詣闕庭，力陳世事，不曰越職也寶元初。吴擇仁，一雍丘簿耳，得詣朝堂，親白河事，不曰瀆尊也元祐中。

元城之尉以有追捕功也，而國家特除令尹，勉之至矣！乾德元年張義元。楚丘之簿以有公輔器也，而留守爲之加禮，重之至矣！張昇。噫！『脱身簿尉中，始與箠楚辭』杜詩。此唐

〔一〕今按：『不吼』，《古今源流至論》續集卷七作『不請』。

多極弊，今日不至此極，然亦當體祖宗先正之意可也。

皇極四　二七章

知縣

導揚風化，撫字黎誠。敦四民之業，崇五土之利。政和十二事勸課農桑：敦本業，興地利，戒游手，謹時候，戒苟簡，厚蓄積，備水旱，戒宰牛，置農器，廣栽植，恤佃户，无妄訟〔一〕。

事：邑長黑綬，官長朱輪。軒綏。洛陽令車，漢明去軒綏。梟舄。鄴縣王喬。

訪理人之術，頒令長之戒。隋蘇威薦房恭懿，呼至榻前，訪理人之術，授新豐令，政爲三輔最。開元廿四年，頒令長新戒。書法：『可謂知所本矣。』上應列宿，出宰百里。《左》：上大夫受縣，下大夫受郡。春秋縣大郡小，戰國郡大縣小。

爲諸城首，吕義綿竹令。謂百城表。樂法才建康令。梁武嘉清白曰：『可謂百城表。』三河表，二川

〔一〕今按：『无妄訟』，《紀纂淵海》卷三十五引《會要》作『無妄誕』。

最。胡紹河懷令，韋嗣立雙流令。

爲三輔最，爲天下一。隋房恭懿新豐令。劉玄明山陰令，傅翽代，玄明曰：『日飯一升，莫飲酒。』

毋撓其清，不潤脂膏。蔣沇美政流行。郭子儀軍出縣，敕麾下曰：『供億當有素，毋撓其清。』孔奮姑臧令，不潤脂膏。

令作宰馬〔一〕，釜中生魚。唐馮元淑歷浚儀始平二縣，所乘不與芻豆，令作宰馬，赴職未嘗以妻子之官。范丹萊蕪長，甑中生塵范史雲，丹字。釜中生魚范萊蕪。杜詩曰『塵滿萊蕪長』是也。

竟留其犢，魏時苗壽春令。不受遺果。賈郁。

神君，良令。喬智明隆慮令。晉公問趙武：『中牟欲其良令也，誰可者？』云曰：『邢伯可。』

健令，神明君。李匡遠鹽亭令。崔瑗汲令，開溝溉稻。長老歌曰：『天降神明君，作我

〔一〕今按：此句，《翰苑新書》前集卷五十八作『令作齋馬』，是。

慈仁義〔一〕。臨民布德澤，决溝作甘雨。』

非百里之才，豈大賢之路。蜀蔣琬廣都長。諸葛曰：『社稷之器，非百里之才。』録尚書事。仇覽事，見主簿。

元魯山之誠信，陳太丘之德仁。元德秀魯山令，誠信化人。陳寔太丘長，强者綏之以德，弱者撫之以仁。

一同布政，百里宣風。《六帖》。承流宣化。杜軫導德，杜甯行化。建寧令導以德化。杜甯餘杭令。

仇覽教化，劉矩禮遜。蒲亭長。陳元爲孝子。諺曰：『父母何在在我庭，化我鳴梟哺所生。』遷雍丘令。

陽鱎，牛刀。子賤爲單父。楊晝曰：『投綸逐餌吸之者，陽鱎也，比冠蓋；若倉若不食者，魴也，比耆老。』

伏臘放囚，新歲放囚。虞延洛陽令，如期而還。曹攄臨淄令，至期而還。

置水投書，鐵船渡海。孔翊洛陽令，置水庭前，得囑託書投水中。賈郁仙遊令，及代，

〔一〕今按：『慈仁義』，《翰苑新書》前集卷五十八作『慈仁父』，是。

一吏酣醉，郁曰：『再典此邑，以懲此輩。』吏言：『猶鐵船渡海也。』後復典邑，醉吏盜官錢數萬。郁批榜尾曰：『竊銅鑼以潤家，非因鼓鑄造鐵船而渡海，不假鑪鎚，决杖徒之。』移治福清，召爲御史中丞。

豪右斂手，豪右挫氣。徐弘聖通汝陰令，歌曰：『徐聖通，政無雙。平刑辟，奸宄空。』司馬蔿洛陽令，號卧虎。貴戚斂手，鬼神破膽。祝良洛陽令。李杲洛陽令，劉兼過境，夜聞户外聲，曰：『我輩可以他縣血食。』視之無物，乃鬼神也。

吏無招權，桴鼓不鳴。柳渾流豐令。漢董宣洛陽令，搏擊豪强，京師歌曰：『桴鼓不鳴董宣平。』號卧龍。

李葱發摘，成都令。尹賞治劇。粟邑令，遷滎陽令。

子路三善，魯恭三異。子路治蒲，恭敬以信，忠信以寬，明察以斷。魯恭中牟，蟲不犯境，化及鳥獸，童子有仁心。杜詩曰『側聞魚暴化』是也。〔一〕

政無雙，治第一。王覃世容武城令，歌曰：『王世容，政無雙。省傜役，盜賊空。』魏張

〔一〕 今按：杜甫詩皆無『側聞魚暴化』句，考杜甫《橋陵詩三十韵，因呈縣内諸官》有『側聞魯恭化』。『側聞魚暴化』或爲『魯』字誤分爲『魚』、『日』二字，然後『日』與『恭』又誤合爲『暴』。

暨新豐令。

市無二價，道不拾遺。孔子中都宰，男女别途，市無二價。陸雲俊儀令，民不二價。何並長陵令，滕撫蜀令，鄭弘騶令，張允濟武陽令。

臥不閉門，風不鳴條。王涣河阳令，民歌曰：『王雅子，世未有。平徭役，百姓喜。』太公望灌壇令，風不鳴條，雨不破塊。

獄囚無繫，三年無囚。孫謙錢塘令，何易於益昌令。繁陽異政，陳球。山陰政績。丘仲孚。謡曰：『二傅沈劉，不如一丘。傅琰父子、沈憲、劉玄明。』

劉昆反風，江陵令。祝良注雨。洛陽令。時旱，暴身階前，甘雨滂沱。

鸞集學官，鸞降庭木。王阜香泉令，楊仲昌孝義令。虎皆出境，猛獸渡江，獸皆南渡。袁珍六合令，庾黔婁編令，劉平全椒長。

蝗不入境，鳳集其境。楊球茂陵令，晋謝夷吾壽張令，鄭毅騶令，卓茂密令。荀䝁榆次令，晋武下詔褒美。

攀車充路，烏鵲擁行。劉寬平陵令，李元紘好畤令。開元。

延英召對，宣政試策。唐貞元召京兆府，諸縣令對於延英殿，訪以人之疾苦，且慰諭之，各賜衣一襲。或言縣令非才，玄宗召縣令於宣政殿，試以理人之策，惟鄄城令韋濟詞理，擢爲第一。

御史表政，璽書褒厲。楊元琰平棘令，御史表其政，璽書褒厲。朝堂賜宴，璽書奬飭。玄宗時，諸道降璽書奬飭，明年縣令赴職，帝自製令長新誡諭之。仍於朝堂錫宴以遣之。賜以緋衣，畫以彪像。王正雅萬年令，抑强扶弱，政甚有聲。會柳公綽，上前褒稱，穆宗命以緋衣銀章，就縣賜之。高彪内黄令，上敕同僚祖於上東門，詔東觀畫豹〔一〕像。爲太傅，爲三公。卓茂密令，蝗不入界，爲太傅。後趙申禄廣昌令，白烏巢庭，甘露降廳，爲三公。

單父五人，武城得人。子賤單父，父恤其子，子恤諸孤，而哀喪紀。父事者五人，友事者十一人，賢於不齊者五，吾事之而禀度。子游爲武城宰，子曰：『汝得人焉爾乎？』曰：『有澹臺滅明者，行不由徑，非公事未嘗至於偃之室也。』

著《諭蒙》篇，授《孝經》義。馮元〔二〕醴泉令，民多猾，著《諭蒙》篇。唐景駿貴鄉令，母子相訟，景駿曰：『教之不受，令之罪也。』授《孝经》使習大義，遂爲孝子。以孝友教，辛昂

〔一〕　今按：『豹』，當爲『彪』。《後漢書》卷八十《高彪傳》作『彪』。

〔二〕　今按：『馮元』，《新唐書》卷五十九作『馮伉』。

成都令。令子弟學。仇覽。

勸民墾田，勸民耕桑。唐李大亮，韋維内江令。

決漳生稻，引河溉田。史起鄴令，引漳灌鄴。歌曰：『鄴有賢令兮爲史公，決漳水兮灌鄴旁，終古舃鹵兮生稻粱。』西門豹鑿十二渠，引河溉田，至今得水利。

教民種桑，咒虎伏罪。沈瑀建德令，教民一丁種桑十五株，柹四株及梨栗。女丁半之。童恢不其令，流人二萬户，咒虎伏罪。

視人如子，爲民父母。召信臣上蔡長。鍾離意堂邑令。王尊安定守。

晋陽保鄣，益昌閣詔。尹鐸。唐何易于，鹽鐵官榷取茶利，詔下，易于命吏閣詔自焚之。觀察使素賢之，不劾。

活三百户，十倍户口。蘇章武原，歲饑開倉，活三百户。第五訪新都令，户口十倍。

矜恤孤羸，懷附流亡。漢周澤澠池令，唐崔衍清源令。

代輸租賦，代民挽繂。何易于督賦役，不忍迫下户，或俸貸輸租。何易益昌令，刺史崔朴乘春泛舟出益昌，旁索民挽繂。易于腰笏身引舟，朴愧疾去。

致理之本，在於親人；親人之本，莫切於令長。導王者之澤，以被於下。求庶人之瘼，以聞於朝。

十人聯袂，歌于蔿于。玄宗酺五鳳樓下，命三百里内縣令刺史，各以聲樂集。魯山令元德秀樂工十人聯袂，歌于蔿于。帝曰：『賢人之言哉！』

宋：野水無人渡，孤舟盡日横。寇準巴東令，巴東有秋風亭，准析韋應物一言爲二句：『野水無人渡，孤舟盡日横。』云識者知其必用〔一〕。

《諭民》五十篇，爲書名《法範》。戚綸太和縣，民悍好訟，《諭民》五十篇。劉彛朐山令，恤孤寡抑豪猾，爲書名《法範》。

告以忠信，親爲勸酬。程明道晉城縣，民至邑者，告以孝弟忠信。張横渠雲岩令，月吉具酒食，召高年會於庭，親爲勸酬。

清如水，平如衡。葉康直光化縣，豐稷穀城縣。人歌曰：『葉光化，豐穀城。清如水，平如衡。』見縣令。

杖暴田之衛士，察割牛之盜者。范純仁襄邑縣，有牧地衛士倚以暴民田，純仁取一人杖之。牧地初不隸縣，純仁言：『養兵當先衂農。』朝廷釋不問，且聽牧地隸縣。包孝肅天長縣，有訴盜割牛舌者，公使屠牛鬻之，既而有告私殺牛者。公曰：『何爲割某家牛舌，而

〔一〕今按：『必用』，《山堂肆考》卷一百二十八作『大用』。

又告之?』盗者驚服。

寇公恩信,吴育簡嚴,晞顔美政。寇準巴東縣。引晞顔萍鄉邑宰。

削木爲櫝,片紙榜門。燕肅臨邛縣,民苦吏追擾,削木爲櫝。种世衡片紙榜門,追某人期某日詣縣,皆如期而至。寇準期會揭門,百姓争赴。

富平治行,河清十奇。張龜年,王允觀。邑庭如水,十縣之最。李燾雙河縣,吕申公。毁淫祠,勸巫爲農。陳希亮長沙縣。

新學校,興學校,作學篇。范純仁襄邑,張逸青神縣,陳襄仙居縣。邑人陳希亮、楊異相繼登科,逸改其居曰桂林里。縣東南有松柏灘,覆舟,逸禱江神,灘徙五里。子於正歲,耆老來賀,作《勸學》一篇諭之。

築捍海之堤,疏舊港之口。通泰海州海水至城下,范仲淹監西溪倉,建白於朝,請築捍海堤於三洲之境。以公爲興化令,專掌役事,民享其利,民往往以范爲姓。魯宗道海鹽令,疏治東南舊港口,導海水至邑下,人以爲利,號魯公浦。

築公堤,疏斗門。趙瞻永昌縣,築公堤,均灌溉,民比召杜。曾公亮會稽縣,鑑湖溉田,反爲田病,公疏斗港,泄湖入江,民賴之。

課民種桑,拔茶植桑。范純仁襄城縣,課民種桑,民號著作林。張泳崇陽令,拔茶植桑，後榷茶，他縣失業，崇陽成利。

萊公柏，著作林。

禱神即雨，治鄴民遮。張士遜射洪令，歲旱，禱白崖神即雨，士遜立頃雨足。治鄴民遮道。

鞭撲不用，璽書以賜。姚益恭知須誠縣，鞭撲不用，數千人遮道。轉運使乞留，賜璽書，賞以粟帛。秩滿以著作佐郎知南昌縣，賜衣服銀帶，絹五十匹。

以爲主簿，召直史館。孫覺尉氏縣，神宗嘉之，以爲司農主簿。王禹偁長洲縣，日賦五題，太宗聞其名，召試相府直史館，賜五品服，擇犀帶寵之。

獻息民論，爲天下法。慶曆，張揆知益都縣，罷里正不用，而租以時。石介獻《息民論》，請以益都爲天下法。《明道文序》：『縣之政事，達於天下，一邑者，天下之式也。』

四善，三最。哲宗朝吏部言：德義有聞，清謹明著，公事可稱，恪勤匪懈，爲四善；獄訟無煩，催科不擾，屏除奸盜，治事之最；賑恤窮困，賦役均平，撫養之最。分三等級，六事爲上，五事爲中，餘爲下。

自叙：龐士元守來陽，不治。魯肅曰：『非百里才。』絆良驥之足，責千里之任。春雉不馴，秋螟未散。髮白飄零，尚爲百里。吴靖長沙令。願寬假轡策，勿令有所拘閡而已。

虞詡朝歌長，謂太守馬稜。宋太祖謂一縣令曰：『切勿於黄紬被裏放衙。』文潞公榆次縣，題縣鼓樓曰：『置向譙樓一任撾，撾多撾少不知他。如今幸有黄紬被，拏出頭來放早衙。』

精語：『惠如春風，三月大化。』李白《武昌宰》。『乃冰其清，乃玉其白。風抗其高，雲垂其澤。』江韋《襄邑令傅渾頌》。『荆玉不及喻其温，南金不能方其利〔一〕。』

『潔齊冬冰，澤侔春露。』孫卓〔二〕《孔松陽贊》。『今之邑令，古之男〔三〕也，於吏有君臣之道，於人有父母之道。』《白集》。『勸民之善而除其惡，興民之利而除其害。』《朱文公記》。

詩：『太史候鳧影，王喬隨鶴翎。』『王鳧聊暫出，蕭雉只相馴。』『單父長多暇，河陽實少年。』『故人有孫宰，高義薄層雲。』『山雉移〔四〕舟楫，江花報邑人。』『看君宜着王喬履，真賜還疑出尚方。』杜。『翟表郎官瑞，鳧看令宰仙。』宇文。彧。『出宰山水縣，讀書松竹林。縣古槐根瘦，官清馬骨高。』韓。

李白：『吾愛崔秋浦，宛如陶令風。』『河陽花作縣，秋浦玉爲人。』『百里鷄太静，千家機

〔一〕今按：『利』，《漢魏六朝百三家集》卷六十一《孔松楊像贊》作『厲』。
〔二〕今按：『孫卓』，當爲『孫綽』。
〔三〕今按：『古之男』，《白氏長慶集》卷四十八作『古子男』。
〔四〕今按：『移』，《全唐詩》卷二百三十三杜甫《送趙十七明府之縣》作『迎』。

杼鳴。』『城門何肅穆，五月飛清霜。』『落筆生綺繡，操刀振風雷。』『小邑且割鷄，大刀佇烹牛。雷聲動四境，惠與清漳流。』『琴清月當户，人寂風入室。趙北美佳政，燕南頌〔一〕高名。』『秀句滿江國，高才掞天庭。』

『三年清似水，六月冷如冰。』裴銑〔二〕。『憂民如有病，見客似無官。』魏野。『摩手撫鰥寡，槁砧磔强良。』山谷。『憫物形〔三〕多省，勞心席未安。』『法律行隨手，詩書坐滿廂。』陳古靈。『犬眠花影地，牛牧雨聲坡。』李拱。『籬邊菊秀先生醉，桑下雛嬌稚子仁。』晏元獻。『廢土有人耕不畏，古廳無訟醉何妨。』熊皎。『鵐夷江上畬田稔，牛斗星邊貫索空。』周啓明。『印文生緑經旬合，硯匣留塵盡日封。』林逋。『雨後有人耕緑野，月明無犬吠花村。』古詩。『縣花迎墨綬，關柳拂銅章。』岑參。『雲散灌壇雨，春青彭澤田。』太公灌壇令，陶潛彭澤令。譬樓原郭明府。杜詩。

製錦，綰銅，雷封，偃室。九重出命，萬里得賢。鳳誥拜官，鳧飛試邑。聞三鳳之聲，未遑識面；聽雙鳧之舄，良喜足音。宰山水之縣，知在近郊；聞絃歌之聲，未瞻遠器。山川

〔一〕今按：『頌』，《李太白文集》卷七《贈清漳明府侄》作『播』，是。

〔二〕今按：『裴銑』，《全唐詩》卷七百二十作『裴説』。

〔三〕今按：『形』，當爲『刑』。

增聚〔一〕，共迎鳧舄之臨；風俗還淳，暫屈牛刀之試。

元魯山見已晚矣，廉叔度來何暮焉。讀書松竹林，良多暇日；種苑植李縣，已萌清陰〔二〕。雙鳧之舄翩然，五鳳之酺近止。

『姑安種秫之期，以俟及瓜之代。』坡詩。公田二頃五十畝，種秫作酒不種粳。政異遂雉雛之樂，官清任馬骨之高。晋陽保鄣之政，諒所究心；武城絃歌之聲，遂將盈耳。取衣冠而褚之，遑恤國人之謗儀；聞絃歌而宛爾，想漸經學之淵源。出十奇以震耀，詎我初心；躬三善以摩挲，知公全事。理縣著譜，即窺傅令之新編；褒德疏封，行踵卓侯之故事。君子學道則愛人，縣令承流而宣化。是爲素蘊之武城而聽偃歌，昔聞此語。聊試長才由密令而禮卓傅，今見其人。非公事未至室，則有前聞；居是邦而事賢，乃所素願。州縣之職徒勞人，暫煩綏撫；賢能之舉不待次，行遂敷求。

〔一〕今按：『增聚』，《五百家播芳大全文粹》卷二十四作『增爽』。
〔二〕今按：此二句，《翰苑新書》續集卷二十作『種花桃李縣，已滿清陰』。

皇極四　二八章

縣丞

漢縣丞尉多以本部人爲之。唐高宗始爲品官，吏部選授爲縣令之貳。國初不置丞，天聖中始各置丞一員，在簿尉之上。

事實：廉吏典獄，長吏主刑，通判縣事，佐理一同。

縱囚自歸，清静無欲。唐，唐臨萬泉丞，縣有輕囚，春暮時雨，白令請出歸家耕種，約令歸繫，至時畢集。張玄陳倉縣丞，清静無欲，專心經書。

講經伏酋，占氣遷丞。唐王義方貶爲吉安丞，行至海南，酌水而祭，見風濤。吉安俗陋，召集生徒講經釋奠，蠻酋大伏。『九千里之丹鳳，自下升高；七十日之黃龍，從微至著。』張鷟。注：宋玉曰『鳳凰上擊九千里』，士亦然矣。《相書占氣要》云：『日中有黃氣如龍，七十日遷爲丞也。』

宋：白黥猾徒，論免和糴。王庭珪茶陵丞，民俗朴陋，擇秀民置之學，士皆被化。猾胥文雅，勢傾一邑。白郡黥之。紹興旱，詔復民租十之八，而和糴尚存。海鹽丞丁安義抗論，反覆卒賴以免。

民稱惠愛，人頌遺愛。傅忠肅公永平丞，錢忠定公臨安縣丞。楊萬里零陵丞，張忠獻謫寓，勉公以正心誠意之學，佩服其言，以誠名齋。

自叙：俗謂閤官，不領公事，殊乖制作之意。丞哉丞哉，余不負丞，而丞負余。崔斯立。年老病聾，督郵白欲逐之。許丞。出爲陸安丞，忽忽不樂。桓譚。州縣之職，徒勞人。梁竦。

精語：丞之職所以貳令，於一邑無所不當問。其下主簿、尉，主簿、尉乃有分職。丞位高而逼，例以嫌不可否事。文書行，吏抱成案詣丞，卷其前，鉗以左手，右手摘紙尾，雁鶩行以進，平立，詣丞曰：『當署。』丞涉筆占位署，惟謹，目吏，問『可不可』，吏曰『得』，則退，不敢略省，漫不知何事。官雖尊，力勢反出主簿、尉下。諺數慢，必曰丞，至以相訾謷。丞之設，豈端使然哉！

博陵崔斯立種學積文，以蓄其有，泓涵演迤，日大以肆。貞元初，挾其能，戰藝於京師，再進再屈人。元和初，以前大理評事言得失黜官，再轉而爲丞兹邑。始至，喟曰：『官無卑，顧才不足塞職。』既禁不得施用，又喟曰：『丞哉丞哉，余不負丞，而丞負余。』則盡枿去牙角，一躡故迹，破崖岸而爲之。丞廳故有記，壞漏污不可讀，斯立易桷與瓦，墁治壁，悉書前人名氏。庭有老槐四行，南墻巨竹千梃，儼立若相持，水㶁㶁循除鳴，斯立痛掃溉，對樹二松，日哦其間。有問者，輒對曰：『余方有公事，子姑去！』《藍田縣丞厅壁記》韓愈記。

縣吏之長曰丞，之位八品，述六職以輔其治。武功丞陳南仲，邑人宜之。力行務仁，推誠愛物，頌議必歸於丞，九隴縣丞獨孤君。

有以官軺之才，從趙典之任。高府君遂城縣丞。岑參詩：『花綬傍腰新，關東縣欲春。』姚合：『聖朝收外府，皆是九天除。』方平〔一〕：『因君貳職藍溪上。』誠齊：『剩有老農歌贊府。』

俯爲涉筆之游，來贊鳴琴之化。一行作吏，緣飾皆儒雅之條；再轉爲丞，殿最必清真之譽。丞雖負余，世豈舍我。摘紙尾以書名，豈循往陋；召席前而賜對，行展壯猶。幽桂遺蓁，幾爲大賢而稱嘆；老槐巨竹，不妨佳句之吟哦。己不即人人即己，争願賞音；余弗負丞丞負余，行將召擢。

杜詩：『皆爲百里宰，政似六安丞。桓譚。』

〔一〕今按：『方平』，《御定全唐詩》卷六百五十《題慈溪張丞相壁》作『方干』。

皇極四　二九章

主簿

漢晋皆有之，長自調用。隋始置之。唐武德以流外爲之，高宗始爲品官，吏部選授，掌勾稽省署抄目，糾正縣内非違。

事實：糾邑，管轄。鳳栖之位，鴻漸之賓。枳棘非鸞所栖，百里非大賢之路。仇覽考城令主簿。韋主簿有長城之風，昂昂千里之駒。韋元將。有王佐才，李栖筠。有能名。張行成富平尉。北京三傑。唐魏谷倚、富嘉謨、吴文微，太原主簿。賦喜雨，歌秋風。唐徐浩魯山，晋謝景仁豫州。遇事鋒鋭，移文驅虎。唐李畬汜水簿。唐顧少連登封簿，移文岳神。吾閲人多矣，無如楊主簿者。楊於陵句客主簿，韓滉奇之，謂妻柳氏曰：『吾閲人多矣，無如楊主簿者。』以女妻之，遷户部尚書。宋公輔器，宰相器。張昇誉丘簿，葉顒南海簿。偉人，簿領有是人。范鎮新安簿，吴擇仁雍丘簿，范純仁云云。關中號三傑，伊川稱其才。朱光庭萬年簿，程伯淳鄠縣簿，張山甫武功簿。邢恕永安簿，伊川稱其才。

純介好學，經行淳備。崔遵度和川簿，劉安任城簿。講《春秋》，通《周易》。劉恕，陳鄘公帥高陽，召至府禮之，使講《春秋》。明道上元簿。

折黏鳥竿，觀石佛首。明道上元簿，曰：『一命之士苟存心於利物，於人必有所濟。』始至邑，見人持竿道傍以黏飛鳥，取竿折之。及罷官，數人共語自折黏竿，鄉人子弟不敢畜禽鳥。京兆鄠縣簿，南山僧舍有石佛，歲傳其首放光，男女聚觀，爲政者畏神莫禁。先生詰其僧曰：『吾聞石佛歲現光，就觀之，俟後現當取其首。』自是不復有光。

畫法而民不擾，袖書而擢寺丞。明元〔一〕上元簿，田税不均，蓋美田爲貴家厚價簿税而買。先生爲令畫法，民不擾而邑大均。張商英通州簿，袖草茅憂國書以進，擢光禄寺丞。

老奸縮首，邑賴以治。陳襄浦城簿，圖象以事。任伯雨清江簿。

廨有燕坐之室，更名曰高士軒。朱文公同安簿，民不忍其去。

藏錢幾何時，借宅幾何年。明道鄠縣簿，年少之民借兄宅居者，發地中藏錢，兄子訴曰：『父所藏也。』問曰：『爾父藏錢幾何時？』曰：『四十年。』遣吏取錢視之。曰：『借宅

〔一〕今按：『明元』，當爲『明道』，宋程顥曾爲上元主簿，因以道學鳴世，人稱『明道先生』。

幾何年？』曰：『二十年。』『此錢皆爾未藏前所鑄，何也？』其人遂服，令奇之。

自叙：大夫有淩厲〔一〕蓋世之志，而拘於下，若立身矮屋之下，使人擡頭不得。張彖華陰符，爲守令所抑之，乃棄官去。

旌其忠蓋之心，委以髯鬚之職。《制》。蜀李景上封事，爲眉山簿。注：羊名髯鬚主簿。

短主簿，閑官。王恂〔二〕桓温主簿，人曰短主簿，能令公喜，能令公怒。

自負其才，有不遇之言。《唐・蔣欽緒傳》：『韓琬高郵簿，自負其才，有不遇之言題客舍。欽緒笑曰：「是子嘆後時耶？」』

仇覽四十爲主簿，李若谷長社縣主簿。自控妻驢，韓億負一箱。

高士不爲主簿，非士安得自高。漢孫寶以明經爲吏，御史張忠辟寶爲屬，欲令教子，更爲除舍，寶自劾去。後署主簿，寶入舍祭竈，忠怪之，使問寶，曰：『高士不爲主簿，而一府無言非，士安得自高？禮有來學，義無往教；道不可詘，身〔詘何傷〕〔三〕？』

杜甫：『舍弟卑栖邑，防川領簿曹。』『坐對賢人酒，門迎長者車。』

〔一〕今按：『淩厲』，當爲『淩雲』；下文『華陰符』，當爲『華陰簿』。

〔二〕今按：『王恂』，當爲『王珣』。

〔三〕今按：『詘何傷』三字脱，據《漢書》卷七十七《孫寶傳》補。

温庭筠：『槲葉曉迷路，枳花春滿庭。』鄭谷：『可愛咸陽王主簿，窮經盡到昔賢心。登科未足酬多學，執卷猶聞惜寸陰。』山谷：『官栖仇覽棘，才拍翰林肩。澗松無心古鬢鬣，天球不琢中粹温。安知四海習鑿齒，拄笏看度南山雲。』坡：『聖朝若用西凉簿，白羽猶能效一揮。』

謝文本書生，善用兵，西凉主簿。

誠齋《題太和簿趙昌文思隱堂》：『咸昌主簿如禪蠅〔一〕，日餐秋菊嚼春冰。』《送簡主簿》：『往吟平地千蒼玉，還隱孤舟一釣竿。』

驊騮開道，會即秣天山之禾。鸞鳳冲霄，姑少栖人間之枳。王奂之得仇覽，誰枳棘之栖鸞。杜甫之送封郎，誇渥洼之出驥。但欲識荆，不願封侯一萬户。且將詣習，勝讀儒書三十年。

〔一〕今按：『禪蠅』，《誠齋集》《宋詩鈔》皆作『禪僧』。詩題爲『《題太和主簿趙昌父思隱堂》』。

皇極四　三〇章

縣尉

漢大縣兩尉，小縣一人。長安四尉，分左右部，城南東置廣簿尉，城西北置明部尉，主追捕盜賊，伺察奸非。隋改爲正，又分爲户曹法曹。

事：仙吏，少府。『黄綬位輕，青雲望重。』陳子昂《送齊少府》。繕治四門，造棒杖五色。曹瞞洛陽北部尉，懸左右各十餘枚，有犯禁者皆棒殺之。

鸂鶒灘，射鴨堂。河南伊闕縣前水中，縣官有入臺者，先有灘出。牛僧孺爲尉，一日報灘出。老吏曰：『若是西臺，當有一雙鸂鶒。』孟郊溧陽尉，開射鴨堂，有《遊子吟》。韓詩曰：『有窮者孟郊，受才實雄驁。酸寒溧陽尉，五才幾何毫』是也。『慈母手中綫，遊子身上衣。臨行密密縫，意恐遲遲歸。誰將寸草心，報得三春暉。』孟郊《遊子吟》也。

讀《七志》，善五言。韋述平陽尉，杜審言隰城尉。

著《魯議》，《寶劒篇》。唐高郵華陰尉，魯不合用天子禮樂，乃引《公羊傳》著《魯議》。郭震武后通泉尉。

有臺輔器，此明公座。婁師德江都尉，蘇伯鄂縣尉。聰明小兒，聰明尉。唐盧莊道河北尉，魏奉古雍丘尉。清心苦節，清水明鏡。裴景昇尉氏尉，馮履謙河北尉。以清謹稱，以幹治聞。蕭至中畿尉，顔師古安養尉。以剛正擢，以廉謹聞。劉仁軌陳倉尉，畢剛王屋尉。嚴挺之才吏，宋璟大節。義興尉，上黨尉。韋倫幹力，宗元名聲。柳藍田尉。藍田判獄，李程。南和惠政。元德秀。

歲旱惠歸一尉，歲歉不敢獨飽。員半千武涉尉，歲旱发粟以給飢人。薛元超爲存撫使，曰：『惠歸一尉，豈不愧也？』柳公綽渭南尉。

上疏諷從禽，上書獻闕下。玄宗從禽自娱蓬萊宫側，酸棗尉袁楚客上疏諷從禽。李揆開元末陳留尉，獻書闕下，召試文，拜右拾遺。

北京三傑，文學知名。富嘉謀晋陽尉，吴少微魏谷尉，裴子餘鄠縣尉。

鐵面少府，呼杖二人。楊王休黄岩尉，黥豪民。汪大猶江山尉，州捕賊。公呼菜食二人，杖遣之。

著《盱江報政録》，試館閣校理。王博文南豐尉，饒光輔著《盱江報政録》。胡宿楊子縣尉，大水漂溺，活數千人，召試爲館閣校理。

採蔬爲粥，辭與葉齊。雖處賤官，有憂天下。查道館陶尉，廉介，與妻採野蔬爲粥。都運使樊知古欲薦，辭以與其縣主簿葉齊。裴明允慈溪縣尉。

自叙：進南海香，再投金瀨。漢雍仲進南海香，拜洛陽尉，號香尉。孟郊溧陽尉，再投金瀨，徘佪賦詩，曹尉〔一〕多廢。令白府，以假尉代之，分其半俸。縣尉，一命寸禄。《六帖》。賤官，位卑。白《王夫子》：『送君爲一尉，東南三千五百里。路途雖遠位雖卑，月俸猶堪活妻子。』

精語：時輩共以爲榮。《西京記》：『拾遺立緊，評事出緊，赤尉坐緊。才望清高，標格孤秀，號三緊官。』

詩：『皎皎鸞鳳姿，飄飄神仙氣。梅生亦何爲，來作南昌尉。』『仙尉趙家尉〔二〕，英風凌四豪。』『壯心緝黄綬〔三〕，浪迹寄滄洲。』李。『隱吏逢梅福，遊山憶謝公。』『不作西河尉，凄凉爲折腰。』鄭谷：『白頭新作尉，縣在故山中。』高適：『迹留黄綬人皆嘆，心在青雲世莫知。』『李侯雖薄宦，時譽何藉藉。』『伊人雖薄宦，舉世推高節。述作凌江山，聲華滿冰雪。』同人。『一尉居倏忽〔四〕，梅生有仙骨。』李。『春草迎袍色，晴花拂綬香。』『草羨青袍色，花隨黄綬新。』『白鳥下公府，青山當縣門。』『青袍美少年，黄綬一神仙。』岑參。『已作觀魚檻，仍開盡

〔一〕今按：『曹尉』，《詩林廣記》卷七作『曹務』，是。
〔二〕今按：『趙家尉』，《李太白文集》卷十三《送當塗趙少府赴長蘆》作『趙家玉』，是。
〔三〕今按：『緝黄綬』，《李太白文集》卷十五《酬談少府》作『屈黄綬』，是。
〔四〕今按：『條忽』，《李太白文集》卷十五《酬談少府》作『倏忽』，是。

鴨堂〔一〕。』介甫《示李時叔》：『知子鳴絃意在山，一官聊復戲人間。能爲白下東南尉，藜杖緇巾得往還。』

『一門父子，謂皆分唐叔之珪。五色神仙，顧小屈趙家之玉。』

一尉東南郡，漢儒紀置吏之源。萬里西北風，唐人畏官途之遠。未空冀北之群，猶作河西之尉。致百里無鳴桴之警，寬萬室有不枕之憂。吏隱吳門，尚晦子真之德；盜奔晋國，已收士會之功。鍊句小淹於東野，上書徑往於南昌。鸂鶒雙飛，好報金灘之瑞；孔鸞齊列，行通玉笋之班。

皇極四　三一章

録事參軍

後漢有郡主簿官，漢魏江左爲督郵主簿。後魏及隋有録事參軍，皆吏部選除。唐掌正

〔一〕　今按：『盡鴨堂』，《東坡全集》卷十一《城南縣尉水亭得長字》作『射鴨堂』，是。

違失，莅部印〔一〕。

事：郡督郵。州主簿。紀綱掾。紀綱一州。總録衆曹，舉善彈非。糾愆謬，闔用之。舉綱目。顔景卿。折司馬，劾刺史。杜景佺益州録參，逆折房司馬之不視事。歌曰：『録事意，與天通，州司馬，折威風。』紹業。

司録請舉君過，督郵郡之督郵〔二〕。韓紳卿揚州録參，崔圓愛州民丁某。大衙日，君曰：『請舉君過，公狎小民害於政。』《漢儀》：『督郵，郡之極位。』

宋：糾曹。綱掾。

自叙：王勃才大官小，拂衣而遊天下。

精語：名列府寮，職參軍事，糾察屬縣，課責下寮。

詩：杜：『喜見朱絲直，行往樹佳政。』岑參《送王録事》：『關西望弟一，郡内政無雙。』后山《送宋參軍》：『犴獄寄廉平。』『爲吏專文法。』

州綱，郡糾。以廊廟才，爲紀綱掾。抱冤之民，恃獄而直；行法之地，得人則平。纚清

〔一〕　今按：『莅部印』，《新唐書》卷四十九《百官》作『莅符印』。

〔二〕　今按：『郡之督郵』，當爲『郡之極位』，參見下文。

諉，乘興登南樓之夜；飄爽氣，柱笏對西山之朝。

皇極四　三二一章

通判

秦置郡丞以佐守，在邊爲長史，掌兵馬。漢因之，治中別駕，諸郡從事。晋因之，而省郡丞。隋改別駕治中爲長史司馬。唐有長史別駕。宋通判，兵馬、錢穀、户口、賦役、獄訟聽斷之事，可否裁决，與守同簽所部。

事實：上佐，佐守，別駕。漢制從刺史行部，乘一佐車，故謂之別駕。

黄綬，皂衣。黄綬，秩六百石。郡丞，秦官也。《晋志一》：『梁官〔一〕，皂衣，銅印。』

緋魚，屏星。車有屏星，如刺史車。箳篂，題輿。《白集・江州》：『車乘箳篂迎，艛艓

〔一〕今按：『梁官』，當爲『梁冠』。

驛船迎〔一〕。』周敬荆州，辟陳藩别駕，藩不就，景題輿曰：『陳仲坐，不復起辟。』藩起就職〔二〕。杜詩『職述景題輿』是也。

泥軾，别榻。黄霸爲刺史，詔賜車蓋，高一丈。别駕車緹油屏，泥於軾前，以章有德。孔休源爲晋，王深倚仗，云：『此安王長史，累佐名藩，是孔長史坐。』别施一榻〔三〕。

忠烈慷慨，忠肅公亮。魏審配，晋唐彬樕。

方正亮直，公清如水。晋王基薦劉毅，僑仕平陽爲郡股肱。隋趙軌齊州别駕，入朝，父老揮涕，隨曰：『公清如水，請酌一杯水奉餞。』

公輔量，宰相才。吕虔有佩刀，工相之，以爲必登三公可服此刀。虔語别駕王祥曰：『卿有公輔之量，故以相與。』祥死以刀授弟覽，覽奕世多才。狄仁傑曰：『荆州長史張柬

〔一〕　今按：此二句，《白氏長慶集》卷十七《江州赴忠州至江陵以來舟中示舍弟五十韵》作『箳篁州乘送，艛艓驛船迎』。

〔二〕　今按：此段文字，《後漢書補遺》卷十二作『周景爲預州刺史，辟陳蕃爲别駕，不就。景題别駕輿曰：「陳仲舉座也，不復更辟。」蕃惶懼，起視職』。

〔三〕　今按：此段文字，《山堂肆考》卷七十五作『晋孔休源爲晋安王長史，累佐名蕃，王深相依仗，於齋中别施一榻，云：「此是孔長史坐，人莫得預焉」』。

之，雖老，宰相才也。』

荆楚之才，千里之駒。羅咸[一]，桓温臨州轉别駕，問羅生何如，人答者曰：『可謂荆楚之才。』顧和，族叔榮曰：『吾家千里駒。』爲别駕，遷尚書令。

吾家千里駒，改名千里。唐宗室榮岳州别駕，人遺以金，拒而不納。武后曰：『吾家千里駒，改名千里。』

洛州前賈後張，可敵三王。

多名士，有能名。杜如晦、張柬之等爲長史，楊綰、李泌等爲司馬。趙軌有能名，考績最。

委以腹心。袁紹以審配。爲郡股肱。劉毅見上。

非百里之才，居刺史之半。龐士元守耒陽令，不治。魯肅曰：『士元非百里之才。使處治中别駕之任，始當展其驥足耳。』乃爲治中。唐以朱儉廉别駕，古治中，與刺史同宣教，華州别駕化任居刺史之半。蕭仿駁曰：『豈宜以人吏兼副政之名！』[二]

[一] 今按：『羅咸』，《四庫全書》本《翰苑新書》前集卷五十四作『羅含』，是。

[二] 今按：『唐以』至此錯亂，《山堂肆考》卷七十五作：唐以堂吏朱儉廉爲華州别駕。給事中蕭仿駁曰：『别駕，古爲治中從事，與刺史别乘，同宣教化，任居刺史之半，豈宜以人吏兼副政之名！』

『半刺上佐，得與二千石參校政事短長利病者也。今以名郡藉其興助〔一〕。』杜牧《制》。

『明察内敏習文法，爲丞處議當於法。』黄霸。

散粟活人，開倉賑饑。李皋愠州長史，無幾攝行州事，歲歉，有官粟數十萬斛，開倉盡散。以擅貸之罪，飛章自劾，上嘉之。隋張須陁爲齊郡丞，屬歲饑，先開倉賑饑，而後上狀，帝不責。

海沂之歌，紀德之碑。王祥徐州别駕，糾合義旅，州境獲寧。人歌曰：『海州之康，實賴王祥。郡國不空，别駕之功。』姚崇襄州長史，政條簡肅，人爲紀德碑。

有惠政，有政績。唐黄敦實洛州長史，甚有惠政。張仁願中宗時洛州長史，殺盗府門。高宗時賈敦頤洛州長史，政有政績。語曰：『洛州前賈後張，可敵京兆三王。』

太守自辟，從事焉耳。武帝《詔》：『别駕長史以下，皆刺史太守自辟。』桓温用習鑿齒爲荆州别駕。謝𥡴曰：『不遇明公，荆州從事焉耳。』

桓冲之命處士。桓冲命處士劉驎之〔二〕爲長史，不屈，親往迎。管寧辭文〔三〕：『公别駕者，

〔一〕今按：『興助』，《樊川文集》卷十六作『佽助』，是。

〔二〕今按：『劉驎之』，《晋書》卷七十四《桓冲傳》作『劉驎之』。

〔三〕今按：『辭文』，《山堂肆考》卷七十五作『辟文』。

明使君之羽翼，宜得英儒。誕燕雀之賤，栖朝桐之華。』

六雄十望，悉補別駕。置六雄十望，悉補別駕，由是流品澄別。

製詩贈行，擇日而遣。賀知章因病求還，拜其子曾爲會稽司馬，令侍養，御製詩贈行。

崔神慶則天時擢拜并州長史，曰：『并州，朕之枌榆，簡釋無如卿者。』則天爲按行圖，擇日而遣之。

顧和之遷尚書，見上。趙温之至三公。《後漢》趙温京兆郡丞，嘆曰：『丈夫當雄飛，安能雌伏！』棄官去。後至三公。

璽書褒政，緋魚賞功。孔昌寓，貞觀中對策高第魏州司馬，帝爲不置刺史，爲政三年，璽書褒政。盧峴，緋魚賞功。

別駕知州，長史爲州。唐德宗命盧峴渭州〔一〕別駕知州事，賜緋魚袋，賞有功也。裴懷古并州別駕，吏民懷愛，召爲羽林大將，還知并州，人皆扶携老幼出迎。

扶老出迎，裴懷古。酌水奉餞。趙軌。從容山水，見下。岸幘嘯詠。晋謝奕，桓温辟爲安西司馬，在温坐，岸幘嘯詠。［桓温］曰：『我方外司馬也！』

〔一〕今按：『盧峴渭州』，《太平御覽》卷二百六十三、《册府元龜》卷一百六十五皆作『盧頊洺州』。

清論終日，引爲别駕。冀州刺史裴徽召管輅。

宋：監郡，倅州。國朝始置諸州通判，既非官屬，與知州争權。錢昆小卿，家世杭人，嗜蟹，求補外，問所欲何郡，曰：『但得有螃蟹，無通判處。』

分倅州治。分乘倅車，分乘别車。《制》。

有臺輔之量，有宰相之器。李沆通判潭州，趙昌言謂有臺輔之量，表聞於朝。富弼通判鄆州，元昊反陳八事，議者以爲有宰相之器，召還。

吕公著之有賢行，唐子方之不背案。歐陽知潁州，吕公著爲通判，有賢行而深自晦匿。潭州巨賈私藏蚌胎，太守而下輕其估，悉自售焉。唐介時謫潭，倅分珠，獄發。仁宗曰：『唐介必不賢〔一〕買。』案其奏，覆覽之，果然。

避通名而稱倅州，與舍人而秉匀軸。高宗，陸寘爲明州通判。寘云：『寘乃内侍王通之客，避通名，改稱倅州〔二〕。』今浙東呼通判爲府判者，自寘始也。吕許公通判濱州，王文正謂王沂公曰：『此人異日與舍人對秉匀軸。』果然。

〔一〕　今按：『賢』，當爲『肯』。

〔二〕　今按：『倅州』，《建炎以來繫年要録》卷七十三、《天中記》卷三十四皆作『府判』。

五月除少卿，六月知樞密院。太宗朝，河南通判劉昌言賜對稱旨，五月除少卿，六月知樞密院。

水晶燈器，鱷魚屏息。劉隨成都通判，嚴明通達，謂之水晶燈器。陳堯佐通判潮州，潮之鱷溪〔一〕，鱷魚食人，公命捕得，以文告而戮之，鱷魚屏息。

不屈勳貴，使稟正朔。王濟通判鎮州，牧守倨貴，未嘗屈撓。戎卒爲盜，得斬數輩。孫進使酒，杖送闕下，軍府畏肅，三詔褒獎。蘇文忠公通判杭州，高麗入貢，使者驕横，公却之曰：『高麗於本朝稱臣，而不使外夷發幣，於官書稱甲子，吾安敢受之？』使者易書，稱熙寧，然後受之。

罷歸内侍，杖黥猾吏。仁宗，劉沆通判舒州，州有獄，數日决之。章獻太后修山谷寺，資聖浮屠。内侍章懷信督役，沆抗言於朝，罷懷信歸。孫昭遠通判滑州，兵馬司吏王賓結宦官，横甚。公一日攝郡事，有訟賓者，捕致獄，籍家杖而黥之。

奏除農器算，請置常平倉。吕夷簡通判濠州，往河北按行水灾，還，奏田器有算，非所以重本，請除之。因詔天下農器皆免算。王旦通判鄭州，以抑兼並。

〔一〕今按：『鱷溪』，《東都事略》卷四十四、《古今事文類聚》外集卷十二皆作『惡溪』。

罷修寺觀，減定木數。天聖建太一宫洪福院，市木于陝西，通判陳州范仲淹言：『宜罷修寺觀，減定常歲市木之數。』事雖不行，以仲淹爲忠。

從便受粟，左右軍政。曾子固通判，歲饑，喻屬縣召富人，使自實粟，數得十五萬石，民得從便受粟，食有餘。趙抃通判泗州，泗守昏不事事，公左右軍政。

濟之以寬，争之以事。蔡濟〔一〕通判兖州，太守王臻治政嚴急，齊濟之以寬。王質通判蘇州，與知州黄宗旦數争事，宗旦以術得盜錢人，王質云云，宗旦貸其罪。

席益曰：『州郡置倅，所以佐郡守之治。入則貳政，出則按縣。』元豐詔：『諸路監分司具到部，通判治狀最優，有未經朝廷任使者，令書籍其姓名。』

一疏留中，二疏付中書。司馬光通判并州，疏三上，一留中，二付中書。

平戎十策，利害八事。張方平通判睦州，元昊欲叛，獻平戎十策。元昊叛上，利害八事。

請倅滄州，召入史館。陳瓘自館職，請外補倅滄州。孫何通判陝州，召入史館，遷秘書、京西轉運史。

〔一〕今按：『蔡濟』，《宋史》卷二百八十六作『蔡齊』。

王隨直史館，李及戮奸民。王隨通判同州，代還直史館，爲京西轉運。李及通判曹州，斬趙諫。

自叙：雌伏，聾丞。別駕治中，持板拜，刺史答拜。《職林》。

荊州從事，見上。揚州別駕。顧球爲揚州別駕，顧榮曰：『卿步速，君孝超卿矣。』顧和字君孝。

『題輿佐岳，無轉驥之能。』陳子昂《表》。自放山澤間，湮厄感鬱一寓諸史〔一〕。柳宗元永州司馬。

精語：『惟司馬綽可以從容於山水詩酒間。』白樂天《江州司馬壁記》。『宜膺受服之寵，復踐端寮之列。』

杜詩：『半刺已翺翔，號略鼎湖傍。』《岑參虢州長史》。劉禹錫：『案牘來時惟署字，風烟入興便成章。』李：『爾佐宣城郡，守官清且閑。』『朱紱白銀章，上郡〔二〕佐鄱官。』《鄱陽司馬》。岑參《送懷州別駕》：『覃懷人總喜，別駕得王商〔三〕。』坡：『風流別駕貴公子。』『別有風流

〔一〕今按：『史』，《唐宋八大家文鈔·柳州本傳》作『文』。

〔二〕今按：『上郡』，《李太白文集》卷十四、《李太白集注》卷十八皆作『上官』。

〔三〕今按：『王商』，《御定全唐詩》卷二百、《唐詩品彙》卷六十一皆作『王祥』。

半刺史。』『欲問君王乞符竹，但憂無蟹有監州。』『曾子獨超軼，孤蘆陋群研[一]。』《曾子固》。『風流半刺史，清絶校書郎。』

朱文公：『池陽實天藩，佐单屈時英。』山谷：『朱紱蹉跎晚監郡，吟風弄月思天衢。』介甫：『中和助宣布，循吏綴前芳。』誠齊：『太守九秋霜，通守三春風。』『看取吹嘘送上天。』同。

『畫堂五入容旗旄。』坡。『三年佐郡神明政，一旦歸期父老心。』孔毅。杜詩：『名參漢望苑，職述景題輿。』

判刺縱辱，□□倅□。通守，郡丞，治中，别乘。詔下十行，寵分半刺。詔撿中班[二]，屏星夙駕。中疏一札，外贊六條。陪京地重，别駕官尊。十行疏寵，分湖山風月之寄；别駕展軨，傾邦國江河之望。聊爾平分於風月，歸與直上於雲霄。竊伏海濱，未快屏星之睹；栖遲嶺表，佇瞻紫氣之來。綰兩郡之綬，夕引道以何嫌；駕一乘之車，宿舂粮而亟至。陳仲舉以題輿而擅美，何恭祖以麗幘而馳情。裂名城而共理，雖專守土之權；半刺史

[一] 今按：此句，《東坡全集》卷二、《東坡詩集注》卷十五皆作『孤芳陋群妍』。
[二] 今按：『詔撿中班』，周必大《文忠集·賀邢倅孝肅啓》作『詔檢中頒』。

以分輝，尤重監州之選。霞佩錦裳，雖少綏雲霄之步；星屏泥軾，不妨尋風月之盟。煌煌泥軾，用彰賢德之臨；奕奕佩刀，已有公輔之望。景郇堂上，不妨風月之分；文石陛中，即布雲霄之武。重拂青氈，賡潯陽琵琶之曲；行持紫橐，聽長樂鍾鼓之聲。岸司馬之幘，恐未款於笑吟；趣舍人之裝，倚縱觀於騰踔。誰云闈彥暫煩風月之分，端恐鋒車促下雲霄之遠。

皇極四　三三章

守令父母加恩

杜詩《賀陽郡王大夫人，恩命加鄧國大夫人》：『衛幕銜恩重，潘輿送喜頻。衛青幕喻衛伯玉。潘岳賦大夫人御板輿，喻鄧國大夫人。濟時參〔一〕上將，錫號戴慈親。郡依封土舊，國與大名新。仍陽城加郡公。紫誥鸞迴紙，清朝燕賀人。遠傳冬笋味，更覺綵衣春。奕葉班姑史，芬芳孟母鄰。義方兼有訓，詞翰兩如神。委曲承顔體，騫飛報主身。可憐忠與孝，雙美畫麒麟。』

〔一〕今按：『參』，《杜詩詳注》卷二十一、《九家集注杜詩》卷三十四皆作『瞻』。

皇極四　三四章

守令覲省

杜詩《送殷參軍衛州〔一〕覲省》：『佳士欣相見，慈顔望遠遊。甘從投轄飲，肯作置書郵。高鳥黄雲暮，寒蟬碧樹秋。湖南冬不雪，吾病得淹留。』

皇極四　三五章

守令侍親

杜詩《送王判官扶侍還黔中》：『大家東征逐子回，風生洲渚錦帆開。青青竹笋迎船出，白白江魚入饌來。離别不堪無限意，艱危深仗濟時才。黔陽信使應稀少，莫怪頻頻勸

〔一〕今按：『衛州』，《杜詩詳注》卷二十三、《九家集注杜詩》卷三十五作『澧州』。

酒杯。』《送舅崔偉録事之攝郴州》：『舟鷁排風影，林烏反哺聲。舅侍母行。』

嚴母之驚，雋母之怒。延年河南太守，陰熱酷烈。母從東北來，見報囚大驚，不肯入府，東歸掃墓。雋不疑京兆尹，多所平反，母喜。或無所出，母怒。

景讓之立庭，薛惠之不能。李景讓在浙西，牙將忤意，杖之而斃，軍中將爲變。母立景讓於庭而責之，遞〔一〕其衣將撻背，久乃釋之，軍中遂安。薛宣子惠爲彭城令，宣嘗過，心知惠不能，不問以吏事。

皇極四　三六章

守令子弟

杜詩《登兖州城樓》公父爲兖州司馬：『東郡趨庭日，南樓縱目初。浮雲連海岱，平野入青徐。孤嶂秦碑在，荒城魯殿餘。從來多古意，臨眺獨躊躇。』

〔一〕今按：『遞』，當爲『褫』。

皇極四　三七章

守令賓客

杜詩：『南謁裴施州，氣合無險僻。聽子語此邦，令我心悦繹。』『柳侯披衣笑，見我顔色温。并坐石堂下，俯視大江奔。』

韓文《郴州李使君》：『歷貴府而西邁，邇清光於暫覯。俟新命於衡陽，費薪芻於館候。空大庭而見處，憩樹木之幽茂。逞英心於縱博，沃煩腸以清酎。航北海之空明，覷鱗介之驚透。宴州樓之豁達，衆管啾而並奏。得恩惠於新知，脱窮愁於往陋。』

卷之三十七

皇極四　三八章

禄

凡厥正人，既富方穀。正人者，在官之人。富，禄之也。穀，善也。蔡沈曰：『在官之人有禄，可仰然後可責以善。』

班禄，世禄。内其禄而外其身，禄益厚而施益博。仕之善者曰：『聞仕君者，内其禄而外其身。』丈人曰：『禄厚者怨歸之。』叔敫曰：『吾禄益厚，吾施益博。』《韓外》。

《易・夬・象》：『澤上於天，夬。君子以施禄及下。』

《書》：『克綏先王之禄。』『禄不期侈。』

《詩》：『嘉樂君子，顯顯令德。宜民宜人，受禄于天。保佑命之，自天申之。受天百禄，干禄百福。』

《中庸》子曰：『故大德必得其禄。』『忠信重禄，所以勸士也。』忠信重禄，謂待之誠而養之厚。《孟子》北宫錡問曰：『周室班禄也，如之何？』『大國地方百里，君十卿禄，卿禄四大夫，在官者同禄，禄足以代其耕也。次國地方七十里，君十卿禄，卿禄三大夫，在官者同禄，禄足以代其耕也。小國地方五十里，君十卿禄，卿禄二大夫，在官者同禄，禄足以代其耕也。庶人在官者，其禄以是爲差。』『無常職而賜於上者，以爲不恭也。』『不與食天禄也。』《記·王制》：『王者之制禄：卿四大夫禄，君十卿禄。次國之卿三大夫禄，君十卿禄。小國之卿倍大夫禄，君十卿禄。』

《周禮·地官·司徒》：『凡建邦國，以土圭土其地。諸公之地，封疆方五百里，其食者半；諸侯之地，封疆方四百里，其食者參之一；諸伯之地，封疆方三百里，其食者參之一；諸子之地，封疆方二百里，其食者四之一；諸男之地，封疆方百里，其食者四之一。』

《語》：『子張學干禄。子曰：「多聞闕疑。慎言其餘，則寡尤；多見闕殆，慎行其餘，則寡悔。言寡尤，行寡悔，禄在其中矣。」』子曰：『三年學，不志於穀，不易得也。』子曰：『君子謀道不謀食。耕也，餒在其中矣。學也，禄在其中矣。君子憂道不憂貧。』

《左·昭元》叔向曰：『底禄以德。』德之厚薄，致禄因之。《襄·廿七年》公孫免餘曰：『下有上禄，亂也。』《昭·廿年》仲尼曰：『君子不食奸。』如公孟不善而受其禄，是食奸也。

賜大夫禄，賜尚書禄。漢景武之間，石奮、周仁、張歐歸老于家，或賜大夫禄，或賜二千石禄。鄭均告歸，賜尚書禄。肅宗。

仍賜全禄，不受致邑。宗璟致仕，仍賜全禄。曾子弊衣耕魯，魯君致邑。致爲邑使得禄。不受，曰：『吾聞受人者畏人，與人者驕人，縱君不畏〔一〕，吾豈勿畏？』

伊尹不顧，孟子不受。孟子曰：『伊尹非其義也，非其道也，禄之以天下不顧也。』王謂時子曰：『我欲中國而授孟子室，養弟子以萬鍾。』孟子曰：『如使余欲富，辭十萬而受萬，是爲欲富乎？』公孫丑問曰：『仕而不受禄，古之道乎？』曰：『非也。於崇，吾得見王。退而有去志，不欲變，故不受也。繼而有辭命〔二〕，不可以請。久於齊，非我志也。』孔氏曰：『仕而受禄，禮也。不受卿禄〔三〕，義也。義之所在，禮有時而變。公孫丑欲以一端裁之，不亦誤乎！』新安陳氏曰：『不受卿禄，此孟子最高處。』

《樂記》：『武王克殷反商，庶士倍禄。』《儒行》：『難得而易禄也，易禄而難得〔四〕也。』

〔一〕 今按：『畏』，當爲『驕』。
〔二〕 今按：『辭命』，《十三經注疏》本《孟子》作『師命』。
〔三〕 今按：『卿禄』，《孟子纂疏》卷四、《孟子纂箋》卷四皆作『齊禄』。
〔四〕 今按：『難得』，《十三經注疏》本《孟子》作『難畜』。

先勞而後禄，不亦易禄乎？』孟子曰：『萬鍾則不辨禮義而受之，萬鍾於我何加焉？爲宫室之奉〔一〕，妻妾之奉，所食〔二〕窮乏者得我與。梅福曰：『禄者，天下之砥石，高祖所以砺世磨鈍也。』

給禄旌潔吏，王丘。加料待老臣。蕭昕德宗。

魏之班禄，唐之給俸。魏太和八年始班禄，議贓一匹枉法，無多少皆死。秦益〔州〕刺史李洪之，以外戚貴顯，首以贓敗死，餘守宰死者四十餘人。受禄者無不跼蹐，賕賂殆絶。唐開元六年，始加賦以給官俸。唐初，州縣官俸皆令富户掌錢出息以給之，多破産者。秘書監崔沔請計州縣官俸於百姓，常賦之外微有所加，以給之從之。書法：『書加賦，何譏也！』

杜詩：『厚禄故人書斷絶，恒饑稚子色凄凉。』簡齊：『斗粟淹吾駕，浮雲笑此生。』《書》：『四海困窮，天禄永終。』《揚子》：『聖人重其道而輕其禄，衆人輕其道而重其禄。』《孔叢子》子思喟然曰：『鰥雖難得，貪以死餌。士雖懷道，貪以死禄。』《書》：『世禄之家，

〔一〕今按：『奉』，《十三經注疏》本《孟子》作『美』。
〔二〕今按：『食』，《十三經注疏》本《孟子》作『識』。

鮮克由禮。』《孟》：『昔者文王之治岐也，仕者世禄。』朱子曰：『世禄者，先王之世仕者之子孫皆教之，教之而成才則官之，如不足用，亦使之不失其禄。蓋其先世嘗有功德於民，故報之如此，忠厚之至也。』『夫世禄滕固行之矣。』朱子曰：『仕者世禄，王政之本也。蓋世禄者授之土田，使之食其公田之入。』《左・襄廿四》范宣子曰：『古人有言曰：「死而不朽」，何謂也？』宣子曰：『昔匄之祖，自吳以上爲陶唐氏，在夏爲御龍氏，在商爲豕韋氏，在周爲唐杜氏，晉主夏盟爲孟氏〔一〕，其是之謂乎？』穆叔曰：『此之謂世禄，非不朽也。若夫保姓守氏〔二〕，以守宗祊，世不絶祀，無國無之。禄之大者，不可謂不朽。』

『曾子仕於莒，得禄〔三〕三秉。方是之時，曾子重其禄而輕其身。親没之後，齊迎以相，楚迎以令尹，晉迎以上卿。方是之時，曾子重其身而輕其禄。』《韓詩外傳》。

《坊記》子云：『君子與其食浮於人，寧使人浮於食。』德薄禄厚，是食浮於人。子云：『有國家者，貴人而賤禄，則民興讓。』貴有德之人。

《表記》子言之『受禄不誣』，言不素餐也。子曰：『事君，大言入則望大利，小言入則望

〔一〕今按：『孟氏』，《十三經注疏》本《孟子》作『范氏』。
〔二〕今按：『守』，《十三經注疏》本《孟子》作『受』。
〔三〕今按：『禄』，中華書局許維遹《韓詩外傳集釋》作『粟』。

報小利。故君子不以小言受大禄，不以大言受小禄。易曰：「不家食吉。」』小言而大禄則報逾其分，大言而小禄則君不我知。王氏曰：『此非孔子之言。』

《射義》：『必先有志於其所有事，然後敢用穀也，飯食之謂也。』人臣乃以先盡職事，而後敢食君之禄者，正以始生之時先射天地四方，而後使其母食之也，故曰飯食之謂也。

《周禮》：宫正均其稍食。月終則會其稍食。

魏成子食禄日千鍾，什一在内以聘天下之士，是以得卜子夏、田子方、段干木。《韓詩外傳》。

杜詩：『月分梁漢米，春給水衡錢。』

小吏之俸，漢帝益之。神爵三年，益小吏俸漢宣。詔曰：『吏不廉平，則治道衰。今小吏皆勤事而禄俸薄，欲無侵漁百姓，難矣。其益吏百石已下俸十五。』書法：『勸廉也，帝於是可謂知本矣。』

俸禄之獲，唐臣散之。唐李襲譽性嚴整，以威肅聞，凡獲俸禄，必散之宗親。

皇極四　三九章

禄秩 林駉

論：古人制禄之意有三：優外官，一也；優小吏，二也；優故老，三也。夫外官加優，則勉於治民而無侵漁之患；小吏加優，則廉於處己而無喪節之耻；故老加優，則來者知勸而勉於事功矣。古制，内諸侯則畀之以禄而不以世嗣，外諸侯則得以世仕而不至於世禄。其爲優外官可知也。方五百里者，其半入於天子；則方百里者，亦如之今。其所食者，極於七十里，是入於天子者，將四之一而已。其爲優小吏可知也。《王制》。自卿以下，必有圭田五十畝，而使隸農治之，則特免其征税之入，是又優老重賢之恩也。《孟子》。漢其制秩之權有三：或陞秩以答一時之勳勞，或加秩以示一時之恩意，或貶秩以責後日之功效。

漢制，侯相真二千石，郡守二千石，太中大夫比千石，諫大夫八百石，博士比六百石。然公孫弘、董仲舒本博士秩爾，遷左内史，則爲中二千石。補江都相，則爲真二千石，以内秩之畢。嚴助、主父偃本中大夫秩爾，守會稽則爲二千石，補齊相則爲真二千石，當外秩之崇。所以使之樂於治郡而無輕外之心。此憂外秩何如也？漢以中二千石而至於百石，所以禄守令者如此。然號二千石者，月得俸百二十斛，計之一年止於千餘。號百石者，月得俸十六斛，計之一年，幾於二百。内而郡令丞亦如之，足見大吏之數虧而小吏之數優，故部刺史秩六百石而縣令至秩千石，中郎侍郎不過三百四百石，而五官三將户騎乃秩比二千石，皆漢人以養小吏廉潔之操。此優小吏何如也？至於公卿，辭禄歸老于家，往往亦賜之禄，有如石奮自諸侯相以下大夫禄歸老，周仁自郎中令以二千石禄歸老，張歐自御史大夫以上大夫禄歸老，貢禹爲諫大夫秩至八百石以光禄大夫養病，乃享二千石之厚秩。夫歸老于家，至過其禄而與之，其爲優老重賢之意，又何如也？

唐太宗減冗汰煩，約爲中制，今以制觀之，有愧於古多矣。漢之縣令千石，而唐一品七百石；漢之刺史六百石，而唐從一品六百石；唐二品者五百石，而漢之博士比六百石；唐從二品者四百六十石，而漢之縣長五百石。以此爲失與？曰非也。職分之田，尋遷貧户税畝給粟，其制隨紊。公廨之田，寺監關鎮各有頃數，其費太冗。公廨之田，任居市肆恣其回易，其法甚悖。以此爲失與？曰非也。

國子博士啼飢託諷，韓。廣文先生無氈賦詩。杜。唐之待小吏太簿，非漢人之制矣。州郡刺史月給千緡，藩鎮帥臣動加十倍。唐之待外臣太重，非漢人之意矣。致仕半禄見於建中，歸老半料見於貞元。然間見於元老舊臣，非若漢人之有常制，此所以有愧於漢也。

宋：前代俸給未有實數也，雍熙則給之。前代俸給未有實錢也，祥符則給之。前代俸給未有職田也，咸平則給之。不惟此爾，省冗員之費而益職官之俸，則開寶制也。省宫掖之費而優官吏之禄，則寶元制也。不惟此爾，外官供給按月而支，紹興。選人之職增以禄米，熙寧。淳化致仕，俸半本官。外官職田，隨地而均，慶曆。何優也。巡尉之官，給以全俸，慶曆。何厚也。景祐致仕，俸同分司，何其賞之醲也。雖然俸禄鮮薄責廉無謂，此開寶天子之語。是語也，大臣言之亦可也。爲士夫而介之於此，得無不可乎？出仕之初不念温飽，王公曾未嘗以禄秩爲意。梓州之俸推濟窮民，扈稱未嘗以外請爲念。歸第之日納還俸券，富弼未嘗容心於祠禄。風雨如晦，鷄鳴不已，愚故曰養廉之初〔一〕在朝廷，不可不厚；自養之學在士大夫，不可不勉。

汝不能使有好于而家，時人斯其辜。蔡沈曰：『廩禄不繼，衣食不給，不能使其和好于而家，則是人將陷於罪戾矣。』

〔一〕今按：『初』，《四庫全書》本林駉《古今源流至論》作『禮』。

皇極四　四〇章

廩禄不繼

韓：『三爲博士，冗不見治。冬暖而兒呼寒，年豐而妻啼飢。』『太學四年，朝虀暮鹽。』杜：『甲第紛紛厭粱肉，廣文先生飯不足。』林駉：『國子博士啼飢託諷，廣文先生無氈賦詩。』

介之推之不言禄，禄亦不及；李太白之粱未足，謗亦何頻。《左・僖廿四》：『晉侯賞從亡者，介之推不言禄，禄亦不及。推曰：「且出怨言，不食其食。」』杜詩：『稻粱求未足，薏苡謗何頻。』『于其無好德，汝雖錫之福，其作汝用咎。』蔡沈曰：『於其不好德之人而與之以禄，則爲汝用咎惡之人也。此言禄以與賢，不可及惡德也。』

皇極四　四一章

德不稱禄

《淮南子》曰：『天下有三危：身無大功而有厚禄，三危也。』《韓詩外傳》：『禄過其功者，削。』

王嘉之諫，皇甫之策。哀帝益封董賢二千户。丞相王嘉封還詔書，諫曰：『臣聞爵禄土地，天之有也。《書》曰：「天命有德，五服五章哉！」王者代天爵人，尤宜慎之。不得其宜，則衆庶不服。高安侯賢，佞幸之臣，陛下傾爵位以貴之，殫貨財以富之，損至尊以寵之。』下獄不食，嘔血而死。皇甫規策：『夫德不稱禄，猶鑿墉之趾以益其高，豈安固之道哉？』杜詩：『侏儒應共飽。』『恐懼禄位高。恐其任重。』

皇極四　四一章

無偏

蔡沈曰：『偏，不中也。陂，不平也。』

中和也。堯咨爾舜曰：『允執其中。』舜曰：『人心惟危，道心惟微。惟精惟一，允執厥中。』《仲虺之誥》曰：『王懋乃德，建中于民〔一〕。』

《孟子》曰：『湯執中。』《湯誥》曰：『惟皇上帝降衷于下民。』真德秀曰：『漢儒以衷爲善，臣謂衷即中也。』又曰：『數聖相傳，唯一中道。中者何？其命出於天地，民受之以生者也。其理散於事事物物之間，莫不有當然之則，不可過，不可不及，是所謂中也。聖人迭興，以此爲制治之准的。曰執者，操之以揆事也。曰建者，立之以範民也。其體則極天理之正，是名大中；其用則酌時措之宜，是名時中。聖賢傳授道德〔二〕，此其首見於經者。然

〔一〕今按：此句，《十三經注疏》本《尚書》作『王懋昭大德，建中於民。』

〔二〕今按：『道德』，華東師範大學出版社真德秀《大學衍義》卷十一作『道統』。

必於危微精一用其功，然後有以爲執中之本。』

《中庸》：『喜怒哀樂之未發謂之中。中也者，天下之大本也。致中，天地位焉。』朱子曰：『自戒懼而約之，以至於至静之中，無所偏倚，而其守不失，則極其中而天地位矣。』仲尼曰：『君子中庸，小人反中庸。君子之中庸也，君子而時中。小人之反中庸也，小人而無忌憚也。』子曰：『中庸其至矣乎？民鮮能久矣。』子曰：『舜其大智也與？用其中於民，人皆曰余智。擇乎中庸，而不能期月守也。』子曰：『回之爲人也，擇乎中庸。』『中庸，不可能也。』程子曰：『不偏之謂中。中者，天下之正道。』朱子曰：『中者，不偏不倚，無過不及，而平常之理，乃天命所當然，精微之極致也。』雲峰胡氏曰：『中和之論，發於子思。中庸之論，本於仲尼。』《記》哀公問子貢曰：『敢問將何以爲此中者也？』子曰：『禮乎禮，夫禮所以制中也。禮有節，以禮裁制之，使中其節，則無過亦無不及矣。』

《易·坤》六五《象》曰：『黄裳元吉，文在中也。』文言曰：『君子黄中通理，正位居體，美在其中而彰於四支，發於事業，美之至也。』《需》九五《象》曰：『酒食貞吉，以中正也。』《訟·象》曰：『利見大人，尚中正也。』《師》六五《象》曰：『長子帥師，以中行也。』《比》九五《象》曰：『顯比之吉，位正中也。邑人不戒，上使中也。』《同人》九五《象》曰：『同人之先，以中直也。』《隨》九五《象》曰：『孚于嘉吉，位正中也。』《復》六五《象》曰：『敦復無悔，中以自考也。』《離》六二《象》曰：『黄離元吉，得中道也。』《壯》九二《象》曰：『九二貞吉，以中也。』《解·象》曰：『其來復吉，乃得中也。』《井·象》曰：『改邑不改中〔一〕，乃以剛中也。』九三《象》曰：『寒泉之食，中正也。』《坎·象》曰：『維心亨，乃以剛中也。』九二《象》曰：『求小得，未出中也。』

汪廷直曰：『君子所養，貴乎中而已，太剛則至於絶物，太柔則至於喪己。干木泄柳，太剛者也。曾路所譏，太柔者也。孔子於貨之饋而往拜，則與太剛者異矣。拜之必瞰其無，則與太柔者異矣。所以無可無不可而爲聖之時也。孟子前言二子之所行以明其過，後述曾路之所言以明其不及，中舉孔子事以明聖人之用中。然則孟子之不見諸侯，守其分義之中而已。』

《孟子》：『子莫執中，執中爲近之。執中無權，猶執一也。』程子曰：『中字最難識，須是默識心通。且試言：一廳則中央爲中，一家則廳非中而堂爲中，一國則堂非中而國之中爲中。推此類可見矣。』又曰：『中不可執也，識得則事事物物皆有自然之中，不待安排着，安排着則不中矣。』問《書》之『允執厥中』與『子莫執中』之説，二者分卞如何？潛室陳氏

〔一〕今按：『中』，當爲『井』。下句『九三』，當爲『九五』。

曰：『允執厥中，乃時中之中，觸處是道理，活法也。子莫乃執一以爲中，死法也，霄壤之異。』朱子曰：『道之所貴者中，中之所貴者權。』楊氏曰：『禹稷三過其門而不入，苟不當其可，則與墨子無異。顔子在陋巷不改其樂，苟不當其可，則與楊子無異。子莫執［中］，爲我兼愛之中，而無權，鄉鄰有鬥而不知閉户，同室有鬥而不知救之，是亦猶執一耳。故孟子以爲賊道。禹稷顔回易地則皆然，以其有權也，不然，則是亦楊墨而已矣。』

中 林駉

有大本之中，有時中之中。大本之中，『中者天下之大本』是也。時中之中，『君子而時中』是也。蓋未發之中，猶地中之中；時中之中，猶日中之中。程氏論大本之中也，曰喜怒哀樂未發，寂然不動也。曰亭亭當當，直上直下之正理也。論時中之中也。曰過門不入，禹稷之世爲中。居於陋巷，顔子之時爲中。如一家一國之推也。曰當手足之胼胝，則於此爲中。當閉户而不出，則於此爲中。如秤權之義也。雖然，程氏之答吕大臨問中之書必謂喜怒哀樂之未發，答蘇季明求中之問則謂存養於喜怒哀樂之未發，其論大本之中自未發之外無餘説矣。至時中之問，斷然以難識告之，必使默識心通而後已。嗚呼！楊墨之兼愛爲我滯於一偏之失，子莫之固執又舉一而廢百。夫萬變者時也，萬殊者事也，萬類者物也。當此時，則此爲中；於彼時，則非中矣。當此事，則此爲中；於彼事，則非中矣。即是物，則此爲中；於他物，則非中矣。蓋其所以爲中者，天理之所存也。程氏所以深切告語者，慮其一動不謹，必爲吾道之賊也。故愚爲之説曰：堯舜湯武之征遜不同而同於中，夷惠之出處不同而同於中。三仁之死生不同而同於中，顔孟之語默不同而同於中。明夫此則可與論時中之義也。然程子曰：『言和，則中在其中；言中，則含喜怒在其中。』學者以大本之中時中之中，參稽而互考之則思過半矣。

端午，爲天中節。

皇極四　四三章

反

《中》：『小人反中庸。小人之反中庸也，小人而無忌憚也。』子曰：『道之不行也，我知之矣，智者過之，愚者不及也；道之不明也，我知之矣，賢者過之，不肖者不及也。』『擇乎中庸而不能期月守也。』『中庸不可能也。』《孟》：『子莫執中。執中爲近之，執中無權，猶執一也。』《記》仲尼燕居，子曰：『師爾過，而商也不及。子産猶衆人之母也，能食之，不能教也。』母道有餘，父道不足。有餘者，爲過；不足者，爲不及。子貢越席而對曰：『敢問將何以爲此中者也？』子曰：『禮乎禮，夫禮所以制中也。』

皇極四　四四章

附和順也

唐以二月朔爲中和節。玉燭慶時和。胸中有至和。一曲奏雲和。兀坐養天和。

《中庸》：『發而皆中節，謂之和。和也者，天下之達道也。致和，萬物育焉。』朱子曰：『自謹獨而精之，以至於應物之處，無少差戮而無適不然，則極其和而萬物育矣。』

《書·咸有一德》：『惟和惟一。』《君陳》：『從容以和。』《君牙》：『弘敷五典，式和民則。』《顧命》：『率循大卞，燮和天下。』《堯典》：『燮和萬邦，黎民於變時雍。』《揚子》或問泰和，曰：『其在唐吴成周乎？觀《書》及《詩》，温温乎其和可知也。』『立政鼓衆，動化天下，莫尚於中和。中和之廢，在哲明民情。』或曰載設使子草律，曰：『吾不如弘恭。』草奏，曰：『吾不如陳湯。』曰何爲？曰：『必也律不犯，奏不剡。』『甄陶天下者，其在和乎！』《書》：『蔡仲之命，以和兄弟。』《無逸》：『用咸和萬民。文王。』《洛誥》：『和恒四方民。』《康誥》：『播民和。』

杜詩：『大曆三年調玉燭，玄元皇帝聖雲孫。』『君臣重修德，猶足見時和。』『鳳曆軒轅記，龍飛四十春。八荒開壽域，一氣轉洪鈞。』

山谷詩：『惟王調玉燭。』『玉燭四時和。』杜：『春氣漸柔和。』《選》：『首夏正清和。』『春風扇微和。』陶。『榴花養太和。』劉。『東風淑氣和。』『明時喜太和。』

皇極四　四五章

反

《書·多方》：『自作不和，爾惟和哉！爾室不睦，爾惟和哉！不克敬于和，則無我怨。』李白詩：『陽和變殺氣。』杜甫詩：『元和辭大鑪。』杜詩：『因知憂氣損天和。』〔一〕

〔一〕今按：杜甫詩中未查到此語。《韓昌黎文集》卷三《寒食日出遊》有『自然憂氣損天和』詩句。

皇極四　四六章

平正也，均也

《語》：『君子坦蕩蕩。坦，平也。』

《中》：『君子居易以俟命。易，平也。』

老子曰：『大道甚易而民好徑。』朱伸曰：『易者，中庸也。』西凉公暠戒子曰：『吾事任公平，坦然無私。』荀子曰：『仁人在上則農以力盡田，賈以察盡財，百工以巧盡器械，士大夫以上至於公侯莫不以仁厚智能盡官職，夫是之至平。故或禄天下而不自以爲多，或監門御旅抱關擊柝而不自以爲寡，故曰斬而齊，枉而順，不同而一，夫是之謂人倫理。』

《選・東京賦》：『植華平於春圃。華，平瑞木也。天下平其華亦平，有不平處，其華則向其方傾。』『何幸際昇平。』『政化平如水。』

皇極四　四七章

反

《中庸》：『小人行險以徼幸。』朱伸曰：『險者，反中庸。』《詩》：『赫赫師尹，不平謂何？』『昊天不平，我王不寧。』《易·泰》九三：『無平不陂。』尹起莘發明曰：『宰相代天理物，均平四海，故伊尹爲世阿衡，周公旁作迓衡，皆取公平無私之意。德裕相唐，雖有威制方鎮之功，仰視伊、周，猶丘垤之於泰、華，而志得意滿，忿忮盈溢。既以私意貶僧孺流宗閔，今又恣其恨愎，不用國法殺戮搢紳，其何以愜服人心，而處持衡之地哉！故《綱目》於吴湘之死，書殺書官江都令。以罪之爾。湘，武陵兄子，德裕素惡武陵。他時吴汝納湘兄。追訟其寃，而德裕有潮陽之貶，尚誰咎與？』

無有作好。

皇極四　四八章

好當於理

《語》：『惟仁者能好人。』程子：『仁者，用心以公，故能好人。』子曰：『衆好之，必察焉。』子曰：『吾之於人也，［誰毁］誰譽？如有所譽者，其有所試矣。』范氏曰：『人主不可以有偏好，偏好者，奸邪之所趨而讒賊之所入也。《書》曰：「惟精惟一，允執厥中。」夫如是，則衆莫得而攻之矣。』

《大學》曰：『民之所好好之，此之謂民之父母。』

《表記》子曰：『無欲而好仁者，天下一人而已矣。無欲而好仁，則所好莫非仁，自仁之外，別無他好也。』

《緇衣》子曰：『好賢如《緇衣》，則爵不瀆而民作願。好賢必如《緇衣》之篤，則人知上之誠好賢矣，不必爵命之勸，而民自起願心以敬上，故曰爵不瀆而民作願。

《緇衣》：『唯君子能好其正，小人毒其正。故君子之朋友有鄉，其惡有方。是故邇者不惑，而遠者不疑也。』馬氏曰：『朋友有鄉，所謂直也，諒也，多聞也。其惡有方，所謂便僻也，善柔也，便佞也。朋友有鄉，君子所以致其好也。其惡有方，君子所以致其惡也。』傳曰：『誠善善，知敬之本。』《韓詩外傳》。『好惡喻乎百姓，則下應上如影響矣。』同。

皇極四　四九章

作好

《語》：『愛之欲其生，是惑也。』范氏曰：『人主不可以有偏好，偏好者，奸邪之所趨而讒賊之所入也。』見上。

《表記》子曰：『仁之難成久矣，人人失其所好。』

《緇衣》：『輕絶貧賤，重絶富貴，則好賢不堅，而惡惡不著也。人雖曰「不利」，吾不信也。』方氏曰：『可友者以其賢，可絶者以其惡。然賢者不必富貴，惡者不必貧賤，苟輕絶貧賤，而重絶富貴，則勢利之交而已。』

《緇衣》子曰：『私惠不歸德，君子不自留焉。』吕氏曰：『此章言君子所好既不容私，亦不欲人之私好我也。私惠於我，知其不足以歸德，君子亦不愛也，故曰君子不自留焉。』

『好人之所惡，是謂拂人之性，灾必逮夫身。』《大學》。

無有作惡。

皇極四　五〇章

惡當於理

《語》子曰：『唯仁者能惡人。』程子曰：『仁者用心以公，故能惡人。』子曰：『衆惡之，必察焉。』子曰：『吾之於人也，誰毁？』

《大學》曰：『民之所惡惡之，此之謂民之父母。』

《表記》子曰：『無畏而惡不仁者，天下一人而已矣。』無畏而惡不仁者，所惡無非不仁，自不仁之外，别無他惡也。

《緇衣》子曰：『惡惡如巷伯，則刑不試而民咸服。』惡惡必如巷伯之深，則人知上之誠惡惡矣。不必刑罰之施而民自畏服，故曰刑不試而民咸服。

《緇衣》子曰：『惟君子能好其正，小人毒其正，故君子之朋友有鄉，其惡有方。是故邇者不惑，而遠者不疑也。』

傳曰：『誠惡惡，知刑之本。』《韓詩外傳》。魏文侯問李克曰：『人有惡乎？』李克曰：

『有，夫貴者，賤者惡之；富者，貧者惡之；智者，愚者惡之。』文侯曰：『行此三者，使人勿惡亦可乎？』李克曰：『臣聞，貴而下賤，則衆不惡也；富能分貧，則窮士不惡也；智而教愚，則童蒙不惡也。』《韓詩外傳》。

《大學》：『唯仁人放流之，迸諸四夷，不與同中國。』

皇極四　五一章

作惡

《語》：『惡之欲其死，是惑也。』『人而不仁，疾之已甚，亂也。』

《大學》：『惡人之所好，是謂拂人之性，灾必逮夫身。』

《緇衣》：『輕絶貧賤，而重絶富貴，則好賢不堅，而惡惡不著也。人雖曰「不利」，吾不信也。』

馬氏曰：『賢者宜富貴，而富貴者未必皆賢；惡者宜貧賤，而貧賤者未必皆惡。』以其貧賤而輕有以絶之，則是好賢不堅也。以其富貴而重有以絶之，則是惡惡不著也。是志在於利而不在於道，人雖曰「不利」者，吾不信也。

無偏無黨。偏，不中也。

皇極四　五二章

致中

《中庸》曰：『致中和，天地位焉，萬物育焉。』朱子曰：『自戒懼而約之，以至於至静之中，無所偏倚，而其守不失，則極其中而天地位矣。自謹獨而精之，以至於應物之處，無少差謬，而無適不然，則極其和而萬物育矣。』

《易・同人・象》曰：『同人于野，乾行也。』至公大同，無遠不同。初九《象》曰：『出門同人，又誰咎也。』是無偏私，同人之公。

《中庸》子曰：『舜其大智也與！執其兩端，用其中於民。』

《易・臨》六五《象》曰：『大君之宜，行中之謂也。』張栻曰：『舜用中于民，而以爲大知也。』

《比》九五《象》曰：『邑人不誡，上使中也。』程子曰：『不期誡於親近，上之使下中平不偏，遠近如一也。』

《咸》九五《象》曰：『咸其脢，志末也。』朱子曰：『武王不泄邇忘遠。』朱子曰：『邇者，人所易狎而不泄；遠者，人所易忘而不忘。德之盛，仁之至也。』

紹聖，章惇之來也，道遇陳瓘，惇獨請共載，訪以世務。瓘曰：『請以所乘舟爲喻，偏重其可行乎？或左或右，其偏一也。』章默然良久，曰：『司馬光奸邪，所當先辨。』瓘曰：『相公誤矣，此欲平舟勢，而移左以就右也。』

皇極四　五三章

反

《易・同人》六二《象》曰：『同人于宗，吝道也。』同於所繫應，是有所偏與。《咸》九四《象》曰：『貞吉悔亡，未感害也。憧憧往來，未光大也。』

無黨無偏，王道平平。黨，不公也。

皇極四　五四章

至公

仲尼閑居。子夏曰：『三王之德，參於天地，敢問何如斯可謂參天地矣？』孔子曰：『奉三無私，以勞天下。』子夏曰：『敢問何謂三無私？』孔子曰：『天無私覆，地無私載，日月無私照。奉斯三者，以勞天下，此之謂三無私。』『天有四時，春秋冬夏，風雨霜露，無非教也。地載神氣，神氣風霆，風霆流形，新物〔一〕露生，無非教也。』

上明王道之無私，此明天地之無私。陸贄曰：『奉三無私，以一天下。』

唐太宗之語太子，唐太宗之謂玄齡。貞觀十九征高麗，詔太子監國，上曰：『爲國之要，在於進賢退不肖，賞善罰惡，至公無私，汝當努力行此。』唐太宗謂房玄齡等曰：『爲政，無若至公。昔諸葛亮竄廖立、李嚴於嶺南，亮卒而二人哭泣，有死者，非至公能如是乎？又高熲相隋，公平識治體，隋之興亡，繫熲存沒。朕慕前世之明君，卿等不可不法前世之賢

〔一〕今按：『新物』，《十三經注疏》本《禮記》作『庶物』。

相也！』

蕭太妃之言，宋高祖對之。房玄齡之語，唐太宗答之。蕭太妃曰：『道憐汝布衣兄弟，宜用爲揚州。』劉裕曰：『揚州根本，事務至多，非道怜所了。』道怜愚鄙貪縱，故裕不肯用。房玄齡言：『秦府舊人未遷官，皆嗟怨。』太宗曰：『王者至公無私，故能服天下之心。設官分職以爲民也，當擇賢才而用之，豈以新舊爲先後哉！』

李母之撻，終不肯屬。翁歸之辭，終不敢見。李景讓弟景莊老於場屋，每被黜，母輒撻景讓，景讓終不肯屬。主司曰：『朝廷取士，自有公道，豈可效人求關節乎？』尹翁歸爲東海太守，過辭廷尉于定國。定國欲託邑子。與翁歸語終日，不敢見。曰：『此賢将，不任事也，又不可干以私。』

雖不受而不忘，雖不視而不眠。第五倫奉公盡節，或問：『公有私乎？』對曰：『昔人有與吾千里馬者，吾雖不受，每三公有所選舉，心不能忘，而亦終不用也。吾兄子病，一夜十往，退而安寢。吾子有疾，雖不省視，而竟夕不眠。若是者，豈可謂無私乎？』

漢顯宗之言，唐太宗之按。漢顯宗曰：『君人者，以天下爲家，不可有所私。』或告魏徵私其親戚，上使温彦博按之，無狀。

徐勉之不可及公事，魏徵之不得私故人。梁徐勉爲吏部尚書，嘗與門人夜集，客求官，勉正色曰：『今夕止可談風月，不可及公事。』書法：『書勉何？善其職也。』濮州刺史龐相壽坐贓免，上以其秦府故人復其官。魏徵曰：『秦府左右甚多，若人人皆恃恩私，則爲善者懼矣！』上悦，謂相壽曰：『我昔爲一府主，今爲天下主，不得獨私故人。』賜帛遣之，相壽流涕而去。

蕭至忠之言，伯成子之語。蕭至忠曰：『恩倖者，止可富之金帛，不可以公器爲私用。』中宗不聽。堯授舜，舜授禹，伯成子高辭爲諸侯而耕。禹就下位而問焉。伯成子高曰：『堯之治天下，舉天下而傳之他人，至無欲也；擇賢而與之其位，至公也。今君賞罰而民欲且多思〔一〕，是君之所懷者私也。吾不忍見，以是處野也。』

于烈上表，裴堉敢言。魏太和十九，光禄勳于烈子登，引例求遷官。烈表曰：『聖明之朝，理應廉讓，而登引人求進，是臣素無教訓，乞行黜落。』魏主引見登曰：『以卿父有謙遜之美，直士之風，進卿校尉。』裴堉器局峻整，人不敢干以私。嘗有故人自遠詣之，求京兆判司。堉曰：『公才不稱此官，堉不敢以私害公。』

李熹在朝，未嘗私以王官。長孫有罪，不至死而是殺。晋武時李熹在朝，姻親故人與

〔一〕今按：『思』，當爲『私』。

分衣共食，而未嘗私以王官。開元四年，殺尚衣奉御史長孫昕。昕，皇后妹夫也。胡氏曰：『高宗有言，雖太子有罪，「亦不可赦」，近於公矣，而失父子之恩，使太子不免於絀死。玄宗以重刑加諸后黨之輕罪，亦近於公矣，而傷夫婦之義，使皇后不免於廢殺。故幾者動之微，不可不慎者也。』書法：『昕恃后黨，驅大臣，罪也。驅李傑。帝罪之，公矣。其以無罪之辭書何？昕信有罪，罪不至死也。而殺之，甚矣。』《書》：『以公滅私，民其允懷。』新安陳氏曰：『民之從違，視公私之消長，滅私者，純乎天理而私欲净盡之謂。欲民之懷，非以公盡滅其私者不可允懷，誠服之謂也。』

《老子·歸根篇》：『容乃公，公乃王，王乃天。』註：『無所不包容，則公正無私。無私則可以爲天下王，能爲王則德合神明，可爲天子也。』

皇極四　五五章

反

《書·洛誥》：『孺子其朋，孺子其朋，其往。無若火始焰焰，厥攸灼叙弗其絶。』言論功行賞循私之害，其初甚微，其終至於不可遏絶。王曰：『嗚呼敬之哉！無或私家于獄之兩辭。』葉氏曰：『私家，私其家也。』

宣宗大中二年，貶丁柔立爲南陽尉。初，李德裕執政，有薦丁柔立清直可任諫官者，德裕不能用。至是爲右補闕。上疏訟冤，坐阿附貶。胡氏曰：『宰相行私，必不能表正百官。人君行私，又何以責望宰相？故公者，君相之要道也。李德裕政事，公私參半，是非莫掩。宣宗去其非取其是，則公道得矣。乃又以好惡偏黨勝之，故雖竄德裕，而人終不服也。丁柔立必克己正心之人也，使宣宗而留意公道，則柔立可奬用者乃不能，然自爲是偏私也，欲臣子之奉公難矣。』書法：『柔立向德裕所棄也，是時務反德裕，柔立於此獨能爲德柔〔一〕訟冤，可謂至公矣。敏中白敏中。以私害公，從而貶之，非也。』發明：『是非，天下之正理，萬世之公論，果可厚誣也哉！』

〔一〕今按：『德柔』，當爲『德裕』。

皇極四　五六章

附朋黨此門當在惟皇作極下

劉向之對事，陳群之上疏。劉更生曰：『臣聞昔孔子與顔淵、子夏〔一〕更相稱譽，不爲朋黨，禹稷與皋陶更相汲引，不爲比周。放遠佞邪黨，壞散險詖聚。』魏主叡即位，陳群疏曰：『臣下雷同，是非相蔽，固國之大患。然若不和睦，則有讎黨，而毁譽失實。二者不可不深察也。』

著謝朏之非黨，言宰甫之附黨。宋昇明初，以謝朏爲侍中。書法：『再書宋以何？殊之也。殊朏於嶷瀟頤瀟，所以著其非黨也。』皇甫規自以西州豪傑耻不得與，乃自上言：『前薦張奂，是附黨也。』

張鳳上書而附黨，甘陵興謡而始黨。張鳳上書訟臣，是爲黨人之所附也。桓帝受學於周福，擢爲尚書。房植有名當朝，鄉人謡曰：『天下規矩房伯武，因師獲印周仲進。』二家賓

〔一〕今按：『子夏』，《前漢書》卷三十六作『子貢』。

客互相譏揣，甘陵有南北部，黨人之議自此始矣。

范氏之論，范氏之論。范氏曰：『德裕自爲朋黨，而欲破朋黨，此以燕伐燕也。孔子曰：「君子矜而不争，群而不黨。」』范氏曰：『漢之黨錮始於甘陵二部相譏，而成於太學諸生相譽。唐之黨錮始於宗閔對策，而成於錢徽之貶。皆自小以至大，因私以害公，皆由主聽不明，君子小人雜進於朝，不分邪正忠讒以黜陟之，而聽其自相傾軋，以養成之也。漢之黨尚風節，故政亂於上而俗清於下，及其亡也，人猶畏義而有不爲。唐之黨趨勢利，勢窮利盡而止，故其衰季上無操行，不足稱也。爲國家者，可不防其漸哉！』李德裕，吉甫之子也，李宗閔對策譏切其父，恨之。補闕楊汝思〔一〕、侍郎錢徽掌貢舉，節度使段文昌、學士李紳以書屬所善進士，榜出，二人所屬皆不與。宗閔弟蘇保〔二〕、汝士弟殷士及第。文昌言於上曰：『今歲禮部不公，所取皆以關節得之。』上問，德裕、紳皆以爲然。乃命覆試，貶徽等。

裴度之疏，董昭之疏。元和十三年，判度支皇甫鎛、鹽鐵使程异，數進羨餘以爲〔三〕。宰相裴度恥與小人同利，求退不許。疏曰：『退既不許，言又不聽，臣如烈火燒心，衆鏑蒙

〔一〕今按：『楊汝思』，《資治通鑑》卷二百四十一作『楊汝士』。

〔二〕今按：『宗閔弟蘇保』，《資治通鑑》卷二百四十一作『蘇巢，宗閔之婿』。

〔三〕今按：『以爲』，《資治通鑑》卷二百四十作『以供其費』。下句『同利』，當爲『同列』。

體。』上以度爲朋黨，不之省。上曰：『人臣當力爲善，何乃好立朋黨？』度曰：『方以類聚，物以群分，君子小人，志趣同者，勢必相合。君子爲徒謂之同德，小人爲徒謂之朋黨，在聖主辨其所爲邪正耳。』魏尚書諸葛誕、中書郎鄧颺等結爲黨友，更相題表。夏侯玄等爲四聰，諸葛誕輩爲八達。董昭疏曰：『凡爲天下者，莫不貴樸忠之士，疾虚僞之人，以其毁交亂治，敗俗傷化也。竊見年少不以學問爲本，專以交斿爲業，合黨連群，互相褒嘆。附己則嘆之盈言，不附則作爲瑕釁，凡此諸事皆法之所不取，刑之所不赦也。』魏主免誕、颺等官。四聰八達，見上。八關十六子。長慶四年，以李吴爲拾遺，李逢吉所親厚者李吴等八人，時人目之爲八關十六子，皆任要劇，故爲八關。書法：『書譏也，何譏焉？爲八關之一也。』

司馬氏之論文宗之黨，胡氏之論憲宗之黨。文宗曰：『去河北賊易，去朝中朋黨難。』司馬公曰：『人主有以下之則，朋黨何自以生哉？惟其明不能燭，强不能斷，邪正雜進，威福潛移，是以讒慝得志，朋黨之議興矣。』胡氏曰：『憲宗有意於治，事功未半，逸欲漸生，邪説乘之，遂疑君子。初以朋黨疑李絳，又以朋黨疑裴度，而程异、皇甫鎛則不疑也。所以然者，絳、度數諫，昇、鏄順從，是以自隨於□〔一〕比而不自知也。太宗克己納諫，親致太平，晚而稍怠，遂疑魏徵阿黨，憲宗固不能免矣。所以然者，不學故也。』

《楊子》：『頻頻之黨，甚於鸒斯，亦賊夫粮食而已矣。』喻人群行啄穀，黨比賊害粮食。

杜牧詩：『錮黨豈能留漢鼎？』

歐陽修《朋黨論》：『臣聞朋黨之說，自古有之，唯幸人君辨其君子小人而已。大凡君子與君子以同道爲朋，小人與小人以同利爲朋，此自然之利〔二〕也。小人所好者利禄也，所貪者財貨也。臣謂小人無朋，其暫爲朋者，僞也。君子則不然，所守者道義，所行者忠信，所惜者名節。以之修身則同道而相益，以之事國則同心而共濟，終始如一，此君子之朋也。故爲人君者，但當退小人之僞朋，用君子之真朋，則天下治矣。堯之時，小人共工、驩兜等四人爲一朋，君子八元、八愷十六人爲一朋。舜佐堯，退四凶小人之朋，而進元愷君子之朋，堯之天下大治。及舜自爲天子，而臯、夔、稷、契等二十二人並列於朝，更相稱美，更相推讓，凡二十二人爲一朋，而舜皆用之，天下亦大治。書曰：「紂有臣億萬，惟億萬心；周有臣三千，惟一心。

〔一〕今按：疑是『蓬』字。

〔二〕今按：『利』，當爲『理』。

紂以此亡國，周用以興。」後漢獻帝時，盡取天下名士囚禁之，目爲黨人。及黃巾賊起，漢室大亂，後方悔悟，盡解黨人而釋之，然已無救矣。唐之晚年，漸起朋黨之論。及昭宗时，盡殺朝之名士，唐遂亡矣。夫興亡治亂之迹，爲人君者可以鑑矣。』

陳櫟曰：『自朋黨之名起於弘恭、石顯，以是而譖蕭望之、周堪、劉向，而後小人之傾善類者，往往以此一網打盡。後漢之黨錮，李唐之中李，宋之蜀黨、洛黨、元祐黨、僞學黨，其禍極矣！』公在諫院進此論，補劉向封事遺意也。

無反無側。反，背常也。側，不正也。

皇極四　五七章

安定

子孔載書，子產焚之。見焚。吏民文書，蕭王焚之。見焚。

《選》文：丘遲。『聖朝梁赦罪責功，棄瑕録用，推赤心於天下，安反側於萬物，此將軍之所知，非假僕一二談也。陳伯之。朱鮪涉血於友于，張繡剸刃於愛子，漢主不以爲疑，魏君待之若舊。更始殺劉縯，朱鮪與其謀。曹操與繡戰，長子昂被害。況將軍無昔人之罪，而勳重於當世。』

皇極四　五八章

反非常也，不正也

拂經之吉，不利涉也。浚恒之凶，始求深也。冠之不正，伯夷去之。服之不衷，鄭伯殺之。

皇極四　五九章

會其有極，歸其有極。呂氏曰：『會如會聚之會，歸如歸宿之歸。』

遏欲存理

《易》：『艮其背，不獲其身，行其庭，不見其人，無咎。』彖曰：『艮其止，止其所也。上下敵應，不相與也。是以不獲其身，行其庭，不見其人，無咎也。』丘氏曰：『止之時如天子之仕止久速，各當其可是也。止之所如《大學》之仁敬孝慈，各得其分是也。』

《語》顔淵問仁。子曰：『克己復禮爲仁。一日克己復禮，天下歸仁焉。爲又〔一〕由己，而由人乎哉？』

《左》楚右尹子革曰：『昔穆王欲肆其心，周行天下，祭公謀父作《祈招》之詩，以止王心。王是以獲没於祇宫。其詩曰：「祈招之愔愔，式昭德音。思我王度，式如玉，式如金。形民之力，而無醉飽之心。」』王揖而入，饋不食，寢不寐，數日，不能自克，以及於難。仲尼曰：『古也有志，克己復禮，仁也。楚靈王若能如是，豈其辱於乾溪？』

《中庸》曰：『道也者，不可須臾離也。可離，非道也。是故君子戒慎乎其所不睹，恐懼乎其所不聞。』朱子曰：『存天理之本然，莫見乎隱，莫顯乎微，故君子慎其獨也。』朱子曰：『遏人欲於將萌。』

〔一〕今按：『又』，當爲『仁』。

皇極四　六〇章

至極

仲尼閑居，子夏曰：『詩云：「豈弟君子，民之父母。」何如斯可謂民之父母矣？』孔子曰：『必達於禮樂之原，致五至，以横於天下，此之謂民之父母矣。』横，廣被之意。

子夏曰：『敢問何謂五至？』孔子曰：『志之所至，詩亦至焉。詩之所至，禮亦至焉。禮之所至，樂亦至焉。樂之所至，哀亦至焉。志氣塞于天地，此之謂五至。』至則極盛，而無以復加。在心爲志，發言爲詩。志盛則言亦盛，故志之所至，詩亦至焉。詩有美刺，可以興起。興於詩者，立於禮，故詩之所至，禮亦至焉。禮貴於序，樂貴於和，有其序則有其和，故禮之所至，和亦至焉。樂至則樂民之生，而哀民之死，故樂之所至，哀亦至焉。君能如此，故民亦樂君之生，而哀君之死。

《大學》曰：『湯之盤銘曰：「苟日新，日日新，又日新。」康誥曰：「作新民。」詩曰：「周雖舊邦，其命維新。」是故君子，無所不用其極。』自新新民，皆欲止於至善也。

皇極四　六一章 敷言是訓

帝訓

《詩》：『帝謂文王，無然畔援。帝謂文王，予懷明德。帝謂文王，詢爾仇方。』『天之牖民，如壎如篪，如珪〔一〕如圭，令問令望〔二〕。携無曰益，牖民孔易。』『蕩蕩上帝，下民之辟。疾威上帝，其命多辟。』

《書》：『天命有德，五服五章哉！天討有罪，五刑五庸哉！』『天視自我民視，天聽自我民聽。』『天明畏自我民明。』

《語》：『天何言哉？四時行焉，百物生焉，天何言哉？』

《孟》萬章曰：『天與之者，諄諄然命之乎？』孟子曰：『否，天不言，以行與事示之而已矣。』

〔一〕今按：『珪』，當爲『璋』。

〔二〕今按：『令問令望』，《十三經注疏》本《詩經·板》作『如取如攜』。

《書》：『惟皇上帝，降衷于下民，若有恒性。』『惟天生民，有欲無主乃亂。』

皇極四　六二章

附王言

令甲，令有先後，故有令甲、令乙。顏古曰：『甲者，令之篇名。』《易》：『天風，姤。』『隨風，巽。』『風水，渙。』天下有風，姤。后以施命誥四方。隨風，巽。君子以申命行事。《渙》九五：『渙汗其大號。』大號，大政令也。《書》：『令出惟行，不惟反。』反者，令出不可行而壅逆之謂。劉向曰：『出令則如反汗。』朱氏曰：『號令當散如汗之出，千毛百孔中散出來，這個物出不會反。』賈山之言詔令，王吉之言詔書。賈山曰：『臣聞山東吏布詔令，民雖老羸癃疾，扶杖而往聽之，願少須臾毋死，思見德化之成也。』王吉曰：『詔書每下，民欣然若更生。臣伏思之，可謂至恩，未可謂本務也。』

孟子謂仁言，楊子謂號令。孟子曰：『仁言不如仁聲之入人深也。』程子曰：『仁言謂以仁厚之言加於民，仁聲謂仁聞，謂有仁之實而爲衆所稱道者也。』楊子：『鼓舞萬物者其雷風乎？鼓舞萬民者其號令乎？雷不一，風不再。』三令五申，物無二。

發命不衷，君命無貳。《昭十六》子産曰：『發命之不衷，出令之不信，僑之耻也。』《成八》文子曰：『君子無貳。』《緇衣》子曰：『王言如絲，其出如綸。王言如綸，其出如綍。』

光武之詔，章帝之詔。第五倫每讀詔書，嘆曰：『此聖主也。』章帝詔書數下，冠蓋接道，而吏不加治，民或失職，其咎安在？

貞觀四年之奏詔敕，乾元二年之停口敕。貞觀四年敕百官，詔敕未便者皆執奏。發明：『嗚呼，天下之理惟其是而已。自後世人君有吝於改過者，則曰「業已授之，不可改也」。自後世人臣有喜於爲佞者，則曰「此詔旨也，不可爲〔一〕也」。夫使理有不當，則雖業已授之，改之何傷？事有未是，則雖出於詔旨，違之何害？惟夫人君吝於改過，人臣喜於爲佞，則天下之事明知其非，而必至於處政害民而後已，此則古今之通患也。善哉，太宗能有見於此，是以惟理之從，不拘己見。凡未便之事，雖詔敕已行，皆許執奏。是豈不足以彰無我之德哉！書之于册，此亦可爲後王之法也。』乾元二年，制停口敕處分。制敕必經輔國押署，然後施行。口爲制敕，付外施行。李峴爲相，叩頭論制敕應出中書。上感悟，制停口

〔一〕今按：『爲』，當爲『違』。

敕處分。書法：『書予之也。』發明：『制敕皆本中書，若旁蹊捷出，則中書果何用哉！況於以口敕而處分，則是非得失孰從審覆，其爲悖謬不言可知。今焉下制停之，停者是，則用者非矣。《綱目》書此，雖曰幸之，蓋亦譏之也。』

魏大統七年之爲六條詔書，魏大統十一年之作大詔命。一清心，二敦教化，三盡地利，四擢賢良，五恤獄訟，六均賦役。十一年作大誥命：晋氏以來，文章競爲浮華。于文泰欲革其弊，命蘇綽作大誥命，自今文章皆依此體。

李抱真之言，陸贄之奏。李抱真言：『山東宣布敕書，士卒感泣，人情如此，賊不足平。』陸贄曰：『陛下悔過降號，聞者涕流，諸將效死，叛夫請罪，曩以百萬之師而力殫，今以咫尺之詔而化洽，是則聖王之敷理道，服暴人，任德而不任兵，明矣！』

杜詩：『哀痛絲綸切，雷霆驅號令〔一〕。』『忽聞哀痛詔，又下聖明朝。』陳禾詩：『言語〔二〕四奏元氣通，德音夜發春改容。雷雨一日遍天下，父老感泣沾其胸。』山谷詩：『明詔哀痛如父母。』『朝罷須裁五色詔。』『黄麻似六經。』

〔一〕今按：此二句，《杜詩詳注》《集千家注杜工部詩集》皆作『哀痛絲綸切，煩苛法令蠲』。『雷霆駈號令』，杜甫詩中未查到，而杜牧詩《華清宮三十韵》中有此句。

〔二〕今按：『言語』，《宋藝圃集》卷八《雷雨行》作『吉語』。

罪己

陸贄奏曰：『禹湯以罪己勃德〔一〕，楚昭以善言復國，願陛下不悋改過，以言謝天下。』下哀痛之詔，有寬大之恩。

宋之罪己，漢之封事。《莊十一》：『秋，宋大水，公使吊焉。對曰：「孤實不敬，天降之灾，又以爲君憂，拜命之辱。」臧文仲曰：『宋其興乎！禹、湯罪己，其興也勃焉。桀、紂罪人，其亡也忽焉。且列國有凶，稱孤，禮也。』光武七年三月，晦日有食之，詔百僚各上封事，其上書者不得言聖。尹氏曰：『人君莫不憚於聽言，而詔各上封事，書之于册。光武。人君莫不喜於好高，而詔不得言聖，於是乎不可及矣。』

杜詩：『先王實罪己，愁痛正爲兹。』『一朝自罪己，萬里車書通。』『叨逢罪己日。』『願聞哀痛詔。』又：『哀痛絲綸切。』

〔一〕　今按：『勃德』，《唐文粹》卷九十一《陸贄翰苑集序》作『勃興』。

皇極四　六三章

矯詔

《易》：『益之用凶事，無咎。告公用圭。』《象》曰：『益用凶事，固有之也。』汲黯矯制。《淮南子》：『夫三君矯命，過之大者也。秦繆公興兵襲鄭，賈人弦高道遇秦師於周鄭之間，乃矯鄭伯之命，犒以十二牛，擯秦師而却之，以存鄭國。故事有所至，信反爲過，誕反爲功。』

皇極四　六四章

附中書舍人

漢尚書郎直宿建禮門，奏事明光殿，下筆爲詔誥，出語爲詔令，今中書舍人也。魏置中書通事舍人。東晉中書侍郎一人，直西省。宋通事舍人。齊中書通事舍人，四户謂之四員。梁中書舍人。隋内書舍人。唐中書舍人，置六員。文士之極任，朝廷之盛選。龍朔西省舍人，光宅鳳閣舍人，開元紫微舍人。宋中書舍人，置知制誥舍人院。元豐中書舍人，分案五：上案掌册禮，下案掌文書，記註案掌録記註，制誥案掌書記制詞，諫官案受關報文書。

事：自列内朝，兼司誥命。事煩而益密，職久而彌精。寵以正名，式光禁職。《崔群制》。閣老，清平官，州地代言。《裴度制》：『茂學懿文，潤色訓誥，體要典麗，甚得其宜，施之四方，朕命惟命，中直不倚，道直氣平，介然風規，有光近侍，綸閣之職，所宜其授。』〔一〕『擢於綸閣，列在禁闈。』《李吉甫制》。『卿有故人之風，賜以故人之物。』南齊傅昭廉净，明帝賜漆合燭盤。

宰相器。後周范質。舍人樣。徐坚。四俊。苗延嗣等。三才。魏牧、温子昇、邢子才。蘇賈常楊。蘇晋、賈曾、常衮、楊炎。韓徐。韓熙載、徐鉉，江東謂之韓徐。譽重一時。常衮。爲代言最。孫逖。綸省推高。李文。同舍服能。陸扆。同僚共推。鄭畋。海内共推。吴世南。文陣雄師。蘇頲。文場

〔一〕今按：文字與《四庫全書》本《白氏長慶集》卷五十四《除裴度中書舍人制》有不同：『惟命』作『惟允』；『中直』作『中立』；『其授』作『真授』。

雄帥〔一〕。張九齡。 册奏之工。顔師古。 詞人之冠。張九齡。 揮翰如飛。陸扆。 一代詞宗。張九齡。 執筆分占。王勃，五王出閣，召五吏執筆分占。 分占口授。岑文本，策令叢遽，敕吏六七人分占口授。 人皆成於手，我獨成於心。梁裴子野。 誥命填委，皆有典則。前蜀庾楑。 處約一人，足辯我事。杜正倫，高宗云。 屬詞豐美，得中和之氣。唐許景先。 制誥典雅，有元和之風。唐韓熙載。 仲舒之文有古風。唐王仲舒。 蘇頲大手筆，焕成文章。 文思温雅，人皆傳説。 劉治道之要，號《三足記》。足食、足兵、得士。唐盧景亮。 撰正五經音訓，學者宗之。徐邈。 清暑賦。唐太宗幸翠微宫，崔仁師上《清暑賦》以諷，賜帛五十段。 洛出寶圖頌。崔融《洛出寶圖頌》尤工。 獨知兩省，數日一還舍。權德輿。 天下事殷，詔令多出於浩。唐徐浩。 古事問高仲舒，今事問崔琳。宋璟。 以古義謨誥爲準的。齊浣，開元初。

塞絶其門，以示尊大。故事政事有堂門，蓋宰相適中書咨訪政事，常衮相，塞絶其門也，以示尊大。 五花判事，解事舍人。各執所見，執署其名，選一人知機密。 分司押事，謂之六押。李泌，給舍分司押事，故舍人謂之六押。 上五事。高馮列。 发十难。韋處厚。 屢獻讜言。蘇晋先天中。 衣汗濯之衣。柳公權。 比日人物，君精鑒，爲我言之。李吉甫执政。 疏三十許人薦於朝。裴垍舍人。 三世居職，孫簡、孫宿、

〔一〕 今按：『雄帥』，《翰苑新書》前集卷八作『元帥』。

父子同在禁管。唐蘇廷碩舍人，父瓌門下。盛典[出]孫逖。三世掌制誥。唐李德林、李百藥、李安期。堂構國華在此。《楊嗣復制》：「貞元中，汝父爲舍人，今使吾〔一〕繼書吾命，成一家言，堂構國華在此。」叔侄對掌。封舜卿、德昭。兄弟對掌。趙光裔、光封〔二〕。兄弟相代。韋承慶。鳳閣王氏。王徽祖兄弟三人。西掖八年。權德輿四歲能詩。中書九載。高郢家無制草，悉焚之，曰：「王言不可存於私室。」擢第不十年，正綸闈之任。南唐張洎，韓熙載曰：「好一中書舍人！」納言賜錦。高鉞。草詔賜錦。封敖草《陣傷邊將詔》：「傷居爾體，痛在朕躬。」賜宮錦。進言報藥石。高季輔上封事，唐太宗賜鍾乳一劑曰：「進藥石之言，故以藥石報之。」進諫賜金魚。吐突承璀立聖政碑，李絳以爲不可許。憲宗初怒，卒怒〔三〕，除絳舍人，翌日賜紫衣金魚，擇良笏免之曰：「爾時無易此心。」

宋：西垣清要。坡。右垣裁訓。岐公。位處西臺，實與政事。《蘇轍制》。作舍人閣。仁宗寶元。建紫微閣。元祐。文學天下所知。陳堯佐。文章當今獨步。王禹偁，上《端拱箴》以爲誡。三舍人。李定除御史，宋敏求、蘇頌封還，大臨亦還，熙寧三舍人。七字舍人。吕溱，名輩推許，喜自貴重，見賓客不及數言，號七字舍人。楊陳之稱。楊大雅、陳從易。常楊不逮。鄭戩，訓詞深雅，時謂常楊不逮也。劉敞九

〔一〕今按：「吾」字，《古今事文類聚遺集》卷七作「汝」，是。
〔二〕今按：「光封」，《翰苑新書》前集卷八作「光逢」，是。
〔三〕今按：「怒」，《翰苑新書》前集卷八作「悟」，是。

制。劉敞将下，直爲之立馬却坐，一揮九制數千言已就。王祜撰碑。王祜撰普照王碑，經宿上碑，中外驚其神速。曾鞏之有三代風。王珪之有西漢風。王珪，其文典麗，有西漢風。彭汝礪之有古風。占紙肆書，衍裕雅重，有三代風。鄭戩之有常楊風。訓詞深雅。謝絳之有元白風。文章典雅。訓詞誥命，皆有程範。詞命雅正，賜服金紫。宋敏求。詞氣激烈，聞者泣下。劉珙，金虜渝盟，天子北向，一時詔檄，皆出公手，詞氣激烈，聞者泣下。獻皇極箴。治平，祖無擇，獻《皇極箴》。上端拱箴。王禹偁上《端拱箴》，見上。參典王命之官，於令號爲清選。《曲阜制》。西臺本政事之地，内史專誥命之文。除賈安宅。富弼之繳詞頭。舊制，除罷皆宣麻。吕惠卿。唐制，惟給事中封還，富鄭公繳還詞頭。中書繳詞頭，自鄭公始。蔡齊之繳詞頭。蔡齊掌外制，繳詞頭，安石勸上内批，今後樞密罷更不宣麻。曾肇公弼争新法求去，王安石陰沮之，乃使舍人院命詞。之不草制。元祐初，門下侍郎韓維面奏范百禄所爲不正，黜維知鄧州，舍人曾肇不草制，兩上章論之。岩叟之封還詞。滕元發自太原易許昌舍人，王岩叟封還詞頭，言：『今以走馬承受，一言便易邊帥，此風浸長，非委安邊之福。』劉敞之不草制。宦者召金彬正除觀察，劉敞封還詞頭不草制。胡銓之不奉詔。以中人李綽等典發命遂寢。軍書無誤，各進官一列，胡銓不肯奉詔。傅良之執奏。陳傅良，内侍升職，執奏再三。洪适之言事。洪适言事，契上心。凌霄聳壑。王旦。梁棟之才。錢若水。中書令領六房。《元豐詔》。知制誥之爲郎中。雍熙知制誥，范景爲工部郎中。知京兆府知制誥，領藩始此。自中書而爲簽書。乾道蔣子禮芾始自中書舍人除簽書樞密院。鄭獬之送院。夕時，神宗召知制誥鄭毅夫獬對内東門小殿，命草吴奎知青州，張方平參知政事制，賜雙燭送歸舍人院，二府無知者。明早進草，遂付中書出誥。舍人之從宴。太宗留心經術，旌賞文翰，内閣之臣召赴曲宴，或令和詩。舍人從遊宴，自太宗始。犀帶佩魚。霍端友，徽宗時爲中書舍，服金紫。故事惟服黑角帶。帝曰：『給事舍人等耳。』命犀帶佩魚。一佛出世。太宗：朝廷每除一舍人，六親相賀，諺云『一佛出世』。夢草制詔，後知制誥。孫抃夜夢明窗下草制誥，其後第三人及第，知制誥如夢。

自叙：斫窗舍人，閉户和氏。楊滔，催作制敕令，吏将鑰匙出，無本可檢，乃斫窗得本，號斫窗舍人。和幪知制誥，每草詔，必閉户，精思編討群籍而後成。沙州表求經藏碑，詔幪撰以賜之。幪遣厮借佛書數千卷，人傳以爲笑。

鷄栖樹，鳳凰池。劉放、孫賀共典樞要，夏侯獻、曾肇不平。殿中有鷄栖樹，二人相謂亦久矣，其能复幾何？晋荀勖自中書監爲尚書令，人賀之。發恚曰：『奪我鳳凰池，何賀之有？』

世上何人最好閑，司諫拂衣歸華山。种放歸華山。世上何人最好忙，紫微失却張君房。真宗時，日本國入貢，求本國《神光寺記》。舍人詞不工，令學士張君房代之。張退食潛飲市樓，掖垣求之不得，大窘。

《謝莊辭表》：『臣聞：璧門天邃，鳳沼神深。綵綸王言，出納帝命。自非望允當時譽宣庠塾，未有謬承曲寵，空席兹榮。』

精語：三殿内朝日，趨翔於文陛。六飛法從時，陪扈於屬車。常瞻咫尺之光，專裁寬大之詔。

『芟繁詞剗弊句，引之而爲綸綍，垂之而爲訓誥。』《元稹制》。『司言鳳綍，揮翰龍池。紫機務重，清紙任隆。』《陳舍人制》。『鳳池清切，鷄木深严。曳裾紫禁，伏奏青規。助朝廷之光輝，贊明時之喉舌。』張鷟。『芝泥發彩，宣鳳藻而騰文。蘭檢浮香，閏龍縑而動色。蘭英爲檢，黄縑爲制。』『發帝之令，簡古而蔚。』韓文。『迴翔青瑣，典掌紫泥。』《白帖》。『鼓三變之文，潤色王度。』《李吉甫制》。『蘊冲用而究國經，鋪訓詞以润王度。』《宋申錫制》。

詩：『黄扉陪漢相，彩筆代堯言。』『汝翁草明光，天子正前席。』李册父。『鳳沼接亨衢。』『起草鳴先路。』杜。『躍鱗龍鳳池，挥翰紫宸裹。』卞伯玉。『紫殿肅陰陰，彤庭赫弘敞。風動萬年枝，日華承露掌。紅藥當階翻，蒼苔依砌上。兹言朔鳳池，鳴佩多清響。』謝宣城。『今年寒食夜，西省鳳池頭。誠知視草貴，未免對花愁。』白。『巢君碧梧樹，舞君青瑣闈。』徐彦伯。『清切丹禁静，浩荡文河注。』上官儀。『東壁圖書府，西垣翰墨林。』張説。『緑松窗對鳳池開，履迹衣香逼上台。天意皆从彩毫出，宸心盡向紫烟來。非时玉案呈宣旨，每日金階謝賜回。』王建。『分班曉入翔鸞闕，直閣旁連浴鳳池。彩筆閑批五色詔，好風時動萬年枝。』《和宗人》。『西掖深沉大帝居，紫微西省掌泥書。』《上李舍人》。『彩筆時批尺一詔，直廬深在九重天。』《東同舍》。『丝綸閣下文章静，鐘鼓樓中刻漏長。獨坐黄昏誰是伴，紫薇花對紫薇郎。』

白。『西掖重雲開禁署〔一〕，北山疏雨點朝衣。千門柳色連青瑣，三殿花香入紫薇。』岑參《西省即事》。『獨有鳳凰池上客，陽春一曲和皆難。』上。『欲知世掌絲綸美，池上于今有鳳毛。』杜甫《和賈至》。『赤墀高閣自從容，玉女窗扉報曙鍾。日麗九門青瑣闥，雨晴雙闕翠微峰。毫端蕙露滋仙草，琴上薰風入禁松。苟令鳳池春晼晚，好將餘閏變魚龍。』温庭筠。『夜開金鑰詔詞臣，對御抽毫草製綸。須信朝家重儒術，一時同榜用三人。』王荆公。『討論潤色今爲美，學問文章老更醇。』上。

陳后山詩：『一官早要稱三字。』三字，知制誥。王禹偁詩：『摛毫終要居三字。』

警：鳳閣。龍池。薇垣。藥省。綸省。詞垣。紫薇閣下，紅藥階前。申頒鳳詔，趣占鰲頭。中宸涣號，内史陞賢。命□□□，恩降□□。疏恩禁幄，正位綸闈。楓宸錫命，藥省代言。參法從於甘泉，豈特妙儒臣之選。敷聖謨於寰海，又將爲王度之華。

□……□□……出人間之世，遂見直除。五花判事，六押分司。宜寵錫□……□北門視草，謂當進學士之班；西掖拜真，聊復示舍人之様。玉藻瓊敷，少舒舍人之思；風行雷動，灼知王者之心。紫荷潔處，光摇萬玉之班。紅藥翻時，風動五花判。皇墳帝典，極

〔一〕今按：『禁署』，《瀛奎律髓》卷二作『曙暉』。

磅礴於胸中。孔思周情，妙發揮於筆下。辭達而已矣，要必見聖人之情。才難不其然，蓋欲極天下之選。萬里羽翰，壓金馬玉堂之彥。九天綸綍，擅黃麻紫誥之文。竊惟西臺内史之官，實象北極紫微之次。伏觀制草，顧□……□如晋揖庭槐，信□……□繼。况紫薇閣下之黄昏，正瑞柳庭前之春色。命自天而三錫，才與地而雙清。斯文推服於班樱，太平共分於燕許。□……□，青烟散入五侯家。九天峻晚閣之文，乙夜起春城之句。高文大册，非復騷人墨客感遇之詞；崇論横言，盡得宗廟朝廷嚴重之體。黄麻似六經，洪勾陶萬類。□□變鹽梅於九鼎，□□□桃李於一根。碧梧幕府，幸稍安雲外之城。紅藥主人，倘或念天涯之客。千川柳色，誰怜芻狗之陳人。萬里草堂，遥想槐龙之清影。寵逾華衮，已叨一字之褒綸。氣轉洪勾，必念八荒之棄物。切喜文章，復見兩都之作。衙聽輔相，盡還三代之風。裁五色之詔，分曹一直於紫微。序兩省之班，聯步亟趨於丹陛。出如綸……□□……□玉言而成底，小攄黼藻之工。□……□金鼎以調元，行究經綸之業。近玉皇之香案，築宰相之沙堤。□□□……□動心駭目，兹觀大手筆之傳，削筆濡毫，當慶真學士之拜。

凡厥庶民極之敷言，是訓是行以近天子之光。

皇極四　六五章

被道德之光華

堯聞童謡曰：『立我蒸民，莫非爾極。不識不知，順帝之則。』老人擊壤於路曰：『日出而作，日入而息。鑿井而飲，耕田而食。帝力何有於我哉！』《帝王通曆》。

《孟》：『霸者之民，驩吴如也。王者之民，皡皡如也。殺之而不怨，利之而不庸，民曰遷善而不知爲之者。夫君子所過者化，所存者神，上下與天地同流，豈曰小補之哉？』『善教，民愛之。善教，得民心。』

《語》孔子曰：『道之以德，齊之以禮，有耻且格。』

《易·兑·象》曰：『兑，説也。剛中而柔外，説以利貞，是以順乎天而應乎人。説以先民，民忘其劳。説以犯難，民忘其死。説之大，民勸矣哉！』《豫·象》曰：『豫，剛應而志行，順以動，豫。豫順以動，故天地如之，而况建侯行師乎？』

皇極四　六六章

讚頌

天保定爾，亦孔之固。俾爾單厚，何福不除。俾爾多益，以莫不庶。天保定爾，俾爾戩穀。罄無不宜，受天百祿。降爾遐福，維日不足。天保定爾，以莫不興。如山如阜，如岡如陵。如川之方至，以莫不增。吉蠲爲饎，是用孝享。禴祠烝嘗，于公先王。君曰卜爾，萬壽無疆。神之吊矣，詒爾多福。民之質矣，日用飲食。群黎百姓，遍爲爾德。如月之恒，如日之昇。如南山之壽，不騫不崩。如松柏之茂，無不爾或承。

下武維周，世有哲王。三后在天，王配于京。王配于京，世德作求。永言配命，成王之孚。成王之孚，下土之式。永言孝思，孝思維則。媚茲一人，應侯順德。永言孝思，昭哉嗣服。昭哉來許，繩其祖武。於萬斯年，受天之祜。受天之祜，四方來賀。於萬斯年，不遐有佐。

文王有聲，遹駿有聲。遹求厥寧，遹觀厥成。文王烝哉！文王受命，有此武功。既伐于崇，作邑于豐。文王烝哉！築城伊淢，作豐伊匹。匪棘其欲，遹追來孝。王后烝哉！王公伊濯，維豐之垣。四方攸同，王后維翰。王后烝哉！豐水東注，維禹之績。四方攸同，皇王維辟。皇王烝哉！鎬京辟廱，自西自東，自南自北，無思不服。皇王烝哉！

卷之三十八

三德　一章

次七曰乂用三德

蔡沈曰：『三德曰乂，所以治民也。』

臨川吴氏曰：『五之次爲六，六洛書文之在右後者。惟皇作極，民所視效，日遷善而無所事乎治也。或有未然，則治之。各有所宜，故以三德配數之六。』林氏曰：『三德者，聖人所以臨機制變，爲皇極之用而權其輕重也。正直、剛克、柔克，此三德之目。自平康正直而下，則釋三德之用以盡其義也。三德乂用之得其宜，平康無事之世則用正直以治之，强禦弗順之世則用剛克以治之。一於剛則失之亢，一於柔則失之懦，聖人宰制天下之權，可謂盡矣。』

王廣淵之論《洪範》，司馬康之講《洪範》。英宗召王廣淵書《洪範》於屏，因訪廣淵論

《洪範》得失，廣延進張景論七篇。上曰：『景所説過先儒遠矣，以三德爲御臣之柄，尤爲善論。』宋司馬康入侍邇英，上曰：『只此三德，爲吏有德。』王岩叟爲舍人，退而上書曰：『陛下既能審而用之，必能體而行之。三德者，人君之大本，得之則治，失之則亂，臣備職史官，敬已書之于册。』

三德　一章

一曰正直

蔡沈曰：『正者無邪，直者無曲。』

寬饒剛直，郅壽正色。蓋寬饒剛直公清，刺舉無所避，直道而行，多仇少與。尚書僕射郅壽送詔獄，上書陳竇憲驕恣，厲音正色，譏憲以伐匈奴，起第宅事，徙合浦，未行自殺。

种暠之發奸，朱穆之剖棺。永昌太守劉君世，鑄黄金爲文蛇以獻梁冀。益州刺史种暠糾發其奸，冀恨暠，罔以他事陷之。朱穆爲冀州刺史，宦者趙忠喪父歸葬，僭爲玉匣。穆按驗，發墓剖棺出之。帝徵穆詣廷尉，太學生劉陶等上書訟，赦之。

李膺破柱，魏匡造棺。李膺爲司隸校尉，張讓弟朔爲野王令，貪殘無道，匿於兄家合柱。膺率吏卒破柱，取朔付獄殺之。杜牧詩曰『公議劫膺門』是也。魏東平王匡造棺詣闕，奏論高肇罪惡，復治故棺，奏攻任城王澄。

陳宫剛直，孔融剛直。陳宫剛直壯烈，脂習戒孔融剛直太過，必罹世患。曹操殺融，夷其族。

李平鱗甲，楊阜直士。亮與蔣琬、董允書曰：『孝起陳震。前爲吾説正方腹中有鱗甲，鄉黨以爲不可近。李平。』袁子曰：『或云楊阜，豈非忠臣哉？人主之非則勃然觸之，與人言未嘗不道。』答曰：『夫仁者變人，施之君謂之忠，施之親謂之孝，今爲人臣，直詆其君之非而播揚其惡，可謂直士，未爲忠臣也。』

以直致禍，訐人細事。傅咸曰：『自古以直致禍者，當由矯枉過直，或不中篤而欲以亢直爲聲，故致忿耳。安有悾悾忠益而反見怨疾乎？』貞觀十年，上謂侍臣曰：『朕開直言之路以利國也，而禁上書告訐者。比來上書封事者多訐人細事，自今復有爲是者，朕當以讒人罪之。』范氏曰：『太宗欲聞直言而惡告訐，可謂明且遠矣，此爲君爲長之道也。』

褚遂良之還笏，武儒衡之揮扇。永徽五年，欲立武昭儀爲后。褚遂良曰：『武氏經事先帝，衆所共知，萬代之後謂陛下爲何如？』因置笏於殿陛，叩頭流血曰：『還陛下笏，乞放歸田里。』貶爲潭州都督。韓瑗訟冤曰：『遂良體國忘家，捐身殉物，風霜其操，鐵石其心，社稷之舊臣，陛下之賢佐。願鑑無辜，稍寬非罪。』復曰：『昔微子去而殷國以亡，張華存而綱紀不亂。陛下無故棄逐舊臣，恐非國家之福。』上不納。元和十二年，以元稹爲祠部郎，知制誥。江陵士曹元稹與監軍崔潭峻善，上在東宫聞宫人誦稹歌詩而善之，及即位，潭峻薦之。上以爲知制誥，朝論鄙之。會同僚食瓜於閣下，有青蠅集其上，武儒衡以扇揮之曰：『適從何來，遽集於此？』同僚皆失色，儒衡意氣自若。

元紘大書，義方三叱。刺史竇從一懼命改判。元紘大書判後曰：『南山可移，此判無動！』洛州婦人淳于氏，美色繫獄，李義府屬大理丞畢正義枉法黜之，將納爲妾。事覺，義府逼正義自縊以滅口。侍御使王義方奏曰：『義府擅殺寺丞。然則生殺之威不由上出，漸不可長。』對仗，叱義府令下，［義府］顧望不退。義方乃三叱，義府始趨出，義方乃讀彈文。上以義方毁辱大臣，貶萊州司户。

韓休峭直，魏謩剛直。開元廿一年，韓休爲相。爲人峭直，不與榮利。大中十一年，魏謩爲相，正言無所避。上嘆曰：『綽有祖風。』竟以剛直爲令狐綯所忌，爲西川節度。

韓偓斷腕，傅玄奉簡。韋貽範爲相，多受人賂，許以官，既而以喪罷去。日爲債家所課〔一〕，日遣人詣中尉樞密求之。上命草制，偓曰：『吾腕可斷，此制不可草！』上疏以爲，此必駭物情傷國體。晋傅玄奉白簡，竦聳不寐。

積正也，潔之正也。《新序》：『縣名勝母，曾子不入；邑號朝歌，墨子回車。故孔子席不正不坐，割不正不食。不飲盗泉之水，積正也。袁族不食而死，潔之正也。』

翟璜之言直，叔向之好直。任座對魏文侯曰：『臣聞之，君仁者，其臣直。向翟璜之言直，臣是以知君仁君也。』襄公廿九年，季札謂叔向曰：『吾子好直，必思自免於難。』襄公七年，穆子曰：『詩曰：「靖共爾位，好是正直。恤民爲德，正直爲正。靖共爾位，所以恤民正己心。正曲爲直，參和爲仁。」正人曲，德、正、直三者備，乃爲仁。』襄公廿一年，叔向曰：『詩曰：「有覺德行，四國順之。」言德行直，則天下順之。夫子，覺者也。』夫子，祁大夫。覺，較然正直。

穆子之言，叔向之語。子皮之言直，韓嬰之言正。襄公卅年，子皮曰：『或主剛直，難乃不生。』《韓詩外傳》曰：『正直者，順道而行，順理而言，公平無私，不爲安肆志，不爲危

〔一〕今按：『課』，當爲『譟』。

微〔一〕行。昔衛莊公出走，反國及郊，將班邑於從者而後入。太史柳莊曰：「君反國而有私也，無乃不可乎？」於是不班也，柳莊正矣。』

三德　三章

二曰剛克

孔子思得狂士，孟子善養至剛。横渠謂：剛則守而不迴，柔則入而不直。晦翁謂：剛果方能傳道，柔弱不能濟事。守而精之，金石可通；發而充之，天地可塞。世言太剛則折，士患不剛耳，折不折，天也。吾聞東坡之言矣。坡論剛德。伊川流落涪州，頻於一死，怡然自樂。晝夜生死，銖視軒冕，剛心勇志，塵視金玉，萬折不磨。至今言之，猶有生氣。

匡衡之言剛，揚子之言剛。匡衡曰：『勇猛剛强者，戒於大暴。』揚子：『剛則甈。慄。』楚圍之剛，子晳之剛。昭公元年，會於虢。令尹享趙孟，賦《大明》之首章。叔向對曰：『王弱，令尹强，其可哉！』趙孟曰：『何故？』對曰：『强以克剛，不義也。不義而强，

〔一〕今按：『微』，四庫全書本《韓詩外傳》作『激』。中華書局《韓詩外傳集釋》許維遹案：本或作『敫』最是。

其弊必速。夫以强取，不義而克，必以爲道。不義爲道。道以淫虐，弗可久已矣！』昭公元年，子産聘晉。叔向問子晳，對曰：『其與幾何？無禮而好陵人，怙富而卑其上，不能久矣。』無禮而剛，故好陵犯於人。怙富而驕，故敢卑弱其上。

子玉之剛，處父之剛。僖公廿七年，楚蔿賈曰：『子玉剛而無禮，不可以治民。』文公五年，晉陽處父聘于衛，甯嬴從之，及温而還。其妻問之，嬴曰：『以剛。《商書》曰：「沉潛剛克，高明柔克。」夫子壹之，其不没之。一於任剛，不得善終。天爲剛德，猶不干時，况在人乎？寒暑相順，且華而不實，怨之所聚也。犯而取怨，不可以定身。剛則犯人。余懼其不獲其利，而離其難，是以去之。』六年九月，晉殺其大夫。書曰：『晉殺其大夫，侵官也。』

德剛則仰，齒亡以剛。『王者有德則華平生，德剛則仰。』《宋志》。常摐張其口而示老子曰：『吾齒存乎？』老子曰：『亡。齒之亡也，豈非以其剛耶？』

董宣强項，傅咸剛簡。胡陽公主蒼頭殺人，洛陽令董宣格殺之。因敕强項，出賜錢三十萬。晉傅咸性剛簡，風格峻整。

王允剛棱嫉惡，禰衡尚氣剛傲。

丁鴻之疏，祖禹之論。和帝永光四年六月，日食。丁鴻疏曰：『天不可以不剛，不剛則三光不明；王不可以不强，不强則宰牧縱横。宜因大變，改政匡失，以塞天意。』范氏曰：

『德宗初有削平藩鎮之志，其明斷似剛，其不畏似勇，然非實能剛勇也。夫剛有血氣之剛，有志氣之剛；夫勇有匹夫之勇，有天下之勇。此二者不可不察。始盛而終衰，壯鋭而老消，血氣之剛也。其争也正，其動也健，志氣之剛也。血氣之剛可挫也，志氣之剛不可挫也。不度可而爲，不慮後而發，匹夫之勇也。居之以德，行之以義，天下之勇也。匹夫之勇可怯也，天下之勇不可怯也。是故，至剛與大勇，人君不可不養也。德宗初欲有爲，血氣之剛匹夫之勇也。其出易則其屈必深，其發輕則其挫必亡，是以其終怯畏如此之深也。』

李彪彈劾，于烈正色。魏李彪爲中尉，彈劾不避貴戚，魏主以比汲黯。魏咸陽王禧遣奴就領軍于烈求羽林虎賁，烈正色曰：『烈頭可得，羽林不可得！』

安金藏之剖心，李昭德之杖殺。嗣聖十年，有告皇嗣潛有異謀者。太后命來俊臣鞫其左右。太常工人安金藏大呼曰：『請剖心以明皇嗣不反！』因引佩刀自剖其胸，五臟皆出。太后令輿入宫，以桑皮綫縫之，使醫納五臟，傅以藥，經宿始蘇。太后親臨視之曰：『吾有子不能自明，使汝至此。』即命俊臣停推，睿宗由是得免。時禁人間錦，侍御史侯思止私蓄之，李昭德按之，杖殺於朝。

宋璟之剛，楊瑒之奏。開元四年，以宋璟爲西京留守，遣内侍楊思勖迎之。璟風度凝遠，在途不與思勖交言。思勖歸訴於上，上嗟嘆良久。范氏曰：『昔申枨以欲不得爲剛，璟所以能剛，其惟無欲乎？』開元三年，京兆尹崔日知貪暴不法，李傑將糾之，日知反構傑罪。侍御史楊瑒奏曰：『若糾弹之司使奸人得以恐喝，則御史臺可廢矣。』上命傑視事，貶日知爲歙縣丞。

孔戣之不受，辛毗之不與。元和六年，弓箭庫使劉希光受羽林大將孫璹錢二萬緡，爲求方鎮，事覺賜死。事連吐突承璀，出爲淮南監軍。通事舍人李涉知上於承璀恩顧未衰，乃投匭上疏，稱承璀有功，希光無罪。知匭使孔戣詰責不受，上疏極言涉奸險欺天。詔貶峽州司倉。戣，巢父之子也。魏明帝時，中書監劉放、孫資見信於主，大臣莫不交好，而辛毗不與交。曰：『就與孫劉不平，不過令不作三公耳。』

凱之之獨不降意，羅貫之不報請託。宋戴法興、戴明寶乃著，權重當時，而顧凱之獨不降意。《定命論》。後唐同光三年，殺河南尹綱貫。性剛直，伶官請託，一不報。劉后與伶官共毁之。唐主往視坤陵，道濘橋壞，下獄死。

『權力疑者是謂争强，疑則比争。』賈子。『鄭子陽剛毅而好罰。其於罰也，執而無赦。舍人有折弓者，最罪而恐誅，則因猘狗之驚，以殺子陽。此剛猛之所致也。』《淮南子》。

三德　四章

總剛柔

《揚子》：『剛則甈，懆。柔則坯。慢。』或問君子之柔剛，曰：『君子於仁也柔，於義也剛。』老萊子曰『齒堅剛，卒盡相磨；舌柔順，終以不弊。』

剛柔，黄履翁：其曰剛，善則爲義爲勇爲斷，反是而惡，則猛隘强梁耳。其曰柔，善則爲慈爲順爲巽，反是而惡，則懦弱邪佞耳。昔者，作樂教胄，直寬剛簡，其別有四。建極示人，剛柔正直，其分有三。直不專於直而必以温，則和順矣；寬不專於寬而必以栗，則弘毅矣；剛不近虐簡不近傲，則無棄才矣。剛克，非暴也，去血氣之剛而已矣。柔克，非懦也，去血氣之柔而已矣。剛而非暴，柔而非懦，則歸於正直而已矣。

顔氏春風和氣，似近於柔矣，而爲邦一問，毅然以王者之事爲己任，非剛，孰能之乎？曾氏大勇之説，似專於剛矣，而一貫之語，悠然領會於一唯之間，非得於柔乎？且寬厚長者，耻言人過，西漢之寬厚美矣！而其弊至有齷齪自守，引經誤國，厥角稽首，争獻符命，此其爲懦弱爲無斷爲邪佞，何有乎柔之善？太學横議，壁立萬仞，東都之志節高矣！而其弊至有視死如歸，甘戮如飴，根連株繫，恬不爲怪，此其爲猛爲隘爲强梁，何有乎剛之善？濂溪浚其源，程氏、朱氏導其流。其辨剛欲也，則曰『有欲則無剛，剛則不屈於欲』。程。其下仁義剛柔也，則曰『仁體剛而用柔，義體柔而用剛』。朱。論顔孟之氣象曰『和氣慶雲，太山岩岩也』。明道。論夷惠之清和曰『和而不倚，中而不倚也』。朱。噫！麗日祥雲，和風甘雨，此晦翁贊明道之和。規圓矩方，繩直准平，此晦翁贊伊川之肅。然寧爲狂狷，毋寧爲詭隨。孔子思得狂士，孟子善養至剛，横渠謂剛則守而不迴，柔則入而不立。晦翁謂剛則果能傳道，柔則弱不濟事。剛非士之累也，守而精之，金石可通；發而充之，天地可塞。世言太剛則折，士患不剛耳。折不折，天也。東坡之言。處心太柔，必無植立，必不果於從政，必無建明，必不直於立朝，必不克己之嚴重，必不徙義之勇敢。程伊川流落涪州，鉄視軒冕，塵視金玉，剛心勇志，萬折不磨。韓昌黎慷慨言事，一見瘴雨蠻烟，甘上功德之表。其詩曰：『自從牙齒折，始信舌爲柔。』

三德　五章

三曰柔克

《揚子》：『柔則伓慢。』選軟，《前書》音義：『選軟，柔怯也。』選蠕，《律書》：『選蠕觀望。』常摐張其口而示老子曰：『吾舌存乎？』老子曰：『然。舌之存也，豈非以其柔耶？』《説苑》。韓平子問於叔向曰：『剛與柔孰堅？』對曰：『臣年八十齒再墮，而舌尚存。』老聃曰：『天下之至柔，馳騁乎天下之至堅。』又曰：『人之生也柔弱，其死也剛强，柔弱者生之徒也，剛强者死之徒也。吾以是知柔之堅於剛也。』上。

國子之賦，鄭興之疏。襄公廿六年，國子賦轡之柔矣。逸詩取寬政安諸侯，若柔轡之御剛馬。漢光武七年三月，晦日有食之，詔百僚各上封事。鄭興疏曰：『頃年日食，每多在晦，先時而合，皆月行疾也。不候朔日而合，日君象，月臣象，君亢急則臣迫促，故月行疾。今陛下高明，而群臣惶促，宜留思柔克之政，垂意《洪範》之法。帝躬勤政事，頗傷嚴及故及之〔一〕。』

三德　六章

平康正直

蔡沈曰：『正者無邪，直者無曲，平康正直，無所事乎矯拂，無爲而治是也。』臨川吴氏曰：『平康者，治之以正直，如《周官》所謂「刑平國用中典」也。』《周禮》：『大司寇之職，掌建邦之三典，刑邦國，詰四方。二曰刑平國用中典。平國，承平守成之國也。用中典者，常行之法。』

三德　七章

强不友剛克

蔡沈曰：『强不友者，强梗弗順者也。强不友剛克者，以剛克剛也。』臨川吴氏曰：『强不友

〔一〕　今按：此語，《資治通鑒》作『頗傷嚴急，故興奏及之』。

者，治之以剛克，如《周官》所謂「刑亂國用重典」也。』《書・吕刑》：『刑罰世重。』《周禮》：『大司寇之職，掌建邦之三典，以佐王刑邦國，詰四方。三曰刑亂國用重典。亂國，篡弑叛逆之國。用重典者，以其化惡滅伐之。』

三德　八章

燮友柔克

蔡沈曰：『燮友者，和柔委順者也。燮友柔克，以柔克柔也。』臨川吴氏曰：『燮友者，治之以柔克，如《周官》所謂「刑新國用輕典」也。』《書・吕刑》：『刑罰世輕。』《周禮》：『大司寇之職，掌建邦之三典，以佐王刑邦國，詰四方。一曰刑新國用輕典。新國者，新辟地立君之國。用輕典者，爲其民未習於教。』

三德　九章

沉潛剛克

蔡沈曰：『沉潛者，沉深潛退不及中者也。沉潛剛克者，以剛克柔也。』《易・説卦》：『兑爲附决。』柔附於剛，剛乃决柔，故曰附决。

三德　一〇章

高明柔克

蔡沈曰：『高明者，高亢明爽，過乎中者也。高明柔克，以柔克柔也。』
黄石公包桑記曰：『柔能勝剛，弱能勝强。』

三德　一一章

惟辟作福

蔡沈曰：『福威者，上之所以御下。』戴至德曰：『福威者，人主之柄，人臣安得咨取。』《語》：『天下有道，則禮樂征伐自天子出。』《揚子》：『衣而不裳，未知其可也。裳而不衣，未知其可也。衣裳其順矣乎？』

君權，黄履翁：『以天下之責任大臣，以天下之平委臺諫，以天下之論付士夫，則人主之權重矣。是故，權不可以不歸人主，而必重廟堂之柄以總之。政不可以不在廟堂，而必擇臺諫之臣以察之。言不可以不從臺諫，而必通天下之情以廣之。』

漢白馬寒盟，諸呂争王，是時也，權出於房闈。黄霧四塞，司馬輔政，是時也，權出於戚畹。然使平勃之歡早交，王陵之諍得行，雖百呂産，其何施？王商之言不屈，楊興之諫見聞，雖百王鳳，其何損？

唐斜封四出，紀綱紊亂，是時也，權出於内庭。北衙勢横，廢置在已，是時也，權出於閹宦。然使彦範之表不沮，宋璟之言是容，宫掖安敢竊其柄？蕭復之謀見聽，柳伉之疏早入，閹宦安敢弄其權？

宣帝初年，霍氏用權，一朝赫然，綜核名實，以魏相爲丞相，以丙吉爲御史，朝廷尊嚴，凛然大阿之出匣。憲宗初元，藩鎮陸梁，神斷天造，振舉紀綱，以黄裳總相權，以李綱任言責，强屏息〔一〕，豁然大明之當天。

祖宗，廟堂有所失，給舍得言，給舍有不及，臺諫得言，臺諫有不言，天下得言。太祖，杯酒雍容，顛倒掌股，分其支郡，留之邸第。在此無疑心，在彼無抉望，而權歸君上。嗚呼太祖，豈切切自親其末哉！以政事之柄任中書，以叅貳之職分政權，以臺諫之官糾大臣，故收節鎮之兵則問趙普，決征伐之議則問趙普，宰相之任重矣。然參政薛居正分其柄，御史雷德讓糾其失，此太祖善於攬權也。

天聖，宋綬以總攬威柄之説進，余靖以自攬威權之説進。仁宗始親政事，稍肅紀綱，宫中之有請謁者斥，内臣之有罪戾者絀，而權歸君上。嗚呼仁宗，豈區區自任其繁哉！責股肱之任於大臣，而君道常佚。委耳目之寄於言者，而上聽無壅。故始則委夷簡，終則委文富，宰相之任重矣。然范諫官論夷簡，唐御史糾文潞，此仁宗公於攬權也。

〔一〕今按：此二句，《四庫全書》本《古今源流至論》别集作『以李絳任言責，强藩屏息』。

周之命大夫，衛之許繁纓。威烈王初命晉大夫趙籍、韓虔、魏斯爲侯。司馬公曰：『天子之職莫大於禮，何謂禮？紀綱是也。禮莫大於分，何謂分？君臣是也。分莫大於名，何謂名？公侯卿大夫是也。繁纓，細物也，孔子惜之；正名，細務也，孔子先之。今晉大夫暴蔑其君，剖分其地，天子不能討，使得列於諸侯，是區區之名分復不能守而並棄之也。』《左傳》：仲叔于奚救孫桓子，衛人賞之以邑，辭，請曲縣。軒縣。繁纓。馬飾。仲尼聞之，曰：『惜也，以朝不如多與之邑，唯器與名不可以假人，君之所司也。器，車服。名，爵號。名以出信，信以守器，器以藏禮，禮以行義，義以生利，利以平民。若以假人，與人政也，政亡則國家從之，不可止也已。』《語》子路曰：『衛君待子而爲政，子將奚先？』子曰：『必也正名乎！名不正則言不順，言不順則事不成，事不成則禮樂不興，禮樂不興則刑罰不中，刑罰不中則民無所措手足。』

唐祖引貴臣同榻而坐，晉王命王導共坐於牀。唐神堯每視事自稱名，引貴臣同榻而坐。劉文靜曰：『貴賤失位，非常久之道。』晉王即皇帝位，命王導升御牀共坐。導固辭曰：『若太陽下同萬物，蒼生何由仰照！』乃止。發明：『有君臣之定分，有古今之常理，下不犯上，卑不抗尊，此君臣之定分也。撫后虐讎，歸仁去暴，此古今之常理也。』

《周禮》之言樂，《新序》之言名。《周禮》：『天子樂，宫懸四面；諸侯樂，軒懸闕南方。』

繁纓，馬飾，皆諸侯之服。孔子侍坐於季孫，君使人假馬。季孫之宰通曰：『其與之乎？』孔子曰：『吾聞取於臣，謂之取，不曰假。』季孫悟，告宰曰：『自今以來，君有取謂之取，無曰假。』故孔子正假馬之名，而君臣之名正矣。《論語》曰：『必也正名。』《記・大傳》：『名者，人治之大者也，可無慎乎！』陸氏曰：『孔子曰「必也正名乎」是也，若子路者，猶以爲遷故可不慎乎？』杜詩：『誰繼方隅理，難分[一]將帥權。《春秋》褒貶例，名器重雙全。』深美韋之晋將帥之才也。

三德 一二章

惟辟作威

《語》：『天下有道，則禮樂征伐自天子出。』戴至德曰：『威福者，人主之柄，人臣安得以咨取。』蔡沈曰：『福威者，上之所以禦下。』

《周禮・天官》：『冢宰以八柄詔王馭群臣：一曰爵，以馭其貴。二曰禄，以馭其富。

[一] 今按：『難分』，《四庫全書》本《御定全唐詩》作『朝難』，是。

三曰予，以馭其幸。四曰置，以馭其行。五曰生，以馭其生〔一〕。六曰奪，以馭其貧。七曰廢，以馭其罪。八曰誅，以馭其過。』

君權 林駉

以天下之責任大臣，以天下之平委臺諫，以天下之論付士夫，則人主之權重矣。夫權出於人主，則臣下禀國家之命而不敢欺，藩鎮憚京師之勢而不敢慢，夷狄畏中國之威而不敢侮。是故，權不可以不歸於人主而必重廟堂之柄以總之，政不可以不在於廟堂而必擇臺諫之臣以察之，言不可以不從於臺諫而必通天下之情以廣之。

漢自孝惠以來，白馬寒盟，諸吕争王，是時也，權出於房闈。元成以後，黄霧四塞，司馬輔政，是時也，權出於戚畹。然使平勃之歡早交，王陵之諫得行，雖百吕産其何施？王商之言不屈，楊興之諫見聞，雖百王鳳其何損？夫惟廷臣沮氣，公論閉口，此漢之人主之勢孤矣。

唐自中睿之世，斜封四出，紀綱紊亂，是時也，權出於内庭。德順之時，北衙勢横，廢置自己，是時也，權出於閹宦。然使彦範之表不沮，宋璟之言見容，宫掖安敢竊其柄？蕭復之

〔一〕今按：『生』，當爲『福』，據《周禮》。

謀見聽，柳伉之疏早入，閹宦安敢弄其權？·桓彥範上表，願令皇后專居中宮。處士韋月將告武三思，潛通宮掖，上怒令斬之。宋璟曰：『必斬月將，請先斬臣！』復言宦者，兵要政事，勿使參預。柳伉請斬程元振。夫惟甘言易入，忠論難從，此唐之人主之位虛矣。不然，宣帝初年，霍氏用事，一朝赫然，綜核名實，以魏相爲丞相，以丙吉爲御史，朝廷尊嚴，凛然太阿之出匣，非任大臣之力與？·憲宗初年，藩鎮陸梁，神斷天造，振舉紀綱，以杜黄裳總相權，以李絳任言責，强藩屏息，豁然大明之當天，非任忠賢之功與？·藝祖杯酒雍容，顛倒掌股，分其支郡，在此無疑心，留之邸第，在彼無抉望，而權始歸君上。仁宗始親政事，稍肅紀綱，宮中之有請謁者，斥；内臣之有罪戾者，絀。而權始歸君上。

三德　一三章

惟辟玉食

蔡沈曰：『玉食者，下之所以事上。』吳氏曰：『玉食，非帝王所急，足以見王威之不下移也。』

《曲禮》：『爲天子削瓜者，副析之，巾以絺。爲國君者，華半破。之，巾以綌。』永嘉戴氏曰：『一瓜之微，横斷中裂何與於尊卑，而聖人猶拳拳若此焉。天下之事，微之不可忽者，所以爲大之必謹焉。削瓜者其嚴若此，由是而推之，庶人其有食侯食者乎？庶人不敢食侯食，臣下其有作福作威而玉食者乎？此聖人制禮之微意也。』

《玉藻》：『日中而餕，朝食之餘。奏而食。作樂。日少牢，朔月大牢。五飲：上水、以水爲上。漿、酒、醴、酏。年不順成，天子食無樂。朝服以食，特牲，三俎，祭肺，夕深衣，祭牢肉。朔月少牢，五俎四簋。子卯稷食菜羹。』

《春秋傳》：『辰在子卯謂之疾日。』《檀弓》：『子卯不樂。』

淳熬：煎醢加於陸稻上，沃之以膏，曰淳熬。此八珍之一也。淳毋：煎醢加於黍食上，沃之以膏，曰淳毋。此八珍之二也。炮：取豚若將，刲之刳之，實棗於其中，編萑以苴之，塗之以謹塗。炮之，塗皆乾，擘之。濯手以摩之，去其皽，爲稻、粉，糔溲之以酏，以付豚。煎諸膏，膏必滅没，巨鑊湯，以小鼎薌香。脯，使其湯毋滅鼎，三日三夜毋絶火，而后調之以醯醢。此八珍之三四也。擣珍：取牛、羊、麋、鹿、麕之肉，必脄，夾脊肉。每物與牛若一，捶擣反側之，去其餌，熟，出之，去其皽，柔其肉。此八珍之五也。漬：取牛肉必

［新］〔一〕殺者，薄切之必絶其理，湛諸美酒，期朝而食之以醢若醯、醷梅漿。此八珍之六也。爲熬：捶之，去其皽，編萑，布牛肉焉。屑桂與薑，以灑諸上而鹽之，乾而食之。施羊亦如之。施麋、施鹿、施麕亦如牛羊。欲濡肉，則釋而煎之以醢。欲乾肉，則捶而食之。此八珍之七也。糝：取牛、羊、豕之肉，三如一，肉小切之，與稻米，合以爲餌，煎之。肝膋：取狗肝一，幪之以其膋，濡炙，舉燋其膋，不蓼。此八珍之八也。』

《周禮》：『王齊則玉府共食玉。』玉是陽精之純者，食之以禦水氣。鄭司農云：『王齊當食玉屑。』《周禮》：『酏食糝食。』

三德　一四章

臣無有作福

《左傳》孔子曰：『惜也，不如多與之邑，唯器與名不可以假人。』見惟辟。

武靈不肯稱王，子儀不受尚書令。諸侯皆王，趙武靈王獨不肯，曰：『無其實，敢處其

〔一〕今按：『新』，據《禮記》補正。

名乎？』令國人謂己曰君。書法：『趙王可謂賢矣。』發明：『天尊地卑，乾坤定矣。卑高以陳，貴賤位矣。天無二日，民無二王，一統，天地之常經，古今之通義也。』廣德二年，郭子儀以太宗爲此官，近皇太子亦爲之，不敢當，遂不受，還鎮河東。發明：『可謂真情不欺者矣。書以美之，非誠之也？』

改步改玉，大夫少牢。定公五年，陽虎將以璵璠葬君所佩，仲梁懷不與，曰：『改步改玉。』昭公之出，季氏行君事，佩璵璠祭宗廟。今定公立，復臣位，改君步，則亦當去璵璠。周禮大夫有少牢饋判縣之樂，食無奏樂之文，是大夫祭不用樂也。

蔣氏曰：『禮莫嚴於祭，然誠敬不根於內心則交神之道虧，用器或忘乎分守則僭上之患起，聖人所甚懼也。至於爵有盞斝，夏商所制也。禮，天子奠斝，諸侯奠角。《郊特牲》言：「舉斝角詔妥尸。」禮器宗廟之制，卑者舉角，等級明甚。今諸侯之祭而盞斝以及尸。噫，聖人言禮至是，則亦甚不得已矣。若是，則大夫安得不僭諸侯哉！繁纓小物，君子惜之，今也冕弁藏於私家。弓矢鈇鉞，諸侯猶俟命於天子，今也兵革藏於私家。公家賜官，限制甚嚴，而大夫具官不由於所賜。四命受器，自有彝典，而大夫聲樂皆具祭器不假此所以。官事不攝，反坫爲禮，八佾舞庭，三分公室，竊攘僭逼之事莫之禦與。』

三德 一五章

臣無有作威

《檀弓》之記，《坊記》之語。《檀弓》：『邾婁考公之喪，徐君使容居來吊含，曰：『寡君使容居坐含，進侯玉。』其使容居以含。自擬天子，以邾君爲諸侯。有司曰：『來辱敝邑也，易則易，于則于，易于雜者，未之有也。』臣來而事簡易，則行臣簡易之禮。君來而事廣大，則行君廣大之禮。于猶迂也，有廣遠之意。此著徐國君臣之僭，且明有司不能正當時之僭。《坊記》子云：『天無二日，土無二王，家無二主，尊無二上，示民有君臣之別也。《春秋》不稱楚、越之王喪。禮：君不稱天，大夫不稱君，恐民之惑也。《詩》云：「相彼盍旦，尚猶患之。」』詩，逸詩也。盍旦，夜鳴求朝之鳥。患，猶惡患也。言視彼盍旦之夜鳴以求曉，是欲反夜作晝，求所不當求者。人尚惡之，况人臣而求犯其上乎？子云：『君不與同姓同車，與異姓同車不同服，示民不嫌也。以此坊民，民猶得同姓以弑其君。』不同車，遠害也。簒弑之禍常起於同姓，故與異姓同車則不嫌。

子罕曰：『爵祿賞賜，人之所好也，君自行之。殺戮刑罰，民之所惡也，臣請當之。』君曰：『善！』國人知殺戮之刑專在子罕也，大臣親之，百姓畏之。居不期年，子罕專其政。故老子曰：『魚不可脱於淵，利器不可以示人。』《韓詩外傳》。

三德　一六章

臣無有玉食

爲大夫削瓜者，纍之祼也，不巾覆也。士，疐之。疐，謂脱花處。疐之者，去疐而已。庶人齕之。齕，嚙也。齕之，不横斷也。年穀不登，大夫不食粱。大夫食黍稷，以粱爲加。公食大夫禮，設正饌之後，乃設稻粱，所謂加也。

三德　一七章

臣之有作福

尹起莘曰：『周亡於諸侯，唐亡於藩鎮。』又曰：『丘夷則淵實，下陵則上替。』

魏子南面，公子説服。《昭卅三》：『城成周，魏子南面。居君位。衛彪傒曰：「魏子必有大位。干位以令大事，非其任也。」』《昭公元年》：『會於虢，楚公子圍設服離衛。設君服以自衛，二人執戈陳於前。離，陳也。叔孫穆子曰：「楚公子美矣，君哉！」鄭子皮曰：「二執戈者前矣！」蔡子家曰：「蒲宫在前，不亦可乎？」禮，君行，二執戈者在前。緝蒲爲王屋，設君服，無怪也。』將禘襄公，萬者二人。《昭廿五》：『其衆萬於季氏。』

八佾舞庭，三家雍徹，季氏旅泰。《語》：『子謂季氏，八佾舞於庭，是可忍也，孰不可忍也！』『三家者以雍徹。子曰：「天子穆穆，奚取於三家之堂？」』『季氏旅於泰山。子曰：「嗚呼！曾謂泰山不如林放乎？」』孔子曰：『魯之郊禘，非禮也。周公其衰也！』辛伯曰：『兩政，亂之本也。』臣擅命。

揚子之言僭，左氏之言擅。或問：『秦伯襄公。列爲侯衛，卒吞天下，赧周王。曾無以制乎？』曰：『天子制公侯伯子男也，庸用。節節度。節莫差於僭，僭莫僭於祭，祭莫重於地，地莫重於天，則襄、文、宣、靈其兆也。僭兆見。昔者襄公始僭，西畤以祭白帝；文、宣、靈宗，興鄜、密、上、下，鄜畤上，密畤青，上下畤黄帝、炎帝。用事四帝，而天王不匡，反致文、武胙。是以四疆之内各以其力來侵，攘肌及骨，赧獨何以制乎？』

《左·隱公元年》：『公子預魯大夫。及邾人、鄭人盟於翼。不書，非公命也。新作南門。亦非公命也。此見大夫專擅之端。

陽虎之盟詛，子孔之專政。《定六》：『陽公盟公及三桓於周社，盟國人于亳社，詛于五父之衢。』傳言三桓微，陪臣專。《襄十九》：『鄭子孔之爲政也專。』書曰：『鄭殺其大夫，專也。』

曹爽之擬於乘輿，司馬之自爲都督。魏曹爽飲食衣服擬於乘輿，司馬懿將殺爽，以太后令召桓範，範哭曰：『曹子丹爽父佳人，生汝兄弟，豘犢耳，收爽等，夷三族。延熙十九年，司馬昭自爲大都督，奏事不名，假黄鉞。景耀元年自爲相國，封晋公加九錫，復辭不受。』書法：『上書自爲，下書復辭，復書始受，所以深誅其心也。』

進爵爲王，立王爲帝。魏晋公昭進爵爲王，太尉王商、司徒何曾、司空荀顗共詣晋王，顗曰：『便當相率而拜，無疑相也。』祥曰：『王、公相去一階而已，安有天子三公可輒拜人者！君子愛人以禮，我不爲也。』及入，顗拜，而祥獨長揖。昭謂高曰：『今日然後知君見顧之重也！』裴寂等請尊天子爲天王，立代王爲帝，移檄郡縣，以示突厥。李淵曰：『此可謂掩耳盗鈴，然逼於時事不得不爾。』

董昌僭號，高肇擅録。董昌僭號，吴鐐曰：『大王不爲真諸侯以傳子孫，欲爲假天子以取滅亡耶！』昌族誅之。魏大旱，司徒高肇擅録囚徒欲收衆心，清河王懌言於魏主曰：『昔季氏旅於泰山，孔子疾之。減膳録囚乃陛下之事，今司徒行之，豈人臣之事乎？』

閉門作天子，假鉞爲丞相。錢鏐遺董昌書曰：『與其閉門作天子，俱陷塗炭，豈若開門作節度使，終身富貴耶！』不聽。周大象二年，周主贇殂。隋公楊堅自爲大丞相，假黄鉞居東宫。書法：『書曰居東宫何？誅意也。周主雖幼，終不有子乎？遂入居之，堅欲代周之意可知矣。

霍禹作乘輿，楚尹爲王旌。霍禹作乘輿輦，加文茵。《漢書》。昭公七年，楚子之爲令尹也，爲王旌以田。芋尹無宇斷之曰：『一國兩君，其誰堪之。』

盞斝及尸，非禮也。聲樂皆具，非禮也。《禮運》孔子曰：『盞斝及尸君，非禮也，是謂僭君。』盞夏爵，斝殷爵。尸君，君之尸也。杞宋二王之後得用以獻尸，其餘列國惟用時王獻器。今國君皆用盞斝以及於尸君，非禮也，是僭上之君耳。『大夫具官，祭器不假，聲樂皆具，非禮也。是謂亂國。』家臣不能具官，一人常兼數事，具官是僭擬也。

三德　一八章

臣之有作威

新安陳氏曰：『此所謂臣，大臣也。』

羽父帥師，奉世發兵。《左・隱公四年》諸侯伐鄭，書曰『翬帥師』，疾之也。疾羽父專兵會諸侯。元康元年，莎車叛，衛侯馮奉世矯發諸國兵擊破之。以奉世爲光禄大夫，議封奉世皆以爲可，獨蕭望之以爲矯制發兵雖有後效，不可以爲後法。書法：『矯制雖討叛，必書矯，示民有君也。《綱目》之修君臣之分而已矣。』

張衡陽嘉之説，襄楷延熹之疏。漢順帝陽嘉三[年]五月旱，張衡言：前年京師地震土裂，裂者威分，震者民擾也。願陛下思惟所以稽古率舊，勿令刑德八柄不由天子，然後神望元屬〔一〕，灾消不至矣。』刑德八柄，猶器之有柄，言刑德由天子出，非人臣所得預也。桓帝延熹九年，襄楷疏曰：『今春夏大雨，霜雹雷電，臣作威作福，刑罰急刻之所感也。』

梁冀之白太后，董卓之爲太尉。冲帝崩，徵清河王蒜、孝王子纘，梁冀白太后，迎纘即位，罷蒜歸國。發明：『九五大寶，乃私門之物爾。』四方貢獻，皆先輸上，第於梁冀，上呈于第。百官遷召皆先到門。崔琦作《外戚箴》以獻，冀怒殺之。董卓自爲太尉，領前將軍事。書法：『官未有書「自爲」者，書「自爲」，專也。』

十八年之爲魏公，十九年之位侯王，廿二年之用車服。建安十八年五月，曹操自立爲

〔一〕　今按：『元屬』，《後漢書》作『允塞』，是。

魏公，加九錫。書法：『九錫自莽始，於是再見。然莽書加安漢公莽九錫，則命猶自上出也。至操書「自」，則又甚於莽矣。終《綱目》，九錫書「自」者十一，皆操之教也。十九年，進位諸侯王上。書法：『位諸侯王上，王莽嘗書之矣。書曰升宰衡位在諸侯王上，則命猶自上出也。於是書曰進位諸侯王上，是自進耳。』二十二年，用天子車服，出入警蹕。書法：『昔成王賜周公以天子禮樂，蓋追賜也。天子在上，而僭其車服儀制，是二天子矣。操之罪可勝誅哉！』

太傅越之領兵入衛，蕭道成之專制朝權。晉永嘉三年，太傅越使將軍何倫領國兵入宿衛。書法：『此其書領國兵何？誅心也。於是帝所無非越黨者矣，危哉！』蕭道成專制朝權，沈攸之曰：『吾寧爲王陵死，不爲賈充生！』有素書十數行，韜在裲襠角。云詔書也。是明年〔一〕與己約誓。於是勒兵移檄討道成。裲音兩，當衣名，其一當背，其一當胸，故名裲襠。

王與馬共天下。王敦總征討，王導專機政，時人語曰云云。

寧拒至尊敕，不可違舍人。齊主昭業寵幸中書舍人綦毋珍之，有司語云云。

弘質之爲某官，李穆之奉熨斗。唐武宗會昌五年，貶韋弘質爲某官。書法：『書曰某

〔一〕 今按：『年』，《資治通鑑》作『帝』，是。

官何？史失之也。史失之則如勿書，病德裕也。』於是弘質言宰相權重，德裕以賤人圖柄臣，貶之，專莫甚矣！他日啓宣宗灑淅之疑，而不免朱崖之貶宜哉。正義：下輕其上，爵賤人圖柄臣，則國家摇動而人不静。宣宗曰：『適近我者非太尉耶？每顧我，使我毛髮灑淅。』周并州刺史李穆使子渾奉熨斗於楊堅曰：『願執威柄以慰安天下。』又以十三鐶金帶遺堅。十三鐶金帶者，天子之服也。

宣公九年之取根牟，定公六年之詛五父。杜註：『不言公，非公命也。自宣而下，征伐在大夫矣。』陽虎盟公及三桓於周社，盟國人于亳社，詛于五父之衢。傳：『言三桓微，陪臣專政。』

『兵革藏家，是謂脅君。』《禮運》。『等級無限，是謂争尊。』《賈子》。

李白詩《遠别離》其略曰：『君失臣兮龍爲魚，權歸臣兮鼠變虎。』或言：『堯幽囚舜野死。帝子泣兮緑雲間。蒼梧山崩湘水絶，竹上之泪乃可滅。』大意：無借人國柄。此詩之作，其在於天寶之末乎？國權歸於林甫、國忠，軍權歸於禄山、舒翰。

三德　一九章

臣之有玉食

爲大夫削瓜者，累之。倮也。見上。

廣安縣，有玉飯。

當升殿坐，與我共食。見卜。

其害于而家，凶于而國。人用側頗辟，民用僭忒。

三德　二〇章

專輒之禍

辛伯曰：『兩政，亂之本也。』

王建殺陳敬瑄，表奏曰：『開柙出虎，孔宣父不責他人；當路斷蛇，孫叔敖蓋非利己。

專殺不行於閫外，先機恐失於轂中。』

鄭子孔之爲政也專，殺子孔而分其室。襄公十九年，鄭子孔之爲政也專，國人患之。子展、子西殺子孔而分其室。書曰：『鄭殺大夫，專也。』

卷之三十九

稽疑　一章

次七曰明用稽疑

蔡沈曰：『稽疑曰明，所以辨惑也。』

臨川吴氏曰：『六之次爲七。洛書文之在右者，德雖應變無方，然有疑事非人謀所能决者，必須謀之鬼神，故以稽疑配數之次。』

蔡沈曰：『稽考也，有所疑則卜筮以考之。龜曰卜，蓍曰筮。蓍龜者至公無私，故能紹天之明；卜筮者亦必至公無私，而後能傳蓍龜之意，必擇是人而建立之，然後使之卜筮也。』

崔浩爲魏主而講，宋帝呼丁度而問。魏博士崔浩爲魏主嗣講《易》《洪範》，占决多驗，由是有寵。丁度侍讀，仁宗呼而不名，問以蓍龜占應事，對曰：『不若以古之治亂爲蓍龜也。』

擇建立卜筮人，乃命卜筮。西山真氏曰：『皇極之君以人謀未免乎有心，有心未免乎有私，此所以洗心齋戒以聽天命，而無所容其心也。』擇建立卜筮者，非其人則不可，非其職則不專，必得其人而立之，然後乃可命之。卜筮定天下之吉凶、成天下之亹亹，非紀事也。《曲禮》之言卜筮，《表記》之言卜筮。《曲禮》曰：『龜爲卜，筮爲蓍。卜筮者，先聖王之所以使民信時日、敬鬼神、畏法令也，所以使民決嫌疑、定猶與也。』猶，獸名；與，亦獸名。《表記》：『子言之，昔三代明王，皆事天地之神明，無非卜筮之用，不敢以其私褻事上帝。是以不犯日月，不違卜筮。卜筮不相襲也。』不犯日月，謂不使祭日相見犯，若一時有兩祭，則必相迴互，使之不相妨。

《周禮》：『占人掌占龜，以八筮占八頌，以八卦占筮之八故，以眡吉凶。凡卜筮，君占體，大夫占色，史占墨，卜人占坼。體，兆象也。色，兆氣也。墨，兆廣也。坼，兆亹也。凡卜筮既事，則繫幣以比其命。』

段業之信卜莁，魏主之禁卜莁。見卜莁。

爲日，占天。《曲禮》：爲日，爲卜吉日。假爾泰，龜有常。

《揚子》或問：『聖人占天乎？』曰：『占天地。』『若此，則史也何異？』曰：『史以天占人，聖人以人占天。』

大人，大卜。《詩》：『大人占之。』《周禮》：『大卜爲卜筮官之長。』卜師、卜人、龜人、菙氏、音水。占人、筮人、音筮。占夢。皆其官屬。

天子寶龜，卜人定龜。《樂記》：『青黑緣者，天子之寶龜也。』《玉藻》：『卜人定龜，史定墨，君定體。』註：卜必以黑素，龜體者，兆象之形體。

《周禮》：大卜掌三兆之法，一曰玉兆，二曰瓦兆，三曰原兆。掌三易之法，一曰《連山》，二曰《歸藏》，三曰《周易》。掌三夢之法，一曰致夢，二曰觭夢，三曰咸陟。以邦事作龜之八命，一曰征，二曰象，三曰與，四曰謀，五曰果，六曰至，七曰雨，八曰瘳。以八命者贊三兆、三易、三夢之占，以觀國家之吉凶，以詔救政。凡國大政，卜立君，卜大封，則視高作龜。大祭祀，則眡高命龜。凡小事，涖龜。國大遷、大師，則貞龜。凡旅，陳龜。凡喪事，命龜。

卜師掌開龜之四兆，一曰方兆，二曰功兆，三曰義兆，四曰弓兆。

龜人掌六龜之屬。天龜曰靈屬，地龜曰繹屬，東龜曰果屬，西龜曰雷屬，南龜曰獵屬，北龜曰若屬。

菙氏掌共燋契，以待卜事。

《昭公三年》晏子曰：『諺曰：「非宅是卜，唯鄰是卜。」』杜詩曰：『王翰願卜鄰。』

《哀公二年》：趙鞅卜戰，龜焦。樂丁曰：『詩曰：「爰始爰謀，爰契我龜。」』《桓公十一年》楚鬥廉曰：『卜以決疑，不疑何卜？』懿氏卜妻敬仲，其妻占之曰：『[吉]，是謂「鳳凰於飛，和鳴鏘鏘，有嬀之後，將育于姜。五世其昌，並于正卿，八世之後，莫之與京。」』大也。

《昭公廿五年》：初，臧昭伯如晉，臧會竊其寶龜僂句。及昭伯從公，平子立臧會。會曰：『僂句不余欺也。』《朱子易贊》曰『僂句成欺，黄裳亦誤』是也。《傳》言：『卜筮之驗，善惡由人。』

《哀公十年》：趙鞅伐齊，大夫請卜之。[赵孟]曰：『吾卜於此起兵，事不再令，卜不襲吉，可也。』

成季之將生也，桓公使卜楚丘之父卜之。曰：『男也，其名曰友，在公之右，間於兩社，爲公室輔。』『及生，有文在其手曰「友」。』

惠公之在梁也，梁伯妻之。梁嬴孕，過期，卜招父與其子卜之。其子曰：『將生一男一女。』招曰：『然。男爲人臣，女爲人妾。』故名男曰圉，女曰妾。及子圉西質，妾爲官女。

《昭公十三年》：初，靈王卜曰：『余尚得天下。』不吉，投龜詬天而呼曰：『是區區者而不余畀，余必自取之。』民患王之無厭也，故從亂如歸。

《哀公二年》：齊人輸范氏粟，趙鞅遇於戚。卜戰，龜焦。樂丁曰：『「詩曰」「爰始爰謀，爰契我龜。」謀協以故兆，詢可也。』故兆，始納衛太子，卜得吉兆。今既謀同，可不須更卜。

蔡沈曰：『龜曰卜，龜者至公無私，故能紹天之明。』

韓簡曰：『龜，象也。』

《論語》子夏曰：『雖小道，必有可觀者焉，致遠恐泥，是以君子不爲也。』小道如農圃、醫卜之屬，泥，不通也。

《襄公十年》：鄭侵衛，孫林父卜過之。姜氏問繇，曰：『兆如山陵。』衛人追之，獲鄭皇耳於犬丘。

《昭公五年》：吴蹶由曰：『國之守龜，其何事不卜？』

畢萬筮仕於晉，遇屯之比。辛廖占之，曰：『其必蕃昌。』

武德九年之禁雜占，唐太宗。開元十年之不出入。卜相占候之人不得出入百官之家。

瓦卜、鷄卜。楚巫擊瓦，觀分拆文理、定吉凶。杜詩曰『瓦卜傳神語』是也。元封二年，祠天神上帝百鬼而用鷄卜。《正義》：『鷄卜法，用鷄一，狗一，生，祝願訖，煮熟，又祭，獨取鷄兩眼，骨上自有孔，似人物形則吉，不足則凶。』

管輅之明術數，張説之引術士。何晏聞管輅明術數，請與論易曰：『試爲我作一卦，當至三公否？』又問：『青蠅數十，來集鼻上，何也？』輅曰：『今君位尊勢重，而懷德者鮮，殆非小心求福之道。願裒多益寡，非禮不履，然後三公可至，青蠅可驅也。』鄧颺曰：『此老生之常譚。』輅曰：『畏威者衆，老生者見不生，常譚者見不譚。』輅舅聞之，責其言大切。輅曰：『與死人語，何所畏耶？』舅怒，以爲狂。崔祐甫等奏：『張説引術士占星，罷中書令。』

崔浩之講，靈助之推。魏博士崔浩爲魏主嗣講《易》《洪範》，占决多驗，由是有寵。節憫帝寶泰元年，魏劉靈助推算，知爾朱氏將衰，乃起兵，云：『劉氏當王幽瀛。』自占云：『三月之末，我必入定州。』至是首函，入定州。

梁弘正之謂兵起，唐太史之云女昌。梁周弘正善占候，謂人曰：『國家數年後當有兵起。』及聞侯景，曰：『亂階在此矣。』貞觀廿二年，太白屢晝見，太史占云：『女主昌。』民間又傳《秘記》云：『唐三世後，女主武王代有天下。』上問太史李淳風，對曰：『仰觀天象，俯察曆數，其人已在宫中，兆既成矣。』上曰：『疑似者盡殺之，何如？』對曰：『天之所命，不可違也。』發明：『隋以疑似而殺李渾，然卒無益於事，此太宗之所親見也，不以爲戒而反襲其迹，則亦同歸相亂耳。』

玄明之卜，蔡鐵之卜。長慶四年，敬宗即位。卜者蘇玄明與染坊工人張詔善，謂之曰：『我爲子卜，當升殿坐，與我共食。』詔與玄明謀結染工無賴者百餘人，匿兵於柴草，車載以入。上幸左軍，左軍中尉馬存亮負上入軍，討平之。發明：『敬宗不道，妖氣乘之。』蔡鐵善卜，劉義宣射鼠置函中，使卜之。笑曰：『兑色之鼠背明户，彎弧射之絶左股，鼠孕三雄而兩雌，若不見信，剖腹而立知。』皆如鐵言，賜鐵一萬。《述异記》。

奩中之鼠，袁氏占之；舍下之雉，占者言之。高宗置一鼠於奩，令術家占之，皆曰『鼠』。袁天綱曰：『雖實鼠入則一，出則四。』發之，鼠生三子。《史》。中和二年五月，雉雊于揚州廨舍，二雉雊寢。占者曰：『野鳥入室，軍府將空。』高駢心惡之。《舊唐》。

三雀登於鷄背，萬雀集于樹上。晋元帝未登極，有三雀共登一鷄背，三入安東府廳，事占者曰：『當進爵爲天子也。』《洞林》。 圉人魏尚有罪繫獄，有萬頭雀集棘樹上，尚占曰：『雀者，爵命之祥，我其復官也。』

雀入手中，雀集背上，雀止肩左。任城魏肇之初生，有雀飛入手，占者以爲封爵之祥。《異苑》。丞相府將雏鷄，雀飛集背上，令璞卜之，曰：『此晋王即祚之占也。』見上。《北史》曰：『潘樂，字相貴，初生有一雀止其母左肩，占者咸言富貴之徵，因名相貴，後以爲字。』《北齊書》。

杜詩：『厭就成都卜。』嚴君平賣卜成都。『憑將百錢卜，漂泊問君平。』劉長卿詩：『愁聞卜命看《周易》』。

稽疑　二章

筮

蔡沈曰：『蓍曰筮，筮，决也。』《易·繫》：『探賾隱，鈎深致遠，以定天下之吉凶，成天下之亹亹者，莫大乎蓍。』

泰筮有常，福必不久。《曲禮》曰：『爲日，爲卜吉日。假爾泰筮有常。』王敦命篤使郭璞筮之，曰：『無成。』問：『吾壽幾何？』曰：『福必不久。』曰：『卿壽幾何？』曰：『命盡今日。』敦斬之。

董道秀之筮，曲安遠之筮。魏東平王丕築白臺，丕夢登其上，四顧不見人，命術士董道秀筮之，曰：『吉。』丕默有喜色，至是丕以憂卒，道秀亦棄市。高允曰：『夫筮者，皆當依附爻象，對以忠厚。王之問也，道秀宜曰「窮高爲亢」。《易》曰「亢龍有悔」，又曰「高而無民」，皆不祥也，王不可以不戒。如此則王安於上，身全於下矣。道秀反之，宜其死也。』晉康州刺史嘗以鰕頭杯獻，簡文以盛酒未及飲，酒躍於外，廬江太守曲安遠頗解術數，即令筮之，曰：『即三旬，後庭當有告變者。』果有生子，人面犬身。《南越志》。

女娃之筮，董豐是筮。《歸藏》曰：『昔女娃筮，張雲幕而枚占神明。』筮者謂董豐曰：『君憂獄，遠二枕，避三沐。』豐既歸，妻具枕授沐，豐皆不從，其夜，果誤殺妻。《晉書》。

郭璞之筮王導，莊叔之筮穆子。王導渡淮，使郭璞筮之，卦成，璞曰：『吉，無不利。淮水絶，王氏滅。』《晉傳》。初，穆子之生也，莊叔以《周易》筮之，遇明夷之謙，以示卜楚丘。曰：『是將行，而歸爲子祀，其名曰牛，卒以餒死。』《昭公五年》。

敬仲之筮，獻公之筮。《桓公十一年》：敬仲，其少也，周史有以《周易》見陳侯者，陳侯使筮之，遇觀之否，曰：『是謂「觀國之光，利用賓于王。」若在異國，必姜姓也。』晉獻公筮嫁伯姬於秦，遇歸妹之睽，史蘇占之曰：『不吉，其繇曰「士刲羊，亦無衁也；女承羊，亦無貺也；西鄰責言，不可償也。」』歸妹之睽，猶無相也。

卜楚丘之筮，卜徒父之筮。成季之將生也，卜楚丘筮之，遇大有之乾，曰：『同復于父，敬以君所。』見敬與君同。《僖十二》秦伯伐晉，卜徒父筮之，對曰：『乃大吉也，三敗必獲晉君。其卦遇蠱，曰「千乘三去，三去之餘，獲其雄狐。」夫狐蠱，必其君也。蠱之貞，風也。其悔，山也。歲云秋矣，我落其實而取其材，所以克也。實落材亡，不敗何待？』

卜人之言筮短，韓簡之言筮數。晉獻公欲以驪姬爲夫人，卜之，不吉。筮之，吉。公曰：『從筮。』卜人曰：『筮短龜長，不如從長。』杜預註：『物生而後有象，象而後有滋，滋而後有數，龜象筮數，故象長數短。且其繇曰：「專之渝，攘公之羭，一薰一蕕，十年尚猶有臭，必不可不聽。』惠公在秦，韓簡侍曰：『龜，象也。筮，數也。物生而後有象，象而後有滋，滋而後有數，先君之敗德，及可數乎？史蘇是占，勿從何益？』林堯叟註：『龜以象示，筮以數告，凡方鑒乂弓之兆，皆象也。凡奇耦老少之數，皆數也。天地絪緼，萬物化醇，故生而後有形象可言。男女構精，萬物化生，故象而後有滋生益衆。一生二，二生三，三生萬物，故滋而後有數。先君所行當致喪敗之德，及今言之可一二數之乎？』始往而筮，遇艮之八。

《襄公九年》：穆姜薨於東宮。淫僑如，欲廢成公，故徙居東宮。始往而筮之，遇艮之八。史曰：『是謂艮之隨，隨，其出也，君必速出。』姜曰：『無，是於《周易》：「隨，元亨利貞，無咎。」有四德者，隨而無咎。我皆無之，豈隨也哉？』傳言：『穆姜辨而不德。』

《周禮》筮人掌三易，以辨九筮之名：一曰連山，二曰歸藏，三曰周易。九筮之名：一曰巫更，二曰巫咸，三曰巫式，四曰巫目，五曰巫易，六曰巫比，七曰巫祠，八曰巫參，九曰巫環。以辨吉凶，凡國之大事，先筮而後卜。上春尚筮，凡國事共筮。

《表記》子曰：『天子無筮，諸侯有守筮。天子道以筮。諸侯非其國不以筮。』天子無筮者，天子體尊，在國中有事皆卜，而不以筮。至于巡守征伐，在道則以筮。蓋龜當敬而不可褻也，故曰『道以筮』。諸侯卑於天子，在國中居守，有事則筮。降於天子之用龜也。至于出境，則不筮，蓋不敢問吉凶於人之國，且避天子也，故曰『諸侯非其國不以筮』。

稽疑　三章

曰雨

蔡沈曰：『此卜兆也。雨者，如雨，其兆爲水。』

昭王之祟河，趙鞅之遇水。《左・哀六》：楚子卒，昭王有疾，卜曰：『河爲祟。』王不祭，曰：『江、漢、睢、漳，楚之望也。禍福之至，不是過也。不過境内山川星辰。不穀雖不德，河非所獲罪也。』《哀九》：晋趙鞅卜救鄭，遇水適火。水火之兆。史龜曰：『是謂沈陽，可以興兵。火陽得水，故沉兵陰類也，故可以興兵。利以伐姜，不利子商。齊，火師之後，子商姓，屬水。伐齊則可，敵宋不吉。』史墨曰：『盈，水名也；子，水位也。趙鞅姓盈，宋姓。名位敵，不可干也。炎帝爲火師，姜姓其後也。水勝火。伐姜則可。』史趙曰：『是謂如川之滿，不可游也。鄭方有罪，不可救也。』

遇泰之需，遇屯之比。《哀・九》：陽虎以《周易》筮之，遇泰之需，曰：『宋方吉，不可與也。』畢方筮仕于晉，遇屯之比，辛廖占之，曰：『吉。屯固比入，吉孰大焉，其必蕃昌。公侯之子孫，必復其始。』

《周禮》：大卜以邦事作龜之八命：七曰雨。

稽疑　四章

曰霽

蔡沈曰：『霽者開霽，其兆爲火。』

晉趙鞅之遇水敵火，晉獻公之遇妹之睽。趙鞅卜救鄭，『是謂沉陽，可以興兵，利以伐姜，不利子商。』見上。晉獻公筮嫁伯姬於秦，遇歸妹之睽。史蘇占之，曰：『不吉。其繇曰：「士刲羊，亦無衁也。女承筐，亦無貺也。西鄰責言，不可償也。歸妹之睽，猶無相也。」震之離，亦離之震，爲雷爲火，爲嬴敗姬，車脱其輹，火焚其旗，不利行師，敗于宗丘。歸妹、睽孤，寇張之弧，侄其從姑，六年其逋，逃歸其國，而棄其家，明年其死於高粱晉地之墟。』

稽疑　五章

曰蒙

蔡沈曰：『蒙者，蒙昧，其兆爲木。』

秦伯伐晋，其卦遇蠱。《僖公十五年》：秦伯伐晋，卜徒父曰：『其卦遇蠱，曰：「千乘三去，三去之餘，獲其雄狐。」夫狐蠱，必其君也。蠱之貞，風；其悔，山也。歲云秋矣，我落其實而取其材，所以克也。實落材亡，不敗何待？』

稽疑　六章

曰繹

蔡沈曰：『繹者，絡繹不屬，其兆爲金。』

成季之生，大有之乾。成季之始生也，遇大有之乾，曰：『同復于父，敬以君所。』乾爲父，離變爲乾，故曰『同復于父。』見敬與君同。及生，有文在其手曰『文』。

稽疑　七章

曰克

蔡沈曰：『克者，交錯有相生之意，其兆爲土。』

火焚山，兆如山。《昭公五年》：穆子之生也，遇明夷之謙。卜楚丘曰：『是將行，而歸爲子祀，其名曰牛，卒以餒死。』離，火也；艮，山也。離爲火，火焚山，於人爲言，敗言爲謬；純離爲火，世亂讒勝。《襄公十年》：鄭侵衛，姜氏問繇，曰：『兆如山陵，有夫出征而喪其雄。』姜氏曰：『征者喪雄，禦寇之利也。』《昭公十二年》：南蒯之將叛也。南蒯枚筮之，遇坤之比，曰：『黄裳元吉。』以爲大吉也。示子服惠伯曰：『即欲有事，何如？』惠伯曰：『吾嘗學此矣，忠信之事則可，不然必敗。外强内温，忠也。和以率貞，信也。黄，中之色也。裳，下之飾也。元，善之長也，忠不中，不得其色。下不恭，不得其飾。事不善，不得其極。外内唱和爲忠，率事以信爲恭，供養三德爲善，非此三者弗當。且夫《易》，不可以占險，將何事也，且可飾乎？中美能黄，上美爲元，下美則裳，參成可筮。猶有闕也，筮雖吉，未也。』

稽疑　八章

曰貞

蔡沈曰：『此占卦也，内卦爲貞，《左傳》蠱之貞風是也；又有以遇卦爲貞，《國語》貞屯是也。』

西嶺氏曰：『内卦曰貞，貞者，事之幹也。問如揲蓍成卦，則正卦爲貞。如八卦之變，則一純卦爲貞。』朱子曰：『是如此。』

稽疑　九章

莊叔之遇明夷之謙，見克。畢萬之遇屯之比。見雨。

曰悔

蔡沈曰：『外卦爲悔，《左傳》其悔山是也。又有以之卦爲悔，《國語》悔預是也。』

問如揲蓍成卦，則之卦爲悔，如八卦之變，則變卦七爲悔。朱子曰：『是如此。』

陳侯之遇觀之否，見筮。桓公之遇大有之乾，見繹。獻公之遇歸妹之睽。見霽。

凡七，卜五，占用二，衍忒。蔡沈曰：『凡七：雨、霽、蒙、繹、克、征、悔也。卜五：雨、霽、蒙、繹、克也。占二：貞、晦也。

稽疑　一〇章

决疑

有心未若無心之爲公，有情未若無情之爲信，故盤庚遷都、成王東征皆以卜筮爲主。

立時人作卜筮，三人占，則從二人之言。唐孔氏曰：『三人從二，善鈞從衆也。』

稽疑　一一章

從衆

《書》：『乃卜三龜，一襲吉。啓鑰見書，乃并是吉。』《儀禮・士喪》：『卜葬，占者三人。』《周禮》：『太卜掌三兆之法。』杜註：『玉兆，顓帝之兆；瓦兆，堯之兆；原兆，周之兆。』

汝則有大疑，謀及乃心，謀及卿士，謀及庶人，謀及卜筮。

稽疑　一二章

昆命

朱子曰：『卜筮，處事者占法，先斷人志，後命於蓍龜之靈，不至越於人也。』

《書》帝曰：『官命，惟先蔽志，昆命于元龜。朕志先定，詢謀僉同，鬼神其依，鬼神協從，卜不襲吉〔一〕。』

《周官》：有大事，衆庶得至外朝，與群臣以序進，而天子親問焉。

《少儀》：不貳再。問。謀之龜筮，事雖正而兆不吉，則不可以不正者，再問之也。問卜筮曰：『義

〔一〕今按：此語《十三經注疏》本《尚書》作『官占，惟先蔽志，昆命於元龜。朕志先定，詢謀僉同，鬼神其依，龜筮協從，卜不習吉。』

與？志與？』義則可問，志則否。

劉氏曰：『凡問卜筮之道，先正其心，決定所疑之去就，則從此而違彼，無貳疑之心矣。然後問於筮，考諸卜，吾所就而從者，吉乎凶乎，是之謂不貳問也。則擇義以爲主，而不敢問其吉凶也。《書》曰：「官占惟先蔽志，昆命于元龜。朕志先定，詢謀僉同，鬼神其依，龜筮協從，卜不襲吉。」言以義蔽志爲先，人謀次之，鬼神又次之。然後，龜筮協從也。習吉之卜，殉其志者也，大卜之所不筮焉。』

稽疑　一三章

汝則從，龜從，筮從，卿士從，庶民從，是之謂大同。身其康强，子孫其逢吉。

大同

舜之禪禹，朕志先定，詢謀僉同，龜筮協從，此大同也。故曆數在躬，啓能敬吞〔一〕。成之宅洛，周召營相，四方和會，卜惟洛食，此大同也。故卜世卜年，卒過其曆。高氏。

〔一〕今按：『吞』，《四庫全書》本《尚書日記》作『承』。

汝則從，龜從，筮從，卿士逆，庶民逆，吉。

稽疑　一四章

君謀配於龜筮

三從之中，必龜筮之從乃可，蓋龜筮無心。既已皆從，卿士、庶民或別有私心。如盤庚遷都，心已無疑，卜稽如臺，獨臣民懷居而不欲遷，何妨於吉哉？吕氏。

卿士從，龜從，筮從，汝則逆，庶民逆，吉。

稽疑　一五章

卿士謀配於龜筮

汝與民逆而吉者，如周公東征，成王既不知周公，民又不靖，反曰艱大。惟在朝大臣與二公及卜筮從，故亦吉也。吕氏。

庶民從，龜從，筮從，汝則逆，卿士逆，吉。

稽疑　一六章

民謀配於龜筮

《易・繫辭》：『人謀鬼謀，百姓與能。』猶《洪範》之謀及卜筮卿士庶人相似。

汝則從，龜從，筮從，筮逆，卿士逆，庶民逆，作内吉，作外凶。

稽疑　一七章

一從一違

龜筮一從一違，本不可以舉事，但筮短龜長，又尊者之謀配合，故内事則可、外事則凶。

朱子。內謂祭祀，外謂征伐。蔡沈。

公曰從筮，卜曰筮短龜長，不如從長。見筮。

龜筮共違于人，用静吉，用作凶。蔡沈曰：『静謂守常，作謂動作。』

稽疑　一八章

龜筮共違

黄帝，五十年秋七月庚申，天霧三日三夜，晝昏。黄帝以問天老。乃召史卜之，龜燋。史曰：『臣不能占也，其問聖人。』帝曰：『已問天老、力牧、容成矣。』史北面再拜曰：『龜不違聖智，故燋。』《宋・符瑞志》。

高祖將遷都，謂元丕云：『昔軒轅兆卜，龜燋，卜者請訪諸賢哲。軒轅乃問天老，天老謂爲善，遂從其言，終致昌吉。然則至人之未然，審于龜矣。』《魏書》。

《昭公十三年》楚靈王［卜］曰：『余尚得天下。』不吉，投龜詬天而呼曰：『是區區者而不余畀，余必自取之。』民患王之無厭也，故從亂如歸。

稽疑　一九章

附占夢

《詩》：『乃占我夢，吉夢維何？維熊維羆，維虺維蛇。大人占之：維熊維羆，男子之祥；維虺維蛇，女子之祥。』

或曰：『夢之有占，何也？』朱子曰：『人之精神與天地陰陽流通，故晝之所爲，夜之所夢，其善惡吉凶各以類至。是以先王建官設屬，使之觀天地之會，辨陰陽之氣，以日月星辰占六夢之吉凶，獻吉夢贈惡夢，其於天人相與之際，察之詳而敬之至矣。故曰：王前巫而後史，宗祝瞽侑，皆在左右，王中心無爲也，以守至正。』

慶源輔氏曰：『詳占夢之意，則先王致察於天人之際，可謂密矣。惜乎其法之不傳也。然後世之人，情性不傳，晝之所爲猶且昏惑瞀亂而不自知覺，則其見於夢寐者，率多紛紜乖戾，未必與天地之氣相流通，其間縱有徵兆之可驗者，亦須迂迴隱約，必待其既驗而後可知極。有未易遽曉者，想古占法雖存，亦未必能盡也。』

牧人乃夢，衆維魚矣，旐維旟矣。大人占之：衆維魚矣，實維豐年；旐維旟矣，室家蓁蓁〔一〕。

《周禮》：『占夢掌其歲時，觀天地之會，辨陰陽之氣，以日月星辰占六夢之吉凶，一曰正夢，平安自夢。二曰噩夢，驚愕而夢。三曰思夢，念之而夢。四曰寤夢，道之而夢。五曰喜夢，喜悦而夢。六曰懼夢。恐懼而夢。季冬，獻吉夢于王，王拜而受之，乃舍萌于四方，以贈送惡夢。』舍，讀爲釋舍；萌，萌始生也，猶釋菜。

《正義》：黄帝夢大風吹天下之塵垢皆去，夢人執千勻之弩，驅羊萬群。帝曰：『風爲號令，力政者也。千勻之弩，異力者也，垢去而后，在天下豈有姓風名后者哉？馬牛數萬群，能牧民爲善者也，天下豈有姓力名牧者哉？』於是得風后於海隅，以爲相。得力牧於天澤，以爲將。帝因著《占夢經》十一卷。

班固《賦》：『夢登山而迥眺兮，覿幽人之髣髴。黄神邈而靡質兮，依遺讖而臆對。』

魏文之夢，舜父之夢。魏文問周宣曰：『吾夢殿屋兩瓦墜地，化鴛鴦何也？』宣對曰：『當有暴死者。』帝曰：『詐耳。』曰：『夢者意耳，苟以形言，使占吉凶。』言未卒，宫人相殺。

〔一〕 今按：『蓁蓁』，《毛詩正義》作『溱溱』。

舜父夜卧，夢見一鳳含米以遺，以黄帝《夢書》占之，此子孫當有貴者。

堯白帝之夢，湯有人之夢。堯夢白帝，遺烏喙子，其母爲扶，始升丘，睹白帝上有雲虎，感氣生皋陶。堯聘索狀如問之如堯言，徵與語明於刑法。《元命》。湯思賢君，見有人負鼎抱俎，對己而泣，寤而占，曰：『鼎爲和味，俎者割截天下，豈有人爲吾宰者哉？』初，力牧之後曰：『伊摯耕於有莘之野，湯聞，以幣聘有莘之君。有莘之君留而不進。湯乃求昏於有莘之君，遂嫁女於湯，以摯爲媵臣，至亳乃負鼎抱俎見湯也。《帝王世紀》。

景公鬥日之夢，簡子上天之夢。景公病，水卧十數日，夜夢與二日鬥，不勝，使人以車迎占夢者，晏子以公夢告之曰：『公所病者，陰也；日者，陽也。一陰不勝二陽，故病。』將愈，以是對。占夢者入對公，如晏子之言。居三日，公病大愈。《晏子》。趙簡子夢上天，見一男子在帝之側。後出，見人當道，則前所夢見在帝側者也，論之，以爲趙國且昌之狀也。』《論衡》。簡子所見帝，非實帝也。以夢占知之：樓臺山陵，官位之象也。人夢上樓臺升山陵，輒得官位，實樓臺山陵，非官位也。則知簡子所夢見帝者，非天帝也。上。

文帝之夢，武后之夢。隋文帝夢洪水没城，意惡之，乃移都大興。術者云：『洪水即唐高祖之名也。』《隋唐嘉話》。武后問石泉公王方慶曰：『朕夜夢雙陸，不勝何也？』曰：『蓋謂宫中無子，意者神靈儆夫陛下。』后大寤，召廬陵王復其儲位。《説纂》。

李瞿曇之夢，薛季昶之夢。李瞿曇夜夢一母猪，李仙藥占之曰：『母猪，豘主也，君必得豘主。』果如其言。《僉載》。薛季昶爲荆州長史，夢猫兒伏卧于堂上，頭向外限，以問占者張猶。猶曰：『猫兒者，爪牙伏門限者，閫外之事，君必知軍馬之意。』未旬月，知桂州都督、嶺南招討使。』《僉載》。

何衹之夢，王戎之夢。何衹夢桒生井中，趙直占曰：『桒，非井中之物，桒字四十八，君壽恐不過字。』衹年四十八而卒。《益部耆舊傳》。晋王戎爲鬱林［太守］，泊船新亭，夢人以七枚椹子與之，着衣中，既悟得椹如夢中，占曰：『椹，桒子也。』凡後男女大小凡大喪〔一〕。《異苑五行記》。

柳子之夢，蔣琬之夢。柳宗元自永州司馬召至京師，詣卜者問命曰：『余，柳姓也，昨夢柳樹仆地，其不祥乎？』卜者曰：『生則柳樹，仆則柳木。木者，牧也，君其牧柳州乎？』卒如其言。《紀異》。蔣琬夢有一牛頭在門前，流血滂沱，呼問占夢趙直，直曰：『夫見血者，事分明也。牛角及鼻，「公」字之象，君位必至公，大吉之徵也。』《蜀志》。

袁邵之占夢，周宣之占夢。鄧艾伐蜀，夢在山上而有流水，護軍袁邵曰：『按《易》：

〔一〕今按：此語，《四庫全書》本《異苑》作『自後男女大小凡七喪』。

「山上有水，蹇。」蹇：「利西南，往有功也；不利東北，其道窮也。」往必克蜀，殆不還乎！」《魏志》。有問周宣曰：『夢見芻狗，其占何也？』答曰：『得美食耳。』又問宣曰：『夢見芻狗，何也？』答曰：『墮車折脚。』又問宣曰：『夢見芻狗，何也？』答曰：『君家失火。』語宣曰：『前後三時，皆不夢也，聊試君耳！何皆驗耶？』宣曰：『此神靈動君使言，故與真夢無異也。』又問：『三夢芻狗而其占不同，何也？』宣曰：『芻狗者，祭神之物，故始夢當得飲食也；祭訖則爲車所轢，故中夢當墮車折脚也；車轢之載以爲樵，故後夢憂失火也。』

齊人之占夢，蕭吉之占夢。酈范夜夢陰毛拂踝，齊人占夢者史進云：『使君臨撫東秦，道光海岳，必當重牧全齊，再禄管丘矣。』果如其言，爲青州刺史。《後魏書》。大業中，有人嘗夢鳳鳥集手上，蕭吉占之曰：『此極不祥之夢。』後十餘日夢者母死。往問所以，吉云：『鳳鳥非梧桐不栖，非竹實不食，所以止手上者，手中有桐竹之象。《禮》云：「苴杖，竹也；削杖，桐也。」是以知必有重憂耳。』《大業拾遺》。

張猶占夢，解者占夢。中書令崔湜與右丞盧藏用同流嶺南，湜至荆州，夢於講堂照鏡，占夢人張猶曰：『坐下聽講，法從上來也。鏡字，金傍，竟也，其竟于今日乎？』《僉載》。顧琮爲補闕，有罪當伏法，夢見其母下體，善解者賀曰：『大夫人下體是足下生路也，重見生路，吾是以賀也。』竟得免，後至宰相。《廣異記》。

仙藥占夢，伶人占夢。給事中陳安平子年滿赴選，與鄉人李仙藥卧，夜夢十一月養蠶。仙藥占曰：『十一月養蠶，冬絲也，君必選東司。』數日果選東司。《僉載》。史朝義謀弑思明，夢而驚悟曰：『水中沙上，群鹿渡水，鹿死水乾。』伶人曰：『鹿者，禄也；水者，命也。胡禄命俱盡矣。』駱悦等擒之，縊于柳川驛。

李虚中之夢，張司直之夢。李虚中，字常容，最深于五行書，將疾，謂其友韓愈曰：『吾夢大山裂，流出赤黄物如金，有人曰所謂大還者。』虚中既没，愈追占其夢曰：『山者，艮，艮爲背裂而流赤黄，疽象也。大還者，其大歸也。』韓《李墓銘》。張司直疾病，夢懷孕，葉光逢曰：『遇壬申日當差。』曰：『懷孕，壬娠也，有大腹在也。』《葆光録》。

孟德崇之夢，劉仁恭之夢。蜀宗正少卿孟德崇，脱略傲誕，一夕夢老人取筆叱令，開手大書「九十」字而覺，客有封璉戲之曰：『「九十」字乃是行書卒字。』不旬日，果卒。《野人閑話》。梁劉仁恭夢佛旛，手指飛出，占者：『君年四十九，必有旌幢之貴。』後如其説，果爲幽帥。《北夢瑣言》。

段思平之夢，徐知誥之夢。段思平夢人斬其首，夢玉瓶耳缺，夢鏡破，董迦網曰：『三夢皆吉兆也。公爲大夫，「夫」去首，天子兆也；玉瓶去耳爲王，王者兆也；鏡中有影，如人有敵，鏡破則無影，無影則無敵矣。』思平明朝引兵渡江，逐楊氏而有蒙國，改國號曰大理，時晋天福二年也。徐知誥在政府，一日不悦，夫人問之，曰：『夜夢不吉。』夫人曰：『夢無吉凶，在人謖之耳。』俄見周宗，乃謂云：『我昨夢過順天門，俄而仆地，何也？』拜賀：『宜使人册立也。』知誥大悦。《五國故事》。

乙辛之夢，徐鍇之夢。耶律乙辛母方娠，夜夢手搏羖羊，拔其角尾，既寤占之，術者曰：『此吉兆也。羊去角尾，爲王字，汝後有子當王。』乙辛幼慧黠，牧羊至日昃，迭刺視之，乙辛熟寢，迭刺觸之，覺，乙辛怒曰：『我夢人手執日月以食我，我已食月啗日，方半而覺，惜不盡食。』後進魏王。《遼史》。方金陵之將亡也，徐鍇屬疾，忽夢巨人持大鐵篴取己及鉉，并徐遊同納篴中，鍇與遊皆墜地，而鉉獨否，俄鍇遊皆以疾卒。《南唐》。

朱眈之夢，楊沛之夢。大同中，大醫令朱眈夢犬羊各一在御座，覺而告人曰：『犬羊非佳物也，今據御坐，將有變乎？』既而天子蒙塵，景登正殿。《南史》。楊沛夢八月一日曹公當來，必與君杖，飲以藥酒，周宣占之曰：『黄巾必滅。』

太子之夢，王導之夢。初，太子夢侯景作秦始皇，占者云：『此人復欲焚書。』景入，太子募，燒東宫，圖籍盡焚，夢則應焉。《三國典略》。王導夢人欲以百萬錢買大兒長豫。後作屋，掘得一窖錢，料之百億萬，大不歡，皆藏閉，俄而長豫卒。《幽冥録》。

夢折笋者，得財象也。夢竹生笋者，欲有子息也。李淳風《占夢書》。

太卜，掌三夢之法，一曰致夢，二曰觭夢，三曰咸陟夢。夢者，人之精神所寤可占者也。致夢，言夢之所至，夏后作焉。咸，皆也，陟，得也，周人作焉；觭，讀如掎，亦得也，殷人作焉。《周禮》。

岐伯曰：『陰氣盛則夢涉，陽氣盛則夢飛，大水而恐懼，大火而燔焫，陰陽盛則夢相殺。上盛則夢飛，下盛則夢墮。甚饑則夢取，甚飽則夢予。肝氣盛則夢怒，肺氣盛則夢懼泣，心氣盛則夢喜笑，脾氣盛則夢歌樂，身體不屬，腎氣盛則夢腰脊兩解不屬。凡此十二盛者，至而寫之，立已。厥氣客于心，則夢見丘山烟火；客于肺，則夢見飛揚金錢；客于肝，則夢見山林樹木；客于脾，則夢丘陵大澤；客于腎，則夢臨淵没水；客于膀胱，則夢遊行；客于胃，則夢飲食；客于大腸，則夢田野；客于小腸，則夢聚邑；客于膽，則夢鬥訟；客于陰，則夢接内；客于項，則夢斬首；客于脛，則夢行走不前；客于股肱，則夢禮節拜起；客于胞脜，則夢溲。凡此十五不足者，至而補之，立已。』《靈樞經》。

稽疑　二〇章

附夢寐

夢，寐而覺者也。寐之言蒙也，不明之貌。卧安，則夢多也。《説文》。

夢太子之取梓於闕，夢子夫之生梓於庭。太姒夢太子發取周庭之梓樹，於商闕間化爲松柏、柞棫。《周書》。魏子夫入宫，歲餘不得見，因涕泣請出，上曰：『吾昨夢子夫中庭生梓樹數株，豈非天意乎？』是日幸之，有娠。《漢武故事》。

漢武帝之夢草，魏文帝之夢馬。有夢草似蒲，色紅，懷其葉，則知夢之吉凶。帝思李夫人之容不可得，朔乃獻一枝，帝懷之，夜果夢夫人，因改曰『懷夢草』。《洞冥記》。魏文帝猜忌晋惠帝，又夢三匹馬在一槽中共食，意猶憎之。後果害族移器，悉如夢焉。《幽明録》。昔者聖帝明王之時，神氣照然先見，故堯夢乘龙太山，舜夢擊天鼓，禹夢其手長，湯夢號令天下，皆有天下。桀夢疾風壞其宫，紂夢大雷擊其手，齊桓夢爲大禽所中，秦二世夢虎嚙其馬，皆失天下。

黄帝之夢，文王之夢。黄帝十有五年，晝夢遊於華胥氏之國，凡二十有八年，天下大治，幾若華胥氏之國。《列子》。文王夢天帝服玄禳，以立于令狐之津，帝曰：『汝昌汝望。』文王再拜稽首，太公於後再拜稽首。文王夢之之夜，太公夢之亦然，遂與之歸，以爲卿。

夢眉長與髮，夢自洗於河。舜耕於歷山，夢眉長與髮等。《宋志》。『感夢長眉，明楊仄陋。』《温子昇舜廟碑》。舜夢自洗於河，以手取水飲之。《宋志》。

夢攀日月，覺而不上天庭；夢入元泉，寤而不及地下。高宗得説偶中耳。《傅子》。高宗曰：『夢帝賚予良弼，其代予言。』《書》。

晉侯之夢，楚王之夢。《左・僖廿八》：晉侯夢與楚子搏，楚子伏己而盬其腦。子犯曰：『吉！我得天。楚伏其罪，吾且柔之矣。』楚王與宋玉遊於雲夢之野，上有雲氣晬乎直上，忽而改容，王問宋玉曰：『此何氣也？』對曰：『昔者先王遊於高唐，怠而晝寐，夢一婦人曖乎若雲，焕乎若星。』王悦而問焉：『我帝之季女也，名曰瑶姬，未行而亡，封巫山之臺，精魂依草，實爲茎芝，媚而服焉，則與夢期。』《襄陽耆舊傳》。

文帝之夢，光武之夢。文帝嘗夢欲上天不能，有一黄頭郎推上天，顧見其衣尻帶後穿。覺而之漸臺，見鄧通，其衣後穿，夢中所見也，召問其名姓，姓鄧名通，鄧，猶登也，文帝甚悦。《漢書》。諸將皆勸光武即位，乃召馮異，上曰：『昨夢乘赤龙上天。』異因下席拜賀曰：『此天命發於精神也。』《東觀漢記》。

陳後主之夢，齊武帝之夢。陳後主夢黄衣人圍城，繞城橘樹盡伐去之，未幾爲隋攻圍之應。初武帝夢金翅鳥、小龙，及明帝即位，誅高武子孫，蓋明帝名鸞故也。《北齊》。

燕主儁之夢，趙石虎之夢。晉升平元，燕主儁夢趙主虎嚙其臂，乃發虎墓，求尸不獲，購以百金，得於東明觀下，僵而不腐，數其殘暴之罪而鞭之，投於漳水。石虎晝寢，夢見群羊負魚，從東北來。浮屠澄曰：『不祥也，鮮卑其有中原乎？』慕容氏後果都之。《高僧傳》。

宋子業之夢，梁武帝之夢。宋子業夢，在竹林堂有長子罵曰：『悖虐不道，明年不及麥矣。』子業於宫中以所夢者斬之。又夢所殺者罵曰：『我已訴上帝矣。』於是巫覡言：『竹林堂有鬼。』子業出華林園，與群巫綵女射鬼於竹林堂，壽寂之等抽刀弑之。大清元年，侯景遣郎中丁和奉表于梁，請舉河南十三州内附。先是正月乙卯，梁主夢，中原牧守皆以地來降。朱异曰：『此宇内混一之兆也。』及丁和稱景定計，實以正月乙卯，梁主愈神之。胡氏曰：『夢固非一端，武帝之夢，想所生也，然國家大計當以義理斷其可否，豈有憑一夢而決者乎？帝既不能自克，朱异又諂，以成之悲矣。』且正月丙午，高歡卒，而侯景以辛亥降西魏，方圖預、襄、廣、兖等數州。乙卯距辛亥纔四月，豈暇定南歸之計？丁和蓋已聞夢，或朱异告之與，帝曾不察，而益神其事，蓋貪欲蔽心，故莫能覺也。

隋祖洪水之夢，武后鸚鵡之夢。隋高祖夢洪水没都城，意惡之，故遷都大興。方士言『李氏爲天子』，李渾從子敏，小名洪兒，帝疑其名應讖，殺渾，夷其族。嗣聖五年，武后謂狄仁傑曰：『朕夢大鸚鵡兩翼皆折，何也？』對曰：『武者，陛下之姓；兩翼，二子也。陛下起二子，則兩翼振矣。』太后由是無立承嗣、三思之意。

魏文帝之夢，唐玄宗之夢。孝文帝至北芒，遂幸洪池，帝曰：『朕昨夜夢一老公，頭鬢皓白，問之，自云「晋嵇侍中紹」。』任城王澄對曰：『嵇紹隕命，晋之忠臣；比干剖心，殷之良士。陛下經殷墟而吊比干，至洛陽而遺嵇紹。』帝曰：『朕務濃於比干，禮略於嵇紹。』於是求其兆域，遣使吊祭。《魏書》。開元廿九年閏四月，得玄元皇帝像。上夢玄元皇帝云：『吾像在京城西南百餘里。』遣使求，得之於盩厔，盩，張流反，縣名，山曲曰盩，水曲曰厔。迎置興慶宮。范氏曰：『人之有夢，蓋其心之動也。昔高宗、明皇恭默思道，誠心求賢，故夢帝賚之良弼，怠於庶政，志求神仙，惑方士之言，自以老子其祖也，感而見於夢，亦其誠之形也。自是迂怪日聞，諂諛成俗，姦宄得志，而天下之理亂矣，人君心術可不慎哉？』

發明：國將興聽於人，將亡聽於神，自古清明之世，未聞有神異之事，惟衰亂之世則有之，亦猶大明麗晝，則百怪咸見，暮夜晦冥，則群慝交作耳。玄宗誕妄荒忽，既夢老君之像，遣使求之，正使無有，則使者亦必附會來上，此固無可疑矣。《綱目》書得而不言，其所以得譏之明矣。妖由人興，未幾，遂有田同秀寶符之事，紛紛見於史册，夫豈無自而然哉。

梁武帝之夢，陳文帝之夢。曹武字士威，爲雍州刺史，見錢七十萬，性儉無所餉，在襄陽遺。梁武曰：『卿必大貴，我當不及見，今以弱子相託。』每密送錢物并好馬。帝在戎多乏，就武換借至十七萬。及帝即位，忘其惠。天監二年，帝夢如田塍下水深無底，夢中甚懼，見武來負，武帝得過，曰：『卿今爲天下主，忘我顧託之言耶？昔所換十七萬，可還其市宅。』帝覺，送錢還之，使用市宅。子世澄、世宗並蒙抽擢，二三年間，迭爲大郡。《南史》。侯景敗，文帝爲吴興太守，韓子高勤于侍奉，帝嘗夢見騎馬登山，路危欲墜，子高推奉而升。《陳書》。

玄宗之夢，代宗之夢。玄宗夢入井，有一兵士着緋褌，背負而出，明日見一掌關着緋褌，問昨夜作何夢，對曰：『從井中背負日出登天。』問：『汝欲官乎？』答曰：『臣不解作官，臣家貧。』遂敕賜錢五百千。《定命録》。代宗夢見高力士以戟登樓，刺李輔國，問其故，力士曰：『明皇之命也。』及輔國爲盗所殺，帝異之，話其夢於左右。《杜陽編》。

景公之夢，後主之夢。《成公十年》：晋侯夢大厲，被髮搏膺而踊曰：『殺余孫，不義。余得請於帝矣。』壞大門，及寢門而入。公懼而入于室。又壞户。公覺，召桑田巫，巫言如夢。曰：『不食新矣。』公疾病，求醫于秦。公夢疾爲二豎子，曰：『彼良醫也，懼傷我，焉逃之？』其一曰：『居肓之上，膏之下，若我何？』六月丙午，晋侯欲麥，使甸人獻麥，饋人爲之。召桑田巫，示而殺之。將食，張，腹滿張急。如廁，陷而卒。小臣有晨夢負公以登天，及日中，負晋侯出諸廁，遂以爲殉。傳言巫以明術見殺，臣以言夢自禍。後主篡位之初，夢一羊升御床。金陵之陷，楊知讓知府事，盛衰之極，其明徵與。《南唐近事》。

周文王之夢，鄭文公之夢。《文王世子》文王謂武王曰：『汝何夢矣？』武王對曰：『夢帝與我九齡。』文王曰：『汝以爲何也？』武王曰：『西方有九國焉，君王其終撫諸。』文王曰：『非也。古者謂年齡，齒亦齡也。我百，爾九十，吾與爾三焉。』文王九十七乃終，武王九十三而終。宣公三年，鄭伯蘭卒。初，鄭文公有賤妾曰燕姞，夢天使與己蘭，曰：『以是爲而子。』生穆公，名之曰蘭。穆公有疾，『蘭死，吾其死乎。』刈蘭而卒。

漢元帝之夢，楚孝王之夢。上寢疾，夢祖宗譴罷郡國廟。上小弟楚孝王亦夢焉，遂盡復。

覺有八徵，夢有六候，奚謂六候？一曰正夢，二曰噩夢，三曰思夢，四曰寤夢，五曰喜夢，六曰愓夢。此六者，神所交也。一體之盈虚消息，皆通於天地，應於物類。是以浮虚爲疾則夢溺，沉實爲疾則夢溺，藉帶而寢則夢蛇，鳥斷〔一〕髮則夢飛。將陰夢火，將疾夢食。飲酒者憂，歌舞者哭。故神遇爲夢，形接爲事。古之真人，其覺自忘，其寢不夢。《列子》。

西極之南隅有國焉，名古莽之國，其民不食不衣而多眠，五旬一覺，以夢中所爲者實，覺之所見者妄。上。

夢者，陽氣之精也，心所喜怒則精氣從之。《莊子》。

夢飲酒者，朝而哭泣，方其夢也，不知其夢也。夢哭泣者，朝而田獵，不知其夢也。夢之中又占其夢

〔一〕今按：『斷』，《四庫全書》本《列子》作『銜』。

而愚者自以爲覺，竊竊焉知之君乎牧乎？固哉。上。

昔者周夢爲胡蝶，栩栩然胡蝶也。不知周之夢爲胡蝶與？胡蝶之夢爲周與？周與胡蝶則必有辨矣。上。

李白詩曰『莊周夢胡蝶，胡蝶爲莊周。一體更變易，萬事良悠悠。乃知蓬萊水，復作清淺流。青門種瓜人，舊日東陵侯。富貴故如此，營營何所求』是也。

凡夢，有直、有象、有精、有想、有人、有感、有時、有反、有病、有性。武王邑姜，方震大叔，夢帝謂己：『命而子虞，而與之唐。』及生乎掌文曰『虞』，因以爲名。成王滅唐，遂此封之，此謂直夢也。

『維熊維羆，男子之祥。維虺維蛇，女子之祥。衆維魚矣，實維豐年。』『旐維旟矣，室家蓁蓁〔一〕。』此謂象夢也。

孔子生於亂世，日思周公之德，夜則夢之，此謂精夢也。《語》子曰：『甚矣吾衰也！久矣吾不復夢見周公！』

〔一〕今按：『蓁蓁』，《毛詩注疏》作『溱溱』。

人有所思，即夢其到；有所憂，即夢其事，此謂想夢也。

貴人夢之則爲祥，賤人夢之則爲妖；君子夢之即爲榮，小人夢之即爲辱，此謂人位夢也。

晋文公城濮之戰，楚子伏己而鹽其腦，是大惡也。乃戰，乃大勝，此謂極反夢也。

陰雨之夢使人厭迷，陽旱之夢使人亂離；大寒之夢使人怨悲，大風之夢使人飄翔，此謂感氣夢也。

春夢發生，夏風〔一〕高明，秋夢熟，冬夢藏，此謂應時夢也。

陰病夢寒，陽病夢熱；内病夢亂，外病夢發，此謂氣夢也。

人之情心，好惡不同，或以此吉，或以此凶，此謂性情夢也。《潛夫論》。

夢者像也，精氣動也；魂魄離身，神來往也；陰陽感成，吉凶驗也。夢者語其人預見過失，如其賢者知其自華〔二〕也。夢者告也，告其形也，目無所見，耳無所聞，鼻不喘嗅，口不言也。魂出遊，身獨在，心所思念，忘身也。受天神戒，還告人也。受戒不精，忘神言也。

〔一〕今按：『風』，《四庫全書》本《天中記》作『夢』，是。

〔二〕今按：『華』，《四庫全書》本《天中記》作『改革』，是。

名之爲寤，告符臻也。古有夢官，世相傳也。』《夢書》。

文王之夢，役夫之夢。文王見一丈夫釣，欲舉而授之政，朝而屬之大夫曰：『寡人夢見良人，黑色而頓，乘駁馬而偏朱蹄，號曰：「寓而政於臧丈人，庶幾乎民有瘳乎？」』諸大夫蹵然曰：『先君王也。』遂迎臧丈人而授之政。《莊子》。周之尹氏大治産，有老役夫，筋力竭矣，而使之彌勤。晝則呻呼而即事，夜則昏憊而就寐。昔昔夢爲國君，居人民之上，總一國之事。覺則復役。人有慰諭其勤者，役夫曰：『人生百年，晝夜各分。吾晝爲僕虜，苦則苦矣；夜爲人君，其樂無比。』尹氏心營萬事，慮鍾家業，心形俱疲，夜亦昏憊而寐。昔昔夢爲人僕，趨走作役，無不爲也；數罵杖撻，無不至也。撤朝息焉。以訪其友。尹氏曰：『苦逸之復，數之常也，覺夢兼之，豈可得也？』尹氏寬其役夫之程，減己思慮之事。《列子》。

相如之夢，仲舒之夢。相如將獻賦，未知所爲，夢一黄衣翁，謂之曰：『可爲《大人賦》。』遂作《大人賦》，言神仙之事以獻之，賜錦四匹。《雜記》。仲舒夢蛟龙入懷，乃作《春秋繁露》。上。

蔡茂之夢，揚雄之夢。蔡茂夢坐太極殿，上有三穗禾，茂跳取之，得其中穗，輒復失之。郭賀曰：『大殿者，宮府之形象也。極上有禾，人臣之上禄也。取其中穗，是中台之位也。於字，「禾」「失」爲「秩」，雖曰失之，乃所以得秩也。』《後漢》。揚子雲，成帝時，上幸甘泉宮，召使作賦。子雲倦卧，夢五藏出在地，以手收納。一歲卒。《桓譚新論》。

周磐之夢，鄭玄之夢。周磐，字堅伯，歲朝，會集諸講論終日。因令其二子曰：『吾月夜夢見先師東里先生，與我講論陰堂之奥。既而長嘆：『豈吾齒之盡乎？』其月望日無病，忽終。《後漢》。鄭夢孔子告之曰：『起，起，今年歲在辰，來年歲在巳。』既寤，以讖合之，知命當終。有頃，寢疾而卒。上。北齊劉晝《高才不遇傳》論玄曰：『辰爲龙，巳爲蛇。歲在龙蛇，賢人嗟。』

周犫嘖之夢，廣陵王之夢。有周犫嘖者，貧而好道，夫婦野耕困卧，夢天公過而哀之。司命案録籍云：『惟有張車子應賜錢千萬，車子未生，請以借之。』天公曰：『善。』於是夫婦戮力，貲至千萬。有張姬者，卧犫嘖家傭賃，野合有身，駐車屋下，產得兒，在車下而生，名爲車子。車子長大，富於周家。』廣陵王元淵初除儀同三司，總衆北討葛榮，夢着衮衣倚槐而立，以爲吉徵，問於楊元慎，曰：『三公之祥。』退還告人曰：『廣陵死矣。槐字，木旁，鬼死當得三公。』果爲爾朱勞〔一〕所殺，追贈司空。《伽藍記》。

槐安之夢，棗字之夢。淳于棼家廣陵郡，宅南有古槐，與郡豪飲其下，夢二使曰：『槐

〔一〕今按：『爾朱勞』，《四庫全書》本《洛陽伽藍記》作『葛榮』。

安國王奉邀。』驅入穴中，題曰『大槐安』，見王妻以次女瑶芳號金枝公主。有群女曰：華陽姑，上仙子，青溪姑，下仙子。命守南柯郡，至郡二十餘年，夢中倏忽，若度一世矣。與客尋槐下穴，有二大醫〔一〕，素翼朱首，乃槐安王。又窮一穴，直上南枝，即南柯郡。光禄卿李郁晝寢，夢食巨棗，覺而有疾，曰：『嘗聞「棗」子「重」來，呼魂之象。』未幾而卒。《晋史》。

衛鎬之夢，丁固之夢。衛鎬爲縣官，至王幸在家，夢一烏衣婦人引數十小兒，咸請乞命，叩頭再三。有所親者曰：『有一鷄抱兒，已十餘日，將欲殺之。』方悟烏衣婦人果烏鷄也，遂命解放。是後夢感，欣然而去。《僉載》。丁固夢松生腹上，謂人曰：『松者，十八公也。後十八載，吾其爲公乎？』卒如夢焉。《吴書》。

夢見松者，見人君也。見松。

盧絳食蔗而愈疾，見蔗。令伯射雁而得職。見雁。

黄載夢羊，德裕夢羊。見羊。

許超夢羊而盜，文若夢羊而放。京兆許超夢盜羊入獄，楊元慎曰：『當得陽城令。』其後，有功封楊城令。《伽藍記》。趙文若夢一青衣女子乞命，問之，驛長將殺青牸羊。放之。

〔一〕今按：『醫』，《四庫全書》本《天中記》作『蟻』，是。

爾朱兆之夢，傳遊藝之夢。魏爾朱世隆反，爾朱兆執魏主鎖之。城陽王徽齎金百斤，馬五十匹以前。洛陽令寇祖仁一門三刺史，皆己所引拔，故往投之。祖仁使人殺之，送首於兆。兆夢徽謂己曰：『我有金二百斤，馬百匹，在祖仁家，卿可取之。』兆即捕祖仁。依夢徵之，不得殺之。胡氏曰：『人死則氣散猶火焉，盡則光滅矣。徽嘗持大權，享富貴，其用物弘而取精多，身雖死，而其游散也緩。且山南距洛一日而近耳，怨氣交旵理或有之也。』嗣聖八年，傳遊藝夢登湛露殿，所親告之，下獄自殺。書法：『自殺何？自取殺也。遊藝首唱改號爲周之議，遂取大位，纔及期年，而以言夢下獄。《綱目》不書下獄，書自殺，若曰其所以死者，自殺之云爾。

徐靖之夢，伊母之夢。咸和初，徐靖遠行，夢與妻寢，有身。明年歸，妻果産。《幽明録》。伊尹母既孕，夢神告曰：『臼出水，即東走。』明日臼果出水，乃東走十餘里，邑盡爲水，遂化爲空桑，有莘氏女得嬰兒於空桑中。《郡志》。

敬兒之夢，沈約之夢。齊張敬兒好信夢，爲南陽守，妻尚氏夢一手熱。爲雍州，夢一髀熱。爲開府，夢半身熱。敬兒意欲無限，謂所親曰：『吾妻復夢，舉體熱矣。』齊主聞而思之，遂殺之。梁沈約夢齊和帝以劍斷舌，乃呼道士奏赤章於天，稱禪代之事不由己出。

遂卒。

劉穆之之夢，沈慶之之夢。劉穆之夢與高祖俱泛海，忽值大風，船下有白龙。及高祖克京城，問何無忌曰：『急須一府主簿，何由得之？』無忌曰：『無過劉道民。』高祖曰：『吾亦識之。』即馳信召焉。《宋書》。少帝凶暴日甚，沈慶之盡言諫争，［帝］遣慶之從子攸之賫藥賜死。是歲旦，慶之夢有人以兩匹絹與之，謂曰：『此絹足度。』悟而謂人曰：『老子今年不免。兩匹，八十尺矣。足度，無盈餘矣。』《宋書》。

徐羨之之夢，徐孝嗣之夢。徐羨之少時，夢一人曰：『我是汝祖。』羨之拜，此人曰：『汝有貴相而有大厄，宜以錢二十八文埋宅四角，可以免灾，位極人臣。』後隨親之縣，嘗暫出，賊破縣，人無免者，羨之在外獲全。《南史》。徐孝嗣曾在率府，晝卧北壁下，夢兩童子遽云：『移公牀。』驚起，壁有聲，行數步而壁倒壓牀。《談藪》。

陶弘景之夢，安成人之夢。齊宜都王鏗年七歲，出閤，陶弘景爲侍讀。後鏗遇害時，弘景隱山中，夢鏗曰：『後三年當生某家。』及覺，使人參訪，果與夢符，因此著《夢記》。《夢記》。傅昭天監七年爲安成内史。安成自宋已來兵亂，郡舍號凶，及昭爲郡，郡人夢見兵馬鎧甲甚盛，又聞有人云『當避善人』，軍衆相與騰虚而逝。夢者驚起，俄而疾風暴雨，數間屋倒，即夢者所見，軍民踐蹈之所也。自後郡舍遂安，咸以昭正直所致。《梁書》。

夏侯夬之夢，爾朱榮之夢。夏侯夬，道遷子也，性好酒，居喪不戚，醇醪肥膳，不離於口。忽夢見征虜將軍房世寶至其家，與其父坐，屏人密言，有人至，云『官呼郎』，隨召即去，杖之二百。夢後二日，心悶而死，視其尸體，大有杖處。《北史》。爾朱榮討葛榮，夜夢一人從葛榮索千牛刀，葛榮初不與，此人自稱己是道武皇帝，葛榮乃奉刀，此人手持授榮，寤而喜，自知必勝。上。

休之之夢，杜稜之夢。楊休之夢見黃河北驛有冢，極高，步登冢頭，從西北登一柱，以手捉一柱，休之咒曰：『柱轉三匝，吾至三公。』榮貴之後，宅在其地。上。大寶二年，陳霸先討侯景，軍人杜稜夢雷池君，自稱征討大將軍，乘舟航，陳甲仗，稱征侯景須臾便還，云已殺景。《陳書》。

慶元之夢，沈炯之夢。柳霞，字子昇，其世父慶元特器異之，謂霞曰：『吾昔逮事伯父，太尉公語吾云：「我昨夢汝登一樓，吾以坐席與汝，汝後必達。吾晝寢又夢，將昔時坐席還以賜汝，汝之官位當及吾。」』《周書》。梁御史中丞沈炯還長安，太祖授儀同三司。炯恐太祖愛其文才，恒閉門却掃，經漢武通天臺，爲表奏之。其夜夢見宮禁之所，炯以情事陳訴，有人言：『甚不惜，放卿還。』十餘日，便有命放還。《三國典略》。

鄭還古之夢，杜牧之之夢。太學博士鄭還古昏刑部尚書劉公之女，納吉禮後，夜夢過小三橋，至一寺後人家，就與昏因。主人姓房，劉氏尋卒，再就李氏。昭城寺後假宅，拜席日正三橋。時房直温爲東洛少尹，是妻家舅。筵饌之類，房公主之。《逸史》。杜牧求小儀不遂，請小秋不遂，常夢人曰：『辭春不及秋，是脚與皆頭。』後果得比部員外。《尚書故事》。又夢，書紙曰：『皎皎白駒，在彼空谷。』寤曰：『此過隙也。』其年，以疾終。

段成式曰：『藏氣，陰多則數夢，陽壯則少夢。夫瞽者無夢則知夢者，習也。

李鉉著《李子正辨》，言至精之夢，則夢中之身可見，如劉遺〔一〕求見妻夢中身也。愚者少夢，不獨至人聞之，騶皂百夕無一夢也。《酉陽》。

狐突之夢，子玉之夢。晋惠公改葬共太子。秋，狐突適下國，遇太子，使登僕，忽如夢而相見，使登車而爲僕。而告曰：『夷吾無禮，余得於帝矣，指其丞於賈君事。將以晋畀秦，秦將祀余。』七日，新城〔西偏〕。告之曰：『帝許我伐有罪矣，敝於韓。』傳言：鬼神所憑，有時而信。楚子玉自爲瓊弁玉纓，夢河神曰：『畀余，余賜孟諸之麋。』不致也。既敗，及連穀而死。

獻子之夢，昭公之夢。《襄公十八年》：中行獻子將伐齊，夢與厉公訟，不勝。公以戈

〔一〕今按：『遺』，《四庫全書》本《酉陽雜俎》作『幽』。

擊之，首墜於前。《昭公七年》：楚子成章華之宫，願與諸侯落之。公將往，夢襄公祖。梓慎曰：『襄公之適楚也，夢周公祖而行。今襄公實祖，君其不行。』惠伯曰：『先公未嘗適楚，故周公祖以道之。今襄公適楚矣，而祖以道，君不行，何之？』三月，公如楚。

魯女之夢，宣子之夢。《昭公十一年》：泉丘人有女，魯邑。夢以其帷幕孟氏之廟，遂奔僖子，生懿子及敬叔。《昭公十七年》：宣子夢文公携荀吴而授之陸渾，故使穆子帥師，獻俘于文公。

曹人之夢，宋得之夢。《哀公七年》：初，曹人或夢衆君子立于社宫，而謀亡曹。曹公振鐸請待公孫强，許之。戒其子曰：『我死，爾聞公孫强爲政，必去之。』及曹伯陽即位，鄙人公孫强獲白雁，獻之。夢者之子乃行。《八年》：宋公滅曹。庾信賦曰『鬼同曹社之謀』是也。《哀公廿五年》：宋景公無子，取公孫周之子得與啓畜諸公宫，得夢啓北首而寢於盧門之外，己爲烏而集於其上，咮加於南門，尾加於東門。乃立得，即昭公也。

杜詩《晝夢》：『二月饒睡昏昏然，不獨夜短晝分眠。分晝之半。桃花氣暖眼自醉，春渚日落夢相牽。故鄉門巷荆棘底，中原君臣豺虎邊。安得務農息戰鬥，普天無吏横索錢。』

『夢歸夢未得。』『賢非夢傅野。』『他鄉饒夢寐。』『侍臣書王夢。』

《樊川》：『自是求佳夢。』『故國殘春夢。』『夢魂勞遠飛。』『夢遊天姥山。』

李白：『海客談瀛洲，烟濤微茫信難求。越人語天姥，雲霓明滅或可睹。我欲因之夢吴越，一夜飛度鏡湖月。雲青青兮欲雨，水澹澹兮生烟。霓爲衣兮風爲馬，雲之君兮紛紛而來下。虎鼓瑟兮鸞迴車，仙之人兮列如麻。忽魂悸以魄動，恍驚起而長嗟。惟覺時之枕席，失向來之烟霞。』

崔塗詩：『三城帳屬昇平夢。』

劉長卿詩：『夢裏招魂詞。』楚詞。

杜詩：『古人入我夢，明我長相憶。魂來楓林青，魂返關塞黑。三夜頻夢君，情親見君意。』

稽疑　二一章

附巫覡

《漢志》：『民之齊肅聰明者，神或降之，在男曰覡，在女曰巫。』

《説文》：『能齊肅事神明者，在男曰覡，在女曰巫。』

《周禮·春官》：『司巫掌群巫之政令。若國大旱，則帥巫而舞雩。國有大災，則帥巫而造巫恒。久也。祭祀，則共匰主及道布及藸館。凡祭祀，守瘞。凡喪事，掌巫降之禮。男巫掌望祀望延延祭授號，旁招以茅。冬堂贈，無方無筭。春招弭，以除疾病。王吊，則與祝前。堂贈，逐疫也；招，招福也。敉，安也。女巫掌歲時祓除、釁浴。若王后吊，則與祝前。凡邦之大灾，歌哭而請。』

《周禮》：『王前巫而後史。巫掌祠，以鬼神之事告王。史掌書，以三皇五帝之事告王。』

《易》：『用史巫紛若，吉。』

《語》：『南人有言曰：人而無恒，不可以作巫醫。』

新城之巫，桑田之巫。《僖公十年》：狐突適下國，遇太子曰：『七日新城西偏，將有巫者而見我焉。』《成公十年》：晋侯夢大厉，公覺，召桑田巫。曰：『不食新矣。』晋侯欲麥，饋人爲之。召桑田巫而殺之。

獻子之見巫，襄公之使巫。《襄公十八年》：中行獻子夢與厉公訟，不勝，見梗陽之巫皋。他日，見諸道，與之言，同。巫曰：『今兹主必死。』《襄公廿九年》：公在楚，楚人使公親襚，乃使巫以桃茢先祓殯。

僖公之欲焚，成王之强死。初，范巫矞似范邑之巫謂成王與子玉、子西曰：『三君皆将强死。』皆将不得以壽終。《僖公廿一年》：夏，大旱。公欲焚巫尪，臧文仲曰：『非旱備也。巫尪何爲？焚之滋甚。』

巫史之灾，巫蠱之禍。少昊之衰，九黎亂德，天下之人相惧，以神相惑以怪，家爲巫史，民瀆于祀，灾禍荐至。顓頊命南正仲司天以屬神，北正黎司地以屬民。征和元年，巫蠱乃起，冬十一月，大搜長安十日，見一男子帶劒入中龍華門，收之不獲，搜上林，索長安中，十一日乃解。書法：『始皇之篇書大索十日矣，於是復見，終《綱目》書大索十日二而已，秦皇漢武一轍也。』

公主之死巫蠱，武帝之召神巫。征和二年，陽石公主及長平侯衛伉皆坐巫蠱死。書法：『有罪稱誅，無罪稱殺，恒辭也。此其書死，何疑也？疑也，則如勿書。書大搜十日，書坐巫蠱死，所以著方士神巫之流禍爲世戒也。』武帝如甘泉祠神君，上病鼎湖甚，有巫，病而鬼神下之，上召置祠之甘泉。及病愈，幸甘泉，置酒壽官在雍。神君非可得見，聞其言，上使人受書其言，命之曰『書法』。

魏真君五年之禁，魏太和九年之禁。魏太平真君五年，魏禁私養巫覡，皆遣詣官，二月十五日不出巫覡死，主人門誅。魏太和九年乙丑。正月，禁巫卜，詔嚴禁諸巫覡及委巷卜筮，非經傳所載者，街里委曲所爲也。

段業之信巫覡，子劭之覺巫蠱。北凉主段業尤信卜筮巫覡，故至於敗。宋元嘉廿九年，太子劭、始興王濬巫蠱事覺，赦，不誅。吴興巫嚴道育自言能役使鬼物，劭、濬多過失，爲宋主詰責，使道育祈請號曰天師，遂與道育共爲巫蠱，琢玉爲宋主形像，埋於含章殿前。宋主雖怒甚，未忍誅也。書法：『赦不誅何？譏失刑也！』發明：『戾太子爲江充所誣，不免其死。劭、濬親爲巫蠱，事覺不誅，直書于册，譏失刑也。漢之木人，宋之玉像。』

齊主之信巫覡，伏跋之信巫言。齊主鸞深信巫覡，每出，先占利害。柔然伏跋可汗忽亡其幼子祖惠，有巫地萬言：『祖惠在天上，我能呼之。』乃於大澤中施帳幄，祀天神，祖惠在帳中，自云『在天上』，伏跋大喜，呼地萬爲聖女，納爲可賀敦，北俗妻曰可賀敦。信用其言，干亂國政。祖惠浸長，語其母曰：『我在地萬家，上天者，地萬教我也。』地萬譖祖惠殺之。伏跋母侯吕陵氏殺地萬，侯吕陵氏殺伏跋。示發殺侯吕陵氏。

齊主緯之巫覡，張麗華之女巫。齊主緯見貴人等濫得富貴，殆將萬數，見貴人等能使鬼神形現之人，謂巫覡輩也。張麗華有厭魅之術，厭，鎮也。置淫祠宫中，聚女巫鼓舞。

開皇十四年之好禨祥，開皇十八年之禁猫鬼。開皇十四，散騎侍郎王劭上《皇隋靈感志》，帝好禨祥小數。《吕氏春秋》：『荆人鬼而越人禨。』今之巫祝禱祠，淫祠之比也。十八年，禁畜猫鬼。猫鬼，妖邪之鬼也。獨孤后之弟延州刺史陁有婢事猫鬼，能使之殺人，詔自今有犯者投四裔。發明：『自巫蠱起於漢，而後左道之説行於世，至於猫鬼野道又其下者耳。隋文禁之，禁之誠是也，然使王道昭明，風俗淳一，則雖不待禁而自止矣。』

仁壽元年之治蜀王，乾元元年之悦巫祝。仁壽元年，蜀王秀至長安，令楊素治之。太子陰伏偶人，縛手釘心，枷鎖杻械，書帝及漢王姓名，埋之華山下。楊素發之，又云秀妄述圖讖，並作檄文，廢爲庶人。書法：『廢不以其罪也。』乾元元年，以王璵同平章事。上頗好鬼神，璵專依鬼神以求媚，每議禮儀，多雜以巫祝、俚俗，上悦之。元年立太一壇，從王璵之請也。上嘗不預，卜云山川爲祟，璵請遣中使與女巫乘驛分道，所過煩擾。

寶應元年之尼真，光啓三年之用之。寶应元年建巳月，楚州得寶玉十三枚，楚州言：尼真如恍惚登天，見上帝，賜以寶玉十三枚。中國有灾，以此鎮之。群臣表賀。范氏曰：『堯命重黎，絶地天通，蓋惡巫覡矯妄而誣天罔民也。後世主昏於上，民迷於下，黷亂天地，無所不有。肅宗父子不相信妖由人興，故奸邪得以惑之，獲寶不一月而二帝崩。上皇、肅宗。吉凶之驗亦可睹矣。』書法：『上書得寶玉，而下書大喪二，殺后一。寶國殺張后。寶之爲應乃如此，書所以示鑑戒也。』發明：『玄宗得妙寶真符，未幾而有漁陽之禍；肅宗得寶玉十三枚，未幾而兩宮不保，是皆妖人附會以投之耳。僖宗光啓三年，楊行密斬吕用之，得桐人，書高駢姓名，於胸桎梏而釘之。

胡氏曰：『桐人桎梏，此所謂詛詋也，或見高駢受誅，必以爲驗。彼吕用之、張守一、諸葛殷又誰詛厭哉？苟明乎此，則不以此爲惑矣。』

閩主璘之好巫，閩主昶之信巫。閩主璘好鬼神，巫盛韜等皆有寵。薛文傑曰：『陛下左右多奸臣，非質諸鬼神不能知也。盛韜善視鬼，宜使察之。』文傑惡樞密使吴勖，勖有疾，文傑省之曰：『主上以公有疾，欲罷公近密，僕言公但小苦頭痛耳，将愈矣。主上或遣使來問，慎勿以他疾對也。』明日使韜言於璘曰：『適見北廟崇順王訊吴勖謀反，以銅釘釘其腦。』璘以告文傑，文傑曰：『未可信也，宜遣使問之。』果以頭痛對，即收下獄，遣文傑治之，勖自誣服，并其妻子誅之。閩主昶忌其叔父延武、延望，巫者林興與之有怨，記鬼神語云：『二人将爲變。』昶不復詰，使興殺之，用陳守元言作三清殿於禁中，以黄金數千斤鑄寶皇老君祠，晝夜作樂，焚香禱祀，政無大小，皆林興傳寶皇命决之。

廣陵王之使巫，吴先主之遣人。永平十年，廣陵王荆使巫祭祀咒詛，詔治其獄，二月自殺。吴先主病，遣人於門觀不祥，巫啓見一鬼着絹巾，其夜先主夢見魯肅衣冠如之。

黄皓之信巫，左震之斬巫。晋黄皓信巫鬼，謂敵終不自致，啓帝群臣莫短。英州有巫，盛年美色，從無賴少年爲蠹尤甚，刺史左震悉收斬之，籍其贜數十萬，具以狀聞，請以其贜貸貧民租，遣中使還京，上無以罪也。

夏統從父之迎巫，索氏君正之刑巫。夏統從父祀先人，迎女巫章丹、陳珠，二人並有國色，善歌舞，又能隱形匿影，吞刀吐火。《别傳》。索君正爲豫州内史，性不信巫，有師世榮爲一郡巫長。君正在郡小疾，巫師云：『須疾者衣爲信命。』君正以所着襦與之，事竟取襦，云：『神将送與北斗君。』君正使撿諸身，於衣裏獲之，以爲亂政，即刑於市，而焚神。一郡無敢行巫。《梁書》。

東甌王之命越巫，第五倫之論巫祝。東甌王敬鬼，壽百六十歲，乃命越巫立越祝祠，而以鷄卜，上信，越祠鷄卜自此始。《漢・郊祀志》。第五倫拜會稽太守，躬自斬芻養馬，妻執炊爨。會稽俗多淫祀，民嘗以牛祭神，倫移書屬縣，曉告百姓，巫祝有依託，鬼神詐怖愚民，皆案論之。有妄屠牛者，吏輒行罰，後遂斷絶。

鄴令西門之變俗，襄陽道士之療術。西門爲鄴令，三老、廷掾歲歛百姓錢，爲河伯娶婦。巫行視小家女好者聘取，以故，人家多持女遠逃。豹至，往會，呼河伯婦視之曰：『是女子不好，煩大巫嫗爲入報河伯，更求好女送之。』使吏卒抱大巫投河中，有頃，曰：『何久也？』復以弟子投之，凡三投弟子。豹曰：『巫嫗、弟子，是女子，不能白事，煩三老入白之。』復投三老河中，良久，豹欲復使廷掾豪長者一人趣之，皆叩頭且破，額血流地。豹曰：『河伯留客之久，皆罷去歸矣。』鄴吏民大驚恐，自此不敢復言爲河伯娶婦。襄陽鄧城縣有巫師，能用妖術敗酒家所釀，有道師曰：『吾有術能療。』即焚香作法，半日許臭止。《容齋隨筆》。

稽疑　二二一章

詛咒

鄭伯之詛，廣陵王之詛。見上。《左·隱公十一年》：鄭伯使卒出豭，行出犬鷄，以詛射潁考叔者。君子謂鄭莊公失政刑矣。政以治民，刑以正邪，既無德政，又無威刑，是以及邪。邪而詛之，将何益矣！林堯叟曰：『邪不能治而假詛咒，将何益於國家之事矣？』

子罕之言詛，晏子之言詛。《襄公十七年》子罕曰：『宋國區區而有詛有祝，禍之本也。』《昭公二十年》晏子曰：『民人苦病，夫婦皆詛，祝有益也，詛亦有損。雖其善祝，豈能勝億兆人之詛？君若欲誅於祝史，修德而後可。』

漢之木人，宋之玉像。見上。開皇十四年之好禨祥，開皇十八年之禁猫鬼。見上。張麗華之厭魅。見上。隋太子之杻械。見上。

稽疑　一三三章

附讖緯

處訥之夢，星緯之學。周王訥夢人持巨鑑照天，列宿粲然滿中，刻其腹，納之遂通星緯之學。《談苑》。

徐廣：『凡讖緯皆言将來之驗也。讖，纖也，言其纖微也。』梁武帝時，許懋曰：『緯書曲説，非正經之通誼。』讖，驗也，讖緯皆言将來之驗也。

楚雖三户，亡秦必楚。楚南公曰：『楚雖三户，亡秦必楚。』南公識興廢之數，知秦亡必於三户。後項羽渡三户津，破章邯，秦遂亡。

白鳩出，銀冶畢。饒州德興有銀山，唐總章初，奏立銀冶場。讖云：『白鳩出，銀冶畢。』

劉歆子駿，西門君惠。劉歆，字子駿，王莽時爲國師，因讖文云『劉秀發兵捕不道』，故改名秀，字潁叔。西門姓，君惠名，謂讖文云『劉氏當復興，國師公姓名是也』。欲與子駿劫莽降漢，謀泄自殺。

中元三年之宣讖，泰始三年之禁讖。建武中元二年，宣布圖讖於天下。上以《赤伏符》即位，信用讖文，多以決定嫌疑。桓譚上疏諫曰：『觀先王之所記述，咸以仁義正道爲本，非有奇怪虛誕之事。今巧慧小才技數之人，增益圖書，矯稱讖記，焉可不抑遠之哉？陛下宜屏群小之曲説，述五經之正義。』帝曰：『吾欲以決之。』譚曰：『臣不讀讖。』帝問其故，譚復極言讖之非經。帝大怒，將斬，譚叩頭流血，良久乃解，出爲六安丞。

范曄曰：『桓譚以不善讖流亡，鄭興以遜辭僅免，賈逵能附會文致，最差貴顯。世主以此論學，悲哉！』

發明：『賊莽詐稱符命，篡奪漢祚，公孫述自陳符命，竊據蜀土，皆不免敗滅，此帝之所親睹者也。帝既君臨大寶逾三十載，乃始宣布圖讖於天下，何哉？且帝之中興漢業，以間開百戰得之，非以圖讖在己拱手而得之也。彼符堅醜類，獨能禁絶讖緯，帝乃宣布崇尚之，曾謂聖武天挺之君，乃不如夷狄敗亡之酋乎？書以譏之，宜也。』

泰始三年，晉禁星氣讖緯之學。書法：『星氣讖緯，曲學也。』自光武宣布圖讖，而東漢圖讖之習盛，至是禁之，晉武可謂知所取舍矣。書予之也，書禁圖讖始此。終《綱目》，書禁圖讖四。是年，孝武帝康寧三年，魏乙丑年，隋文帝開皇十三年。

秦禁圖讖，魏禁讖緯。秦建元十一年，秦禁老莊圖讖之學，尚書郎王佩讀讖，堅殺之。

讖學遂絶。書法：『自晉初書禁星氣讖緯之學，於是禁老莊圖讖，堅可謂知所尚矣。』魏太和九年乙丑正月，魏禁讖緯，詔曰：『圖讖之學出於三季，既非經國之典，徒爲妖邪所憑。今皆焚之，留者以大辟論。』

袁術之應讖，開皇之禁讖。袁術以讖言『當漢者當塗高』，自云名字應之稱帝。當塗高乃曹魏之讖，周禮象魏闕名，蓋闕中當門爲道，上懸法象，嵬然高大，故謂之象魏。袁術，字公路，術亦邑中道，近於當塗之義，故誤認爲己兆也。開皇十三年，禁藏讖緯。書法：『此其書禁藏，何譏也！以隨爲有留天下之私，故譏也。』

張衡之疏讖，辛繕之治讖。張衡疏曰：『圖讖成於哀平之世，皆虚僞之徒以要世取資，欺罔較然，莫之糾禁。且律曆、卦候、九宫、風角，數有徵效，世莫肯學，而競稱不占之書，譬猶畫工惡圖犬馬而好作鬼魅，誠以實事難形而虚僞不窮也。宜收藏圖讖，一禁絶之。則朱紫無所眩，典籍無瑕玷矣。』緯，謂《七緯》也，《易緯》《書緯》《詩緯》《禮緯》《樂緯》《孝經緯》《春秋緯》，蓋漢末夏賀良之徒爲之，以爲有經必有緯也。九宫，《易緯·乾鑿度》曰：『太乙取其數，以行九宫。』鄭氏曰：『以辰神名也。下行八卦之宫，每四乃還於中央，中央從坎宫起，自此而從於坤宫。又自此而從於震宫，又自此而從於巽宫。所以從中央，遊息於中央之宫。既又自此而從於乾宫，又自此而從於兑宫，又自此而從於艮宫，又自此而從於離宫。

行則周矣。上遊息於太一之星，而反紫宮，行起於坎宮始，終於離宮也。』風角，顔師古曰：『角，隅也，謂候四方四隅之風，以占吉凶也。』辛繕，字公文，治《春秋讖緯》，隱居華陰，光武徵不至。有大鳥栖繕槐樹，太史蔡衡對曰：『此鳥多青，乃鸑非鳳也。』《决疑注》。

稽疑　二四章

符命

許懋曰：『符者，讖記之書也。』

尹起莘發明：『賊莽詐稱符命，篡奪漢祚。公孫述自稱符命，竊據蜀土。』見上。

銅符、銅匱。孺子嬰初始元年，劉京言齊郡新井，扈雲言巴郡石牛，臧弘言扶風雍石，莽迎受。十一月，莽奏：『壬子冬至，巴石牛、雍石文皆到未央前殿，臣與太保舜等得銅符、帛符於石前，文曰「天告帝符」，臣莽敢不承用？』梓潼人哀章素無行，作銅匱爲兩檢，署其一曰『天帝行璽金匱圖』，其一署曰『赤帝璽邦高帝名。與皇帝金策書』。日昏時，衣黄衣持匱至高廟，以付僕射。僕射以聞莽至高廟，拜受金匱。下書曰：『皇天上帝，隆顯大祐，屬余以天下兆民，赤帝漢氏、高皇帝之靈，承天命傳國金策之書，予甚祇畏，敢不欽受？』

玉璽，黑衣。張豐好方術，道士言：『豐當爲天子。』以五綵囊果石，繫豐肘云：『石中有玉璽。』遂反。當斬，曰：『肘石有玉璽。』傍人破之，豐乃知被詐。齊有術士，言：『亡高者，黑衣。』齊主詳問左右：『何物最黑？』對曰：『無過於漆。』齊主以上黨王涣於兄弟第七，盛以鐵籠置於地牢，殺之。

王劭之上靈感志，同秀之言藏靈符。開皇十四年，散騎侍郎王劭上《皇隋靈感志》。劭上表言上受命符瑞甚衆，又採歌謡、讖緯，捃摭佛書，曲加誣飾，上令宣示天下。發明：『去年之春方禁讖緯，見上。今乃宣示符瑞於天下，蓋隋之得國，初無功德，徒以相表奇異而已。前日之禁讖緯，恐天下之人知吾國祚之倏短，今日之宣符瑞，則欲天下之人知己之當爲天子，而有非人力所能致者，所爲雖殊，而所以私天下之意則一。其實皆欲杜絶當時非望之心，爲吾子孫千萬世不失之計耳。』天寶元年，田同秀言『玄元皇帝告以藏靈符在尹喜故宅』，上遣使求得之，群臣上表，以寶符潛應年號，請於尊號加天寶字，從之。

九載得，得妙寶真符。山人王玄翼言：見玄元皇帝言寶仙洞有妙寶真符，命張均等求，得之。時上尊道教慕長生，故所在争言符瑞。李林甫等皆請捨宅爲觀，以祈聖壽。上悦。

范氏曰：『明皇不正其心，故小人争爲幻以惑之。其神明精爽既奪矣，此所以養成大亂也。』書法：『書，讖惑也。』

緑圖書、赤伏符。方士盧生獻緑圖書曰：『亡秦者，胡也。』儒生强華獻赤伏符曰：『劉秀發兵捕不道，四夷雲集龍鬥野，四七之際火爲主。』

握乾符，闡坤珍。《選賦》。

稽疑　一二五章

祥瑞

祥，吉也，善也。瑞，符也，應也。

《禮運》：聖人作，則四靈以爲畜，故飲食有由也。何謂四靈？麟、鳳、龜、龍謂之四靈。故龍以爲畜，故魚鮪不淰。驚散。鳳以爲畜，故鳥不獝。驚飛。麟以爲畜，故獸不狘。驚走。龜以爲畜，故人情不失。

故天不愛其道，地不愛其寶，人不愛其情。故天降膏露，地出醴泉，山出器車，河出馬圖，鳳凰麒麟皆在郊藪，龜龍在宫沼，其餘鳥獸之卵胎，皆可俯而窺也。則是無故，無他故。先王能修禮以達義，體信以達順，故此順之實也。修禮以達義者，修此禮以爲教，而達之天下無不宜也。

體信以達順者，反身而誠，而達之天下無不順也。

程子曰：『修己以敬，篤恭而天下平。唯上下一於恭敬，則天地自位，萬物自育，而四靈畢至矣。此體信達順之道。』

京房對曰：『古帝王以功舉賢，則萬化成，瑞應著。』

竇武疏曰：『夫瑞生必於嘉士，福至必由善人。在德爲瑞，無德爲灾。』

吴主之怒，宋主不信。吴人多言祥瑞者，吴主以問侍中韋昭，昭曰：『此家人筐篋中物耳。』吴主皓怒，殺之。宋主性不信奇怪，微時多符瑞，及貴，史官審以所聞，拒而不納。

晋時恒山之圭璧，唐日諸道之祥瑞。晋時，恒山大樹自拔，根下有璧七十，有圭三十三。又張掖柳谷之石，有八卦璜玦之象。唐文宗開成四年，禁諸道言祥瑞。上謂杜悰曰：『李訓、鄭註皆因瑞以售其亂，乃知瑞物非國之慶。』對曰：『昔河出圖，伏羲以畫八卦；洛出書，大禹以叙九疇。皆有益於人，故足尚也。至於禽獸草木之瑞，何時無之？劉聰桀逆，黄龍三見；季龍暴虐，得蒼麟、白鹿以駕芝蓋。以是觀之，瑞豈在德？願陛下專以富安百姓爲國慶，自餘不足取也。』他日謂宰相曰：『時和歲豐，是爲上瑞？嘉禾靈芝，誠何益於事？』宰相因言：『《春秋》記灾異，以儆人君，而不書祥瑞，用此故也。』遂詔：『諸道有瑞，皆勿以聞。』

詔不表瑞，禁奏祥瑞。貞觀二年，詔『非大瑞，不得表聞』。上曰：『夫家給人足，而無瑞不害爲堯舜，百姓愁怨，而多瑞不害爲桀紂。』開元十三年，禁奏祥瑞。上謂宰相曰：『《春秋》不書祥瑞，惟記有年，敕自今州縣，毋得更奏祥瑞。』

《書》：『天休震動。』『天休滋至。』『襲于休祥。』『作善降之百祥。』

《詩》：『長發其祥。』

《中》：『國家将興，必有禎祥。』

杜詩：『奇祥異瑞争來送，不知何處致白環，復道諸山得銀瓮。』『赤雀翻然至，黄龍不假媒。』

僞瑞

元狩年之得馬，開元年之獲魚。元狩三年，得神馬於渥洼中。上方立樂府，造爲詩賦。及得神馬，次以爲歌撰述。汲黯曰：『王者作樂，上以承祖宗，下以化兆民。今得馬，詩以爲歌，協於宗廟，先帝百姓，豈能知音耶？』上默然不悦。開元二十一年，衢中獲魚，有銘獻之。裴光庭等奏賀曰：『魚龍爲圖，河洛所出，比之聖明，彼何足云？』《唐書》。張九齡賀瑞魚銘曰：『魚爲龍象，既彰受命之元，銘作久文，更表錫年之永。』

飛集鶡雀，以爲神雀。京兆尹舍鶡雀飛集丞相府，黄霸以爲神雀。張敞奏曰：『承相圖議上奏，後知從臣敞舍來，乃止。務相增加，澆淳散樸，有名無實。』胡氏曰：『宣帝之時，天地變異，刑殺過差，一歲之中，子弟殺父兄，妻殺夫者，至二百餘人，不得稱爲太平決矣。鳳凰何爲數來哉？豈宣帝自喜其政，臣下有窺見其微意者，故争言祥瑞以侈耀之，而帝亦以此自欺也與。以張敞所論鶡雀觀之，亦可見矣。』

元始元年，蠻夷獻白雉。元始二年，黄支獻犀牛。越雋國上黄龍游江中。醴泉出，赤草生。建武中元元年，京師醴泉出，赤草生。郡國言甘露降。書法：『宣帝之篇書鳳凰、甘露降集矣，此其書言甘露降，何疑辭也？若曰郡國之言云爾。是故，世祖中元之甘露書言，桓帝永康之黄龍書言，齊高湛之河清書言，皆疑之之辭也。』

永康元年西郡言黄龍見，漢桓。天寶十一載楊國忠奏有鳳凰。唐玄。大業十六年，孔雀集朝堂，百官稱賀。李世民執高德儒數之曰：『汝指野鳥爲鸞，以欺人主。』

賀孔雀之集堂，指野鳥以爲鸞。

集大鳥，得玄圭。有大鳥五集於永壽地，又有得玄圭獻之。建德群臣曰：『此天所以錫大禹也。』

焚連理，煮白雉。貞觀二年，上曰：『後魏之世，吏焚連理木，煮白雉而食之。』

嗣聖元年之瑞石，嗣聖五年之瑞石。嗣聖元年，四方争言符瑞，崇陽獻瑞石。馮元言：『狀涉詔邪。』五年，武承嗣使人作瑞石，文曰：『聖母臨人，永昌帝業。』武氏好祥瑞，有獻白石者。襄州人胡慶書龜腹曰：『天子萬萬年。』十一年八月，太后出梨花一枝以示宰相，宰相皆以爲瑞。八月梨花，非宰相之可賀，萬年龜腹，是襄人之所書。

開元二年之鼎銘，景龍二年之雲圖。開元二年，以武氏鼎銘頒告中外。景龍二年，中宗宫中言皇后衣笥裙上有五色雲起，上令圖以示百官。侍中韋巨源請布之天下，從之，仍赦天下。伽葉至忠奏：『神堯未受命，天下歌《桃李子》；文皇未受命，天下歌《破陣樂》；則天未受命，天下歌《娬媚娘》；皇后未受命，天下歌《桑條韋》。永徽末，里歌有《桑條韋》也、《女條〔一〕韋》也。樂謹上《桑條韋歌》十二編，請編之樂府。』

建興年之石涌，天璽年之湖開。建興十三年，魏青龍十三年。魏張掖涌石負圖，又有文曰『大討曹』。張掖柳谷口水溢涌寶石，負圖狀象靈龜，立于州西，有石馬七及鳳凰、麒麟、白虎、犧牛、璜玦、八卦，列宿孛彗之象。又有文曰：『大討曹』。詔書頒天下，以爲嘉瑞。

〔一〕今按：『條』，《舊唐書》作『時』。

張䎘曰：『此石，當今之變異，而將來之符瑞也。』

書法：『有書隕石者矣，有書立石者矣，未有書涌石者。涌石負圖而文曰「大討曹」，天之棄曹氏也，決矣。而詔頒天下，以爲嘉瑞，亦愚矣哉！』

晉咸寧二年，吴天璽元年八月，吴臨平湖開，石印封發。或曰：湖自漢末歲塞。長老言：『湖塞，天下亂；湖開，天下平。』近者無故忽開，此天下太平，青蓋入洛之祥也。吴主皓問都尉陳訓，對曰：『臣止能望氣，不能湖之開塞。』退告其友曰：『青蓋入洛者，銜璧之事也。』初，吴人掘地得銀尺，上有刻文：『改元天册。』至是獻小石刻皇帝字，又改『元天璽』。八月，歷陽長上言：『歷陽山石印封發。』吴主遣使祠之，封其山爲王，改明年曰『天紀』。

書法：『書，譏也。吴臨平湖開而吴亡，陳臨平湖開而陳滅，率不過三四年耳，變不虛生信哉！』

湖開，露降。晉安帝元興元年，桓玄稱皇帝，詐言：『錢塘臨平湖開，紅州甘露降。』使百僚集賀，爲己受命之由。

飛蝗蔽天，蝗不食稼。乾符二年，飛蝗蔽天，所過赤地。京兆尹楊知至奏『蝗不食稼』，宰相以下皆賀。

稽疑　二六章

灾異

《説文》：衣服歌謡之怪謂之妖。禽獸蟲蝗之怪謂之蠥。

《五行志》：蟲豸之類謂之蠥。

《書》：降災于夏。罔有天灾。皇天降災。天毒降災。

《高宗肜日》：越有雊雉。天既符命，正厥德。作不善，降之百殃。惟天降災祥在德。天降之咎。

《中》：國家将亡，必有妖蘖。

《宣公十五年》伯宗曰：『天反時爲災，地反物爲妖，民反德爲亂。』人有禍亂，群物失性之妖、寒暑失節之災並生。

武王之問，哀公之問。武王勝殷，得二虜而問焉，曰：『而國有妖乎？』一虜曰：『吾國有妖，晝見星而雨血，此吾國之妖也。』一虜曰：『此則妖也，雖然，非其大者也。子不能父，弟不能兄，君令不行，此妖之大者也。』《新序》。哀公曰：『東益宅不祥，信有之乎？』孔子曰：『損人而益己，身之不祥也；聖人伏匿，天下之不祥也；棄老取幼，家之不祥也；釋賢用不肖，國之不祥也；老者不教，幼者不學，俗之不祥也。故不祥有五，而東益不與焉。』上。

非子封而周灾，城門傾而吴亡。秦非子主馬，馬大蕃息，孝王封爲附庸，邑於秦。是時，大雹，牛馬死，江漢俱凍。《外紀》。胡一桂曰：『當秦始封之世而灾異之見，殺氣若兹，夜霜之象，已兆於此矣。』書法：秦之将興也，彗見之。顯王八年。其将亂也，彗復見之。蓋以彗始終焉。』漢景三年，吴城門自傾，大船自覆。吴地以船爲家，吴主不寤，身死國亡。《易傳》曰：『上下成詩，厥妖城門傾。』

吴國之灾，宋國之灾。《左·哀公元年》子西曰：『昔闔廬在國，天有灾厉，親巡其孤寡，而共其乏困。』《襄公卅年》：爲宋灾故，諸侯之大夫會而謀歸宋財。會于澶淵，既而無歸於宋，故不書其人。書曰『某人某人會于澶淵，宋灾故』尤之也。

齊之三妖，漢之八異，淖齒執湣王而數之曰：『雨血沾衣，王知之乎？』曰：『知之。』『地坼及泉，王知之乎？』曰：『知之。』『有人當闕而哭，王知之乎？』曰：『知之。』齒曰：『雨血者，天以告也；地坼者，地以告也；當闕而哭者，人以告也。而王不戒，何得無誅？』遂擢王筋，宿昔而死。宿夜也，一昔一夜也。惠帝五年，灾異八書，何也？意者太后居中，所以感召然也。

文年地震，成年日食。文帝五年二月，日食。胡氏曰：『文帝之時，有此灾異，何也？曰天地之變，非一端也。盡以爲人事致之，則牽合附會，泥而不通，盡以爲氣數適然。則古人修德正事，反灾爲祥者，亦不少矣。要之爲天下主，父天母地。父母震怒，聲色異常，人子當祇栗恐惧，思所以平格，不當指爲情性所發，而遂已也。文帝之時，雖有此異，然帝方躬修德化，節用愛人。此其所以雖有此異而無其應與。谷永曰：『去年九月，龍見而日食。今年二月，星隕而日食。六月之間，大異四發，三代之末，未嘗有也。』

董仲舒之策，劉更生之諫。董仲舒策曰：『天人相與之際，甚可畏也。國家將有失道之敗，而天乃先出灾害以譴告之。不知自省，又出怪異以儆惧之。尚不知變，而傷敗乃至。以此見天心之仁愛人君，而欲止其亂也。』劉更生諫元帝曰：『灾異未有稠如今者也，原其所以，由讒邪並進也。』

京房之對，梅福之書。京房對曰：『末世以毀譽取人，故功業廢而致灾異。』梅福書曰：『陛下不見其形，願察其影，建始以來，日食、地震三倍春秋，水灾無與比數，陰盛陽微，金鐵爲飛，此何影也？』

元光年之灾害，元壽年之日食。元光元年，丞相定國，御史廣德罷，連年灾害，言者歸咎大臣。上引見丞相責以職事，定國等恐，乞骸骨，賜安車駟馬黄金，[罷]就第。書法：『以灾害也。』元壽元年正月朔，哀以傅晏爲大司馬，丁明爲大司馬。是日，日食。書法：『哀帝用丁傅，而是日日食；桓帝微行，而是日大風拔樹，晝昏；隋文帝立晋王廣，而是日天下地震。』

鮑宣之書，李固之奏。鮑宣書曰：『陛下父事天，母事地，子養黎民，即位以來，父虧明，母震動，子訛相驚，訛言行西王母籌。』李固奏曰：『數年以來，灾怪屢見。孔子曰：「智者見變思形，愚者睹怪諱名，天道無親，可爲祗畏。」誠令王綱一正，道行忠立。』

永初元年之免三公，大業元年之徙王素。永初元年，安帝以寇賊雨水，策免太尉徐防、司空尹勤三公。以灾異免，自此始。書法：『書以寇賊雨水，譏也。』以大臣當天變於翟方進見之，然猶諱之也。自徐防、尹勤始，而漢世以爲故常矣。』大業元年，太史言：『乃徙楊素爲楚公，隋分野，有大喪，意楚與隋同分，故以壓之。』素疾不肯餌藥，卒。

楊賜之對，張允之論。元光元年靈帝，四月，侍中寺雌鷄化爲雄。六月，黑氣墮温德殿中，氣如龍，長十餘丈。七月，青虹見玉堂殿庭中。楊賜對曰：『《周書》曰：「天子見怪則修德，諸侯見怪則修職，大夫見怪則修職，士庶人見怪則修身。斥遠巧佞之臣，速進鶴鳴之士。喻賢。書法：『雌化爲雄，異也。女化爲男，甚哉！』宋乙丑。蔡邕曰：『伏思諸異，皆亡國之怪也。霓墮、鷄化，皆婦人干政之所致也。』晉天福三年，散騎常侍張允上《駁赦論》，以爲帝王遇天灾多肆赦，謂之修德，借有二人坐獄遇赦，則曲者幸免，直者銜冤，冤氣升聞，乃所以致灾，非所以弭灾也。』詔褒之。

漢帝之與貧民，齊主之爲修德。安帝永初二年，以公田賦與貧民，遣使禀貸冀兖流民。書法：『以地震、大水、雨雹故也。』齊主緯，每有灾異，不自貶損，惟多設齊，以爲修德。

義熙年之赤氣，嘉祐年之巨魚。晉安義熙十四年初，和龍有赤氣四塞蔽日，自寅至申，太史令張穆言於燕主跋曰：『此兵氣也。』魏人襲燕，掠民而還。嘉祐末，有人携一巨魚入都，能人言，號曰『海多』，人争睹之。召至禁中，自爲一詞曰：『海多風，措被魚人下網打住，將我在帝城中，每日教言語，甚時節放我歸去。龍王傳言：「這裏思量，爾千迴萬度，螃蟹最恓惶，鮎龍憂慮，於李氏園作場，躍入池中，不復可獲。」』是歲，黄河大决，水入都城，壞民屋宇數百家，而昭陵升逝〔一〕。《王昭新志》。

長壽中天宫寺泥像流汗，長慶中大道觀泥人生鬚。唐。

開運元年之槽龍首斷，乾德五年之老君像動。後晉開運元年七月，大雷雨，林亭有石

〔一〕今按：『逝』，《四庫全書》本《玉照新志》作『遐』，是。下注書名《王昭新志》當爲《玉照新志》。

槽，槽有龍首，其石漂行數步而龍首斷焉。識者云：『國姓也，而龍首既斷，大不吉之象。』宋乾德五年冬，開元觀老君像自動。

元豐元年之像動，淳熙九年之鏡舞。元豐元年，邕州佛像動摇。初，像嘗動，而夏人入寇。又動，而州大火，儂智高反。復動，于是知州錢師孟投之江中。淳熙九年春，德興縣民家有鏡自民舞，與日光相射。

妖蠥

凡草木之類謂之妖，妖猶夭胎，言尚微也。蟲豸之類謂之蠥，蠥則牙孽矣。及六畜，謂之禍，言其著也。及人，謂之痾，痾，病貌也，言寖深也。甚則異物生，謂之眚；自外來，謂之祥。祥猶禎。氣相傷，謂之沴。沴猶臨莅，不和意也。

傳曰：雩而雨者，何也？曰：無何也。猶不雩而雨也。星墜木鳴，國人皆恐，何也？是天地之變，陰陽之化，物之罕至者也。怪之可也，畏之非也。夫日月之薄蝕，星辰之晝見，風雨之不時，是無歲而不嘗有也。上明政平，是雖並生無傷也。上闇政險，是雖無一無益也。

稽疑　二一七章

人妖

夫萬物之有災，人妖最可畏也。曰何謂人妖？曰枯耕傷稼，枯耘傷歲，政險失民，田穢稼惡，糴貴民饑，道有死人，寇賊並起，上下乖離，鄰人相暴，對門相盜，禮義不修，牛馬相生，六畜作妖，臣下殺上，父子相疑，是謂人妖。是生於亂。《韓詩外傳》。

齊之有人，秦之有人。淖齒執湣王而數之，曰：『有人當闕而哭，王知之乎？』曰：『知之。』見上。秦建元九年癸亥，有人入秦明光殿，大呼曰：『甲申乙酉，魚羊食人。』朱肜、趙整請誅諸鮮卑，堅不聽。整，宦官也。

燕之女子，梁之妖人。宋元嘉二年乙丑二月，燕有女子化爲男。魏主問群臣，傅權對曰：『西漢之末，雌鷄化雄，猶有王莽之禍，况今女化爲男，臣將爲君之兆也。』書法：『燕之不能一紀明矣。』梁大同八年，安成妖人作亂，江州司馬王僧辦討平之。

稽疑　二八章

人痾

《易傳》曰：『皇之不極，厥罰常陰。』時則有下人伐上之痾，乃犯上反逆之謂。然歷代史志謂之人痾，而所載者，形體之妖異，言語之誑惑，或化爲異物，或已死復生，殊不及叛逆之事。蓋人痾者，妖也；反逆者，應也。

《易傳》曰：『人生他物，皆爲天下大兵。』隋煬帝時，雁門婦人生一肉卵，大如斗。趙郡婢産一物，大如卵。武后時，來俊臣婢産肉塊如二卵器，剖之，有赤蟲，化爲蜂。

兄弟三人，大人五丈。《春秋傳》：兄弟三人，一者之魯，一者之齊，一者之晋。身横九畝，斷其首而載之，眉見于軾。其後三國皆有簒弑之禍。秦始皇時，有大人長五丈，足履六尺，皆夷狄服，凡十二人見于臨洮。

莽時奇士，晋時大人。王莽時，有奇士，長丈，大十圍，軺車不能載，三馬不能勝，即巨毋霸。有小人，長尺餘，或乘車馬，或步行，操持萬物大小，多相稱。晋咸寧二年，襄武縣有大人，長三丈餘，迹長三尺二寸。

長人之語，長人之履。符健時，長人語。百姓張靖曰：『符氏受命，今當太平。』健以爲妖，下靖獄。會大雨，河溢，得一履于河，長七尺三寸，人迹稱之，指長尺餘。健嘆曰：『覆載之中，何所不有？』乃赦靖。

魏之女子，漢之男子。魏襄時，女子化爲士人。《易傳》曰：『兹謂陰昌，賤人爲王。丈夫化爲女子，兹爲陰勝，厥咎亡。』哀帝時，男子化爲女子，爲人婦，生一子。

漢男之化女，晋女之化男。獻帝建安七年，男子化爲女子。惠帝元康中，女子周世寧八歲，漸化爲男子，十七八而氣性成。晋孝武時，南郡女唐氏，漸化爲丈夫。

漢人生角，隋母生角。漢景帝二年，膠東下密人，年七十餘生角，角有毛。角兵象，上鄉者也。老人，吴王象也，七十七，國象也。大業元年，雁門人房回安，母年百歲，額上生角，長二寸。

宋僧之角，宋人之角，宋民之角。淳化元年，汾州僧嚴，頭生角，長三寸。紹興三年，建康婦人産而肉角，有齒。是歲，人多産鱗毛。十年餘，杭縣民婦産子，青而毛，二肉角。

初平年之桓氏，建安年之李娥。獻帝初平中，長沙人桓氏死，棺斂月餘，母聞棺中聲，發之遂生。占曰：『至陰爲陽，下人爲上。』建安四年，武陵女子李娥，年六十餘物故，墓于城外。十四日，行者聞冢中聲，語其家，遂活。

崑山工之如生，奚農女之復生。紹熙元年，崑山縣石工採石，而山摧工壓。三年六月，聞其聲，鑿石出之。見其妻，喜曰：『久閉乍風，肌裂化爲石人，某如生。』魏明帝時，曹休兵奚農女死，復生。

冢裏之女，棺中之婦。魏時有開周世家，得殉葬女子數口，而有氣，數月而能言。太原人發冢破棺，棺中有一生婦。

魏文時之母化爲鼇，孫皓時之母化爲黿，靈帝時之母化爲黿。魏文帝時，宋士宗母化爲鼇入水。孫皓時，丹陽宣騰母八十，因浴化爲黿。

相州桑門之化爲蝮蛇，霍州老翁之化爲猛獸。開皇七年。

涪州民之化爲虎。武后時范端。普州人之化爲虎。顯慶三年。彬州長史之化爲虎。欲食其嫂。

嚴根妓之産龙，吴威妻之産男，辛道護妻之産男。晋懷帝時，嚴根妓之産一龍、一女、一鵝。唐高宗時，留州吴威妻、嘉州辛道護妻皆一産四男。凡物，反常則爲妖，亦陰氣盛，則母道壯也。

涇州二兒之獻，衛士二兒之獻。儀鳳二年，涇州獻二小兒，連心二體。衛士胡萬年妻生一男一女，其胸相連，拆之則死。又産復然，俱男也。至是四歲，以獻于朝。

兩頭異頸之兒，兩頭共身之兒。咸通十三年，晋陽民家嬰兒，兩頭異頸，四手聯足。此天下不一之妖。建安中女子生男，兩頭共身。漢中平元年，洛陽劉倉妻二男，兩頭共身。產三男者凡一百九，產四男者凡三，產一男三女者二，產二男一女者一。宋自建隆元年至天禧四年。

紹興二年之洋州民產男，隆興元年之建康民產子。一產三男，具羽毛之形。潮州民之產，鄱陽民之產。潮州民孕，過期產而如指大，五體皆具者百餘，蠕蠕能動，人痾之異也。淳熙十年，鄱陽民產子，兩肘各有臂長，十五歲，每鬥則六臂並運。

饒州民之產子，臨安民之產子。慶元元年，饒州民產子，人體有尾。淳熙十四年，臨安民產子，生而能言，四日長四尺。

慶元元年，永州民之產兒；慶元二年，隆興民之產子。首有角，腋有肉翅。隆興亦如之，民產子而面有二日。

嘉定元年，鎮江民之生子；興國九年，扬子縣民之生男。一身二首四臂。毛被體半寸餘，面長頂高，眉毫粗密，眼紫唇紅，厚耳大鼻。

如孕入股，至足大拇。唐大順元年，資州王全妻如孕，漸下入股，至足大拇，拆而生珠如彈丸，漸長大如杯。

稽疑　二一九章

服妖

京師之幘，貴妃之裙。桓帝延熙中，梁冀誅後，京師作幘，皆顔短耳長，短上長下，以爲服妖。《輿服雜事》。貴妃假義髻爲首飾，好服黄裙，近服妖也。語曰：『義髻抛河裏，黄裙逐水流。』

何晏之好服，長者之皆着。何晏好服婦人之服。傅玄曰：『此服妖也。』妹喜冠男子之冠，桀亡天下；何晏服婦人之服，亦亡其家。其咎均也。延熹中，京都長者皆着木屐。到九年，黨事始發。長少婦女，皆被桎梏，爲木屐之應也。

胡服胡帳之好，胡牀胡坐之好。靈帝好胡服、胡帳、胡牀、胡坐、胡飯、胡箜篌、胡笛、胡舞，京都貴賤皆競爲之。此服妖也。後董卓擁胡兵，虜掠宫掖。

建安中之衣，大元中之髻。建安中，男子之衣好爲長躬而下甚短，女子之衣好爲長裙而上甚短，是陽無下而陰無上也，天下遂大亂。大元中，公主、婦女緩鬢傾髻，名曰『假髻』，或名『假頭』，貧家不能自辯，自號『無頭』，就人借頭。亦服妖也。無幾，天下騷動，多喪其漢之訛言，宋之訛言。成帝建始三年十月，京師相驚，大水至。小女陳持弓走入未央宮。民以水相驚者，陰氣盛也。小女而入宫殿中者，下人恃，因女寵宫室之象也。其後王莽卒簒天下。名曰持弓，有似周家檿弧之祥，蓋陳氏之後。宋王玄謨在雍州，人間訛言：『欲反。』玄謨馳啓孝武，具陳本末，帝知其虚。

靈帝熹平二年之訛言，元帝永昌二年之訛言。洛陽民訛言：『虎賁寺東壁中有黄人，形容鬚眉長。』觀者數萬。大將王敦下據姑孰，百姓訛言蟲病，食人大孔，數日入腹則死。療之有方，當得白犬胆以爲藥。數日之間，百姓驚擾，白犬暴貴，其價十倍。

天監十三年之訛言，大統五年之訛言。梁天監十三年，都下訛言：『有棖棖，取人肝肺及血，以餌天狗。』百姓大惧，二旬而止。大通五年，都下訛言：『天子取人肝以飴天狗。』大小相警，閉門持杖，數月乃止。

貞觀十七年之訛言，天寶三年之訛言。官遣棖棖殺人，以祭天狗云。每夜驚擾，不敢獨行。太宗令通夜開諸坊門，宣旨慰諭，月餘乃止。天寶三年二月辛亥，有星如月墜于東南。京師訛言官遣棖棖捕人取肝，以祭天狗。人頗恐惧，畿内尤甚。

建中三年之訛言，太和九年之訛言。建中三年秋，淮訛言『有毛人食其心』，人情大恐。太和九年，京師訛言『鄭注爲上合金丹，生取少兒心肝』。

開元廿七年之訛言，咸通十四年之訛言。開元廿七年，改作東都明堂，訛言『官取小兒，埋明堂下，以爲壓勝』。村野兒童藏于山谷。咸通十四年秋，成都訛言『有姨母兄夜入人家』，民皆恐，夜則聚坐。或曰『某家見鬼眼，晃然如燈』。

天禧二年之多恐，紹熙元年之相驚，天禧二年，西京訛言『有物如烏帽，夜飛入人家，又以爲犬狼狀，攫人』，民多恐駭，每夕重閉。紹熙元年三月，行都市人，夜以殺相驚，久乃定。

周之訛言，齊之訛言。《詩》：『民之訛言，亦孔之將。』後齊時，晉陽訛言『有鬼兵』，百姓競擊鋼鐵，以捍之。

稽疑　三一章

童謡

杜預曰：『童齔之子，未有念慮之感，而會成嬉戲之言。似若有憑者，其言或中或否，博覧之士，能惧思之人，兼而志之，以爲鑑戒，以爲將來之驗，有益於世教。』

康衢之謡，鸜鴿之謡。聞童謡曰：『堯立我蒸民，莫非爾極。不識不知，順帝之則。』

文成之世，童謡有之曰：『鸜之鴿之，公出辱之。鸜鴿之羽，公在外野，往饋之馬。鸜鴿味味〔一〕，公在乾侯，徵褰與襦。鸜鵒之巢，遠哉遥遥。裯父喪勞，宋父以驕。鸜鵒鸜鵒，往歌來哭。』見《鸜鵒》。

周之童謡，梁之童謡。宣王時，有童謡曰：『檿弧箕服，實亡周國。』侯景將叛，童謡曰：『青袍白馬壽陽來。』侯景即位，童謡曰：『脱青袍着芒屩，荆州天子挺應着。』

晋之童謡，潁之童謡。晋獻公時，童謡曰：『丙之晨，龍尾伏辰星，均服振振，取虢之旗。鶉之賁賁，天策焞焞，火中成軍，虢公其奔。』賁賁，鳥星之體。天策，傅説星。焞焞，無光。十一月丙子朔，晋滅虢。灌夫權利，潁川兒歌之曰：『潁水清，灌氏寧；潁水濁，灌氏滅。』見《潁水》。

惠公之謡，元嘉之謡。惠公時，童謡曰：『恭太子更葬兮，後十四年，晋亦不昌，昌乃在其兄。』惠公葬其兄申生而不敬，立十四年而死。晋人[絶之]，立其兄重耳。宋元嘉中，童謡云：『虜馬飲江水，佛貍死卯年。』魏太武子壬辰見弑。

漢元帝之謡，漢成帝之謡。漢元帝時，謡曰：『井水溢，滅竈烟，灌玉堂，流金門。』井水，陰也；竈烟，陽也。玉堂金門，至尊之居。陰盛滅陽，竊有宫室之應。建始二年，北宫

〔一〕今按：『味味』，《左傳》作『跦跦』，是。跦跦，跳行貌。

中井泉溢出南流，王莽篡位。成帝時，謡曰：『燕燕尾涎涎，張公子，時相見。木門倉琅根，燕飛來，啄皇孫，皇孫死，燕啄矢。』張公子，張放也。倉琅根，宫銅鍰，言将貴。

成帝時之謡，更始時之謡。成帝時謡曰：『邪徑敗良田，讒口亂善人。桂树華不實，黄爵巢其顛。古爲人所羡，今爲人所憐。』桂，赤色，漢家象。華不實，無繼嗣。王莽自謂黄，黄爵也。更始時，南陽謡曰：『諧不諧，在赤眉；得不得，在河北。』世祖自河北興。

蜀中之謡，天水之謡。蜀中謡曰：『黄牛白腹，五銖當復。』公孫述僭號，欲繼王莽之黄稱白。五銖，漢家貨。王莽末，天水謡曰：『出吴門，望緹群。見一蹇人，言欲上天。令天可上，地上安得民！』吴門，冀郭門名。緹群，山名。隗囂少病蹇。

順帝之謡，桓帝之謡。順帝末，謡曰：『直如弦，死道邊。曲如鈎，反封侯。』後李固暴尸，胡廣、趙戒、袁湯封侯。桓帝時，謡曰：『小麥青青大麥枯，誰當穫者婦與姑。丈夫何在西擊胡，吏買馬，君具車，請爲諸君鼓嚨胡。』後凉州諸羌俱叛。買馬具車者，調發重及有秩者也。鼓嚨胡者，不敢公言，私咽言。

桓帝初之謡，桓帝初之謡。『城上烏，尾畢逋。父爲吏，子爲徒。一徒死，百乘車。車班班，入河間。河間奼女王〔一〕數錢，以錢爲室金爲堂。石上慊慊舂黄粱。梁下有懸鼓，我欲擊之丞卿怒。』謂人主聚斂，蠻夷反逆。車班班入河間，迎靈帝也。帝母永樂太后好聚金，慊慊常苦不足。欲擊鼓求見，丞卿主鼓者，怒而止我也。『游平賣印自有平，不辟豪賢及大姓。』竇武，字游平，與陳蕃合心戮力，印綬所加，咸得其人，大姓絶望。

桓帝末之謡，桓帝末之謡。『茅田一頃中有井，四方纖纖不可整。嚼復嚼，今年尚後年競〔二〕。』茅田，群賢衆多也。有井，不失法度也。奸慝大熾，不可整理。肉食者鄙，徒貪宴飲。今年但禁錮，後年陳竇誅，天下亂。『白蓋小車何延延。河間來合諧，河間來合諧！』桓帝崩，解犢亭侯白車從河間來。延延，衆貌。

靈帝末之謡，獻帝初之謡。『侯非侯，王非王，千乘可〔三〕騎上北芒。』史侯登躡至尊，獻帝末有爵號，爲中常侍段珪等所執，到河上，乃[得來]還。獻帝末〔四〕謡曰：『承樂世董逃，遊四郭董逃，蒙天恩董逃，帶金紫董逃，行謝恩董逃，整車騎董逃，垂欲發董逃，與中辭董

〔一〕今按：『王』，《後漢書》作『工』。
〔二〕今按：此句，《後漢書》作『今年尚可俊年鐃』。
〔三〕今按：『可』，《後漢書》作『万』。
〔四〕今按：『獻帝末』，《後漢書》作『靈帝中平中』。

逃，出西門董逃，瞻宫殿董逃，望京城董逃，日光絶董逃，心摧傷董逃。』董，謂董卓，言［虽跋扈］，終歸逃竄，至于滅族。獻帝初謡曰：『千里草，何當當〔一〕？十日卜，不得生。』言董卓破亡。

孫休時之謡，孫皓時之謡。孫休時小兒曰：『三公鉏，司馬如。』又曰：『我非人，熒惑星。』干寶曰：『四年而蜀亡，六年而魏廢，二十一年而吴平。』孫皓時謡曰：『阿童銜刀游渡江，不畏岸上獸，但畏水中龍。』阿童，王濬小字，後濬先定秣陵。

晋武帝之謡，晋惠帝之書。江南謡曰：『局縮肉，數横目，局縮肉，有所斥也。横目四字，自吴亡至元帝四十年，元帝興于江東，懦而小斷。中國當敗吴當復。』又曰：『宫門柱，且莫朽，吴當復在三十年後。』又曰：『鷄鳴不附翼，吴復不用力。』惠帝永熙中，温縣人如狂造書曰：『兩火没地，哀哉秋蘭。歸形街郵，終爲人嘆。』楊太后被廢，賈后絶膳八日而崩，葬街郵亭北。兩火，武帝諱。蘭，楊后字。

元康中之謡，洛陽中之謡。『南風起，吹白沙，遥望魯國何嵯峨，千歲髑髏生齒牙。』南風，賈后字。白，晋行。沙門，太子小名。言賈后與賈謐危太子，趙王倫簒。洛中謡曰：

〔一〕今按：『當當』，《後漢書》作『青青』。

『獸從北來鼻頭汗，龍泥〔一〕南來登城看，水從西來河灌灌。』數月，成都王北自鄴來，齊王南自許來，河間王西自關中來，同會誅倫。齊王輔政，有無君心，故言登城看也。

愍帝初之謡，明帝時之謡。『天子何在豆田中。』帝降劉曜，在豆田壁中。『惻惻力力，放馬山側。大馬死，小馬餓。高山崩，石自破。』明帝崩，成帝幼，爲蘇峻所逼，遷于石頭。峻死，弟石又拠石頭，尋爲諸公所破。

升天中之歌，升天末之歌。穆帝升天中，童兒歌于道曰《阿子聞》，曲中輒云：『阿子聞不？』無幾而帝崩，太子哭之曰：『阿子汝聞不？』升末忽作《廉歌》，有扈謙者聞之曰：『廉者，臨也。歌云「白門廉，宫庭廉」，内外悉臨，國家其大諱乎！』少時而穆帝崩。

隆觀〔二〕初之謡，太和中之歌。哀帝隆觀初，謡曰：『升平不滿斗，隆和那得久！桓公入石頭，陛下徒跣走。』升平五年穆帝崩。海西公太和中，百姓歌曰：『青青御路楊，白馬紫遊韁，汝非皇太子，那得甘露漿？』識者曰：『白者，金行。馬者，國族。紫爲奪正之色。』海西公尋廢，其三子並非海西之子。明日，南方獻甘露。

〔一〕　今按：『泥』，《晋書》作『從』。
〔二〕　今按：『隆觀』，當爲『隆和』。下同。

海西之歌，王恭之謡。海西公初生皇子，百姓歌曰：『鳳皇生一雛，天下無不喜。本言是馬駒，今定成龍子。』海西公使左右向龍與内侍接，生子，以爲己子。王恭在京口，謡曰：『黄頭小兒欲作亂，賴得金刀藩扞。』黄字，恭字頭也。小人，恭字下也。後爲劉牢之所敗。

義熙初之謡，符生時之謡。『官家養蘆化爲荻，蘆生不止自成積。』其時官家〔一〕盧龍，寵以金紫。龍舉兵内伐，逐成讎敵。符生時謡曰：『東海大魚化爲龍，男便爲王女爲公，問在何所洛門東。』生誅侍中、魚遵及其子孫，后符堅殺生而代之。堅封東海，時第在洛門東。

符堅初之謡，符堅初之謡。『阿堅牽連三十年，後若欲敗時，當在江湖邊。』堅在位卅年，敗于淝水。又謡：『河水清復清，符詔〔二〕死新城。』又云：『魚羊田斗〔三〕當滅秦。』堅爲慕容冲所攻，卒爲姚萇所殺于新城。

天監三年之詩，天監三年之詩。講重雲殿，諸公賦詩：『樂哉三年餘，悲哉五十里。但看八十三，子地妖灾起。佞臣作欺妄，賊臣滅君子。若不信吾語，龍時侯賊起。且至馬中

〔一〕今按：『家』，《晋書》作『養』。
〔二〕今按：『詔』，《晋書》作『堅』。
〔三〕今按：『斗』，《晋書》作『升』。

間，銜悲不見喜。』梁自天監至大同三十年無事，太清二年臺城陷，享國四十八年，所言五十里也。太清元年八月十三日，侯景來降，在丹陽北子地。帝惑朱异之言以納景。又作詩曰：『兀尾狗子始着狂，欲死不死嚙人傷，須臾之間自滅亡。患在汝陰死三湘，橫尸一旦無人藏。』

陳初之謡，陳時之歌。『黄班青驄馬，發自壽陽涘。來時冬氣末，去日春風始。』陳主爲韓擒虎所敗，韓本名擒獸，黄班之謂也。破建康之始，復乘青驄馬，往返時節皆相應。陳時，江南盛歌王獻之《桃葉詞》：『桃葉復桃葉，渡江不用楫。但度無所苦，我自迎接汝。』晋王伐晋〔一〕之始，置營桃葉山下。韓擒虎渡江，大將任蠻奴至新林，以導北軍之應。

陳時之文，梁末之謡。後主在東宫時，婦人突入唱曰：『畢國主，有鳥一足集殿庭，以嘴畫地成文曰：獨鳥〔二〕上高臺，盛草變爲灰。欲知我家處，朱門當水開。』解者以爲，獨鳥足。者指後主獨行無衆，盛草言荒穢，隋火運，草得火而灰。及至京師，與家屬館于都水臺。梁末謡曰：『可憐巴馬子，一日行千里。不見馬上郎，但見黄塵起。黄塵污人衣，皂莢

〔一〕今按：『晋』，《隋書》作『陳』。
〔二〕今按：『鳥』，《南史》作『足』。

相料理。』王僧辨本乘巴馬擊侯景。馬上郎，王字也。塵，謂陳也。陳滅于隋。江東謂羊角爲皂莢。隋氏姓楊，楊，羊也。

齊時之謡，鄴中之謡。北齊神武時，謡云：『百尺高竿摧折，水裏燃燈澄滅。』高者，齊姓也。七年，高澄遇害。又謡曰：一束槁，兩頭然，河邊羖，爲水邊。羖，指羊歷羊。爲水邊洋，指文宣明也〔一〕。鄴中謡曰：『金作掃帚玉作杷，净掃殿屋迎西家。』未幾，周師入鄴。

周初之謡，隋祖之詩。『白楊樹頭金鷄鳴，祇有阿舅無外甥。』静帝隋時之甥，遜位而卒。隋高祖幸并州，宴秦孝王及王子相，帝爲四言詩曰：『紅顔詎幾，玉貌須臾。一朝花落，白髮難除。明年後歲，誰有誰無？』明年，子相卒。十八年，孝王薨。

高昌時之謡，調露初之謡。『侯君集，伐高昌。』先時謡曰：『高昌兵馬如霜雪，漢家兵馬如日月。日月照霜雪，迴首自消滅。』調露初謡曰：『側堂堂，再言堂』者，唐再受命之象。

神龍之謡，咸通之謡。『山南烏鵲窠，山北金駱駝。鐮柯不鑿孔，斧子不施柯。』山南，唐也。烏鵲窠者，人居寡也。山北，胡也。金駱駝者，虜獲而重載也。咸通十四年，成都謡

〔一〕 今按：此段文字缺漏錯亂，《文獻通考》引作：『童謡曰：一束藁，兩頭然，河邊羖攊飛上天。藁然兩頭，於文爲高；河邊羖攊，爲水邊洋，指文宣名也。』齊文宣帝名高洋。

曰：『咸通癸巳，出無所之。蛇去馬來，道路稍開。頭無片瓦，地有殘灰。』巳蛇午馬也。儂智高反時謡曰：『儂家種，羅家收。』慶源巒酋儂智高反云云，狄青討平之。

稽疑　三二一章

灾祥 林駉

雲漢爲虐，不害中興。天作淫雨，宋其興焉。則知灾異之來，人君不足惧。寶鼎作歌，無補虚耗，瑞雪相賀，適矯唐治，則知休祥之至，人君不足恃。金縢未啓，大風拔木，君臣相顧以動色。洛邑已定，休祥荐臻，君臣警戒以自若。芝房之産，未足奇也。彼則薦之郊廟而頌美，屋廟之壞深可畏也。彼則謂之行與壞會而自文。我朝，嵐州之麟養之後園，曰：『時和爲上瑞，奇獸無益也。』太平興國九年，太宗。坊州之麟養之苑中，曰：『民安爲上瑞，鳥獸何足多也？』雍熙三年，仁宗。

枯桔之生可稱也，吾瑞鐵騎，不瑞枯桔。異草之産可珍也，吾寶賢臣，不寶異草。紹興七年，劉光世奏枯桔生穗。景祐二年，芝草三百五十本。上曰：『豐年爲瑞，賢臣爲寶，草木昆蟲焉足尚哉！』臨川之圖，甘露不足褒也。故寧罷其守，使人不敢爲佞。澧州之獻，瑞木不足賞也。故寧却其獻，使人不敢爲欺。紹興七年，知果州宇文彬、通判嚴信儒進禾登雙穗，上曰：『去年荒旱，安有瑞禾？往年知撫州高衛進甘露圖，朕疾其佞，罷其守，彬等可罷官。』寶曆三年，澧州獻瑞木，有文曰：『太平之道。』歐陽修曰：『使木不僞，實是天生，亦有深意。蓋其文曰「太平之道」，其意可推也。有道，則太平；失道，則危亂。方今但見其失，未見其得也。』咸平元年，熒惑犯輿鬼應在秦雍，天子憂之曰：『朕念及秦民也。』開寶之五年，霖雨不止，上曰：『朕闕政也。』是語也，天地實臨之。天聖之四年，霖雨爲沴，上曰：『朕不德也。』是語也，神明實鑑之。端拱之旱，上則減常膳，走群望，甚至欲築臺以自焚，何切也！慶曆之旱，上則蔬食引咎，精心密禱，甚至冠帶露立而不辭，何誠也！雖然鳴雉之變，商臣作訓爲戒，天休之至，周公〔一〕以是警告。瑞芝之生，韓公有諫琦之心，誠慮夫意安而政怠也。瑞星之見，張公有諫知白之心，誠欲其惧亂而思危也。四方水旱，人所諱也，李公沆當國，必以變異爲戒。江淮連旱，人所惡也，崔公立獻議，必以天戒爲慮。自王欽若以符瑞惑上聽，而當時以祥瑞爲美談。自王安石以『天變不足畏』之説褻天戒，而當時以灾異爲適至。然戚綸之疏，力攻其非。温公之論，深辨其失。

《周禮》：視祲掌十煇之法，以觀妖祥，辨吉凶。一曰祲，陰陽氣相侵也；二曰象，如赤

〔一〕今按：『公』，《四庫全書》本《古今源流至論》作『召』。

烏也；三曰鐫，日旁氣也；四曰監，雲氣臨日也；五曰闇，日月食也；六曰瞢，日月無光也；七曰彌，白虹彌天也；八曰叙，雲有次序如山在日上也；九曰隮，升氣也；十曰想，煇光也。掌安宅，宅居也。叙降，降下也。人見妖祥則不安，未安其居處也。次叙其凶禍，所下謂禳移之。

稽疑　三三章

附叛逆

《易傳》曰：『皇之不極，厥罰常陰，時則有下人伐上之痾，乃犯上反逆之謂。』『蓋人痾者，妖也；叛逆者，應也。』見上。

晋王之反，惠帝。蘇峻之反。太安二年。河間王顒，成都王穎，舉兵反。發明：『自《晋紀》觀之，則曰「顒、穎舉兵討乂」，自《通鑑》觀之，則曰「顒起兵討乂，穎上表討昌」。《綱目》大書顒穎之反，何哉？顒初用李含計，欲殺乂而廢帝，穎亦預聞者也。今又舉兵向闕，至犯乘輿，直筆書之，蓋亦核其實耳。蘇峻曰：『臺下云我欲反，豈得活耶？我寧山頭望廷尉，不能廷尉望山頭。』庾信賦曰『望廷尉之逋囚，反淮南之窮寇』是也。

范曄之反，源賀之反。宋范曄謀反，伏誅在獄，爲詩曰：『雖無嵇生琴，庶同夏侯色。』廣陵散曲名，以譖被害。李豐等謀以夏侯玄輔政而誅司馬師，謀泄下獄，玄顏色不變。裴子野曰：『劉弘仁湛、范蔚宗曄，皆忸志而貪權，矜才以殉逆。累葉風素，一朝而隕。向之所謂智能，翻爲亡身之具矣。』魏太安二年，人告源賀謀反。魏主曰：『賀竭誠事國，訊驗果誣。』乃誅告者。

晋臣也，秦臣矣。秦符陽王皮、周虓謀反，徙邊。書法：『虓，晋臣也。此何以書？罪之也。至是爲尚書郎，則秦臣矣。始復異謀，是二心也。』

杜詩：山東殘逆氣，吴楚守王度。竟流帳下血，大降胡南殃。殺胡南團練，使崔瓘。麾下殺危戎，湖邊有飛旐。臧玠殺崔瓘。平生方寸心，反當帳下難。嗚呼殺元良，不叱白刃散。公孫仍恃險，侯景未生擒。反氣凌行在，妖星下直廬。戰連脣齒國，軍急羽毛書。肉食三十萬，射獵起黄埃。禄山爲叛計，胡星墜漢地。漢將仍横戈。

稽疑　三四章

弑逆

司馬昭之弑，魯公充之卒。魏司馬昭弑其君髦，髦拔劒乘輦，率宿衛鼓譟而出。賈充曰：『司馬公養汝等，正爲今。』成濟抽戈，隕于車下。昭言：『成濟大惡，夷三族。』發明：『唱逆者，賈充。抽刀者，成濟。今但歸獄於昭，何哉？趙穿親舉桃園之難，而《春秋》正色書之。况昭久操國命，特借成濟之手而已。雖葬以王禮，夷濟三族，天下豈可以文欺哉？』晋武帝太康三年，魯公賈充卒。發明：『觀庾純高貴鄉公之問，與孫皓弑君不忠之謂，則充之罪惡，非惟舉國知之，雖鄰敵亦知之矣！《綱目》書爵書卒，略無貶詞，何哉？天理人心之固有，充雖元惡，然老病垂死，則是小人之心，方且自憂謚傳，未始安於爲惡也？昏亂紀度，請謚荒公。博秦秀猶是爲晋掩護，不欲斥言之耳。書法如此，豈予之哉！正以著晋武崇獎奸賊，保全始終之意。』

魏公操之弑，王修纂之弑。建安十九年，魏公操弑皇后伏氏及皇子二人。操使郤慮策收后璽綬，以尚書令華歆爲副，勒兵入宫收后，后藏壁中，歆壞户發壁，牽后出。書法：『漢許后嘗弑矣，猶隱之也。未有取於帝側而親弑之，如操者，是可忍也，孰不可忍也！故正名罪之。』簡文皇帝大寶二年，侯景使王偉、彭儁、王修纂進酒，太宗知將殺己，盡醉而寢。儁進土囊，修纂坐其上而殂。

大業八年之殺張衡，大中二年之弑郭氏。大業八年，張衡放廢，衡妾告衡怨望，詔賜自盡。臨死大言曰：『我爲人作何等事而望久活！』監刑者塞耳，促令殺之。書法：『張衡何？親行弑逆者也。曷爲不書伏誅？所以蔽罪於楊廣也。』大中二年，宣宗太皇太后郭氏暴崩于興慶宮。書法：『暴崩何？弑也。故地異其文者，異其辭也。於是，宣宗之惡，微而顯矣。

天祐元年之弑，昇明元年之弑。天祐元年，全忠弑帝於椒殿。發明：『弑逆之罪，罪不容誅，然陰爲其事而陽避其名，如全忠驚哭投地之類，是也。』夫以主謀者李振、圖事者元暉、揮刃者史太，而歸惡乃在全忠，若其手自爲之者，求其實也。不然亂臣賊子接迹於世，皆可以文欺天下矣。』宋昇明元年，齊主道成弑汝陰王滅其族。書法：『書滅其族何？重罪齊也。』

稽疑　三五章

討逆

漢獻帝初平二年之討卓，唐僖宗光啓三年之誅遘。河南尹朱儁移書州郡討卓。發明：『按《春秋魯莊公九年》，書及齊師戰于乾時，我師敗績。傳者謂：「内不言其敗，此其言敗者，謂與讎戰，雖敗亦榮也。」夫莊公非能復父之讎，特因他事舉兵。《春秋》猶書而與之，况真能復讎者乎？朱儁討卓未幾，反爲所敗，略無尺寸之功。然《綱目》書移書州郡召兵討卓，若有深嘉樂與之意者。急於討賊，故成敗利鈍，有不暇顧耳。』僖宗光啓三年，誅僞宰相蕭遘。鄭昌圖、裴撤，時朝士受煴瀼王官者，皆處以極法。杜讓能争之，免者什七八。書法：『首蕭遘何？罪遘也。遘亦嘗拒政矣，其罪之何？守不力也。』尹起莘曰：『殘其身污潴其宮，討賊之義暴白於天下。』

天寶十五載，製陷賊官，以六等定罪。晋靈公之時，宋人殺昭公。趙宣子曰：『夫大者天地，其次君臣，所以爲順也。今殺其君，所以反天地、逆人道也。天必加災焉。晋爲盟主而不被天罰，不救敗矣。』靈公興師而從之。宋人聞之，儼然感悦。《韓詩外傳》。

稽疑　三六章

附異端

朱子曰：『異端，非聖人之道而别爲一端，如楊墨是也。其類必至於無父無君，若專治而欲精之，則爲甚矣。』

《語》子曰：『攻乎異端，斯害也已。』

《揚子》：震風凌雨，然後知厦屋之爲帡幪也。蓋覆。虐政虐世，然後知聖人之爲郛郭也。古者楊墨塞路，孟子辭而闢之，廓如也。後之塞路者有矣，竊自比於孟子。或曰：『人各是其所是，而非其所非，將誰使正之？』曰：『萬物紛錯，則懸諸天；衆言淆亂，則折諸聖。』或曰：『惡惡睹乎聖而折諸天？』曰：『在則人，亡則書。』

稽疑　三七章

楊墨

《孟》：『聖王不作，諸侯放恣，處士横議。楊朱、墨翟之言盈天下。天下之言，不歸楊，則歸墨。楊氏爲我，是無君也。墨氏兼愛，是無父也。無父無君，是禽獸也。楊墨之道不息，孔子之道不著，是邪説誣民，充塞仁義也。仁義充塞，則率獸食人，人將相食。』

朱子曰：『楊朱乃老子弟子，其學專於爲己。墨子尚儉惡樂，所以説里號朝歌，墨子回車。問率獸食人，亦深探其説而極言之，非真有此事。曰不然，即他之道，便能如此。楊氏自是個退步愛身不理會事底人。墨氏兼愛，又弄得没合殺使天下倀倀然，必至於大亂而後已，非率獸食人而何？如東晋之清談，此便是楊氏之學，即老莊之道。少間百事廢弛，遂啓夷狄亂華，其禍豈不慘於洪水猛獸之害！又如梁武帝事佛，至於社稷丘墟，亦其驗也。吾爲此惧。閑先聖之道，距楊墨，放淫辭，邪説者不得作。作於其心，害於其事。作於其事，害於其政。聖人復起，不易吾言矣。能言距楊墨者，聖人之徒也。』

《孟》：『楊子取爲我，拔一毛而利天下，不爲也。墨子兼愛，磨頂放踵利天下，爲之。』

《孟》：『逃墨必歸於楊，逃楊必歸於儒。歸，斯受之矣。今之與楊墨卞者，如追放豚，既入其苙，又從而招之。』

程子曰：『楊墨之害，甚於申韓。佛老之害，甚於楊墨。蓋楊氏爲我，疑於義；墨氏兼愛，疑於仁。申韓則淺陋易見。故孟子止闢楊墨，爲其惑世之甚也。佛氏之言近理，又非楊墨之比，所以爲害尤甚。』

稽疑　三八章

申韓

《史記》：『申不害，古郑之賤臣。學本於黄老而主刑名，著書二篇，號曰《申子》。韓非者，韓之諸公子也。喜刑名法術之學，而其歸本於黄老。善著書。與李斯俱事荀卿，斯自以爲不如非。』

又《史》：鄭人申不害以黄老刑名之學爲昭侯韓。相國，治兵强。有韓非者，善刑名，爲韓使秦，説秦滅韓。

衛綰之奏，庾亮之諫。衛綰奏：『所舉賢良，或治申韓，請皆罷。』奏可。晋元帝方任刑法，以《韓子》賜太子，庾亮侍講諫以申韓刻薄傷化。

稽疑　三九章

黄老刑名

申不害好黄老刑名，以干韓昭侯。商鞅好刑名之學。太史公曰：『蓋公言黄老，賈誼鼂錯名申韓〔一〕。』膠西蓋公善治黄老，爲言：『治道貴清静，而民自定。』曹參爲齊相，用其言，齊國安保。

老子者，楚苦縣人也。李姓，名耳，字伯陽，又曰字聃。《葛洪傳》：從母姓李也。爲周

〔一〕今按：此句，《史記》作『賈生鼂錯明申商』。

守藏史，見周衰，去，至關。關令尹喜曰：『子將隱矣，爲我著書。』乃著道德五千餘言而去。石原曰：『異端虛無之教，始此。然老子所著止此五千言，今道家書有稱老子云云者，皆後人假託言之耳。愚按：曾先之。《老子五千言》，固亦善言，然多虛無，故其末流之弊，遂使申韓、荀楊、莊列之徒襲爲邪説詖行，以惑世誣民，充塞仁義而不可救也。嗚呼，惜哉！』

韓子曰：老子之小仁義，非毁之也，其見者小也。坐井而觀天，曰天小者，非天小也。彼以煦煦爲仁，孑孑爲義，其小之也則宜。周道衰，孔子没，火于秦，黄老于漢，佛于晋、宋、齊、梁、魏、隋之間。

延熹八年之祠，延熹九年之祠。桓帝延熹八年，遣左綰之苦縣祠老子。苦縣有宅及廟。書法：『人主崇道教始此。』九年，親祠老子於濯龍宫。書法：『親祠何？不當親者也？』

承聖三年之講，武德三年之廟。承聖三年甲戌，梁主繹講《老子》於龍光殿。書法：『漢帝祠老子，則書「親」；魏主講佛書，則書「親」。此其不書「親」何？非創也，故略之。梁主方崇道教而有烏慢之辱，然則異端亦何益於人之國哉？』十二月四□□之下。發明：『其父講佛書於同泰，未幾而有侯景之亂。其子講《老子》於龍光，未幾亦有江陵之禍。』武德三年，立老子廟，見淫祠。楊楷疏曰：『聞宫中立黄老之祠，黄老清虛，貴尚無爲，好生惡殺，省欲去奢。陛下淫女艷婦，極天下之麗；甘肥飲食，單天下之味。嗜欲不去，殺伐過理，奈何欲如黄老？』

杜詩：『世家遺舊史，道德付今王。身退卑周室，經傳拱漢皇。漢文。谷神如不死，養拙竟何鄉？』《老子》：『谷神不死，是謂玄牝。』谷神，虚中之神。注：人之神，自虚中而出，故常存而不死，玄遠而無極，牝虚而不實。

稽疑 四〇章

荀揚

《韓子》：『荀與揚也，擇焉而不精，語焉而不詳。』

《揚子》：『吾於荀卿與？見同門而異户也。』同出一門而異其户，同述一聖而有乖説。

《史》：『趙人荀卿至楚，春申君以爲蘭陵令。荀卿，名況，著書三十二篇。』

荀之言性，揚之言性。《荀子·性惡篇》：『人之性惡，其善者僞也。』《揚子·修身篇》：『人之性也善惡混，修其善則爲善人，修其惡則爲惡人。氣也者，所適善惡之馬與。』

伊川云：『荀子之言性，杞柳之論也；揚子之言性，湍水之論也。』

稽疑　四一章

莊列

蒙人莊周，著書三篇。鄭人列禦寇，著書二十篇。愚按：曾先之。『聖賢異端，所爲不同。如冰炭矛盾，每每相反。莊周爲老子虛無之學，而惡聖賢之害己也，故鑿空杜撰幻語以侮誚之。蓋欲以邪勝正，非勝是，何其謬哉！』

稽疑　四二章

縱横

《風俗通》曰：『鬼谷先生，六國時縱横家。晋平公時，姓王，名詡。入雲氣山採藥，得道，顏如小童。居清溪之鬼谷。蘇秦、張儀問道，三年辭去。處人間數百歲。』

或問：公孫龍詭辭數萬以爲法，法與？』曰：『升東岳而知衆山之峛崺也，况介丘乎！

浮滄海而知江河之惡沱也，况枯澤乎！舍舟航而濟乎瀆者，末矣！舍五經而濟乎道者，末矣！若惠施、公孫龍、莊老、申韓之類。

稽疑　四三章

鄉原

《孟》孔子曰：『過我門而不入我室，我不憾焉者，其惟鄉原乎！鄉原，德之賊也。』曰：『何如斯可謂之鄉原矣？』曰：『何以是嘐嘐也？言不顧行，行不顧言，則曰古之人，古之人。行何爲踽踽涼涼？生斯世也，爲斯世也善，斯可矣。閹然媚於世也者，是鄉原也。』萬章曰：『一鄉皆稱原人焉，無所往而不爲原人。孔子以爲德之賊，何哉？』曰：『非之無舉也，刺之無刺也，同乎流俗，合乎污世，居之似忠信，行之似廉潔，衆皆悦之，自以爲是，而不可與入堯舜之道，故曰「德之賊」也。』孔子曰：『惡似而非者，惡莠，恐其亂苗也；惡佞，恐其亂義也；惡利口，恐其亂信也；惡鄭聲，恐其亂樂也；惡紫，恐其亂朱也；惡鄉原，恐其亂德也。』君子反經而已矣。經正，則庶民興；庶民興，斯無邪慝矣。

朱子曰：『經正，則庶民興。蓋風化之行，在上之人舉而措之而已。庶民興，則人人知反其本而見善明；見善明，則邪慝不能惑也。既人不之惑，則其道自然消削，而至於無也。』

歐陽永叔：『或使王政明而禮義充，雖有佛無所施於吾民矣。』亦此意也。

稽疑　四四章

佛氏

《列子》孔子曰：『西方聖者，不治而不亂，不言而自信，不化而自行。』

《佛地論》：『佛，覺也。覺一切種智，復能開覺有情，如夢覺，故名曰佛。』

《列子》：『西方有聖人，其名曰佛氏。』

永平迎佛，咸康事佛。永平八年，遣使之天竺，求其道，得其書。及沙門攝摩騰至京師，置於鴻臚寺。其書大抵以虛無爲宗，貴慈悲不殺。以爲人死，精神不滅。隨後受刑。生時善惡，皆有報應。所貴，修鍊精神，以至爲佛。善爲宏闊勝大之言，以勸諭愚俗。精其道者，號曰沙門。晋成帝咸康元年，趙聽其民事佛，著作郎王度議曰：『王者祭祀，典禮具存。佛，外國之神，非天子所應祠也。漢魏惟聽西域人立寺都邑，漢人皆不得出家。今宜禁公卿以下毋得詣寺。其趙人爲沙門者，皆返初服。』書法：『本胡俗也，趙之有此宜矣。而漢人之爲沙門，自此始，故謹書之。自是書，聽民出家二：宋壬辰年，魏；梁辛丑年，魏。』

襄楷之疏，許管之疏。襄楷疏曰：『聞宮中立浮屠之祠。浮屠不三宿桑下，不欲久生恩愛，精之至也。《桑中》之詩，衛之公族淫亂。陛下淫女艷婦，極天下之麗，甘肥飲美，單天下之味，奈何欲如浮屠乎！』

晉之立佛舍，魏之講佛書。晉孝武太元六年正月，立佛精舍於内殿。左承王雅諫，不從。書法：『書立佛舍，譏尚異教也。於内殿，益非所矣。孝武之立精舍，以於内殿書；肅宗之置道場，以於三殿書；武宗之立望仙臺，以於禁中書。唐上元二，唐會昌三，皆譏之譏也。魏初平二年，魏主親講佛書於永明閑居寺。中書侍郎裴延儁疏曰：『漢光魏武雖在戎馬之間，未嘗廢書；先帝遷都行師，手不釋卷，良以學問多益，不可暫輟故也。陛下親講大覺，塵蔽俱開，然五經治世之模楷，應物之所先，伏願互覽，内外兼存，則俱周矣。』書法：『書親何？異之也。曷爲異之？非所親而親也。』

晉之崇尚浮屠，秦之羅什爲師。左衛將軍許營疏曰：『佛者，清遠玄虚之神。今僧尼於五誡粗法尚不能遵，而流俗競加敬事，以至侵漁百姓取財爲惠，亦未合布施之道也。』秦弘始七年，以鳩摩羅什爲國師。書法：『侏儒之書，於是大布，秦爲之也。』

大明六年之致敬，泰始七年之作寺。宋武帝大明六年，制沙門致敬人主。書法：『何以書？譏也。曇標謀反，嘗欲沙汰沙門，竟不能行，乃獨區區責其致敬。宋書制沙門致敬人主，唐書詔僧道致拜父母，是年貞觀五年。皆譏之也。宋主謂巢尚之曰：『此是我大功德。』散騎侍郎吴願曰：『此皆百姓賣兒貼民〔一〕錢所爲。』書法：『書作寺始此。』發明：『不閲歲而告隕剿滅無餘，向之所謂大功德者，果安在哉？』

嵩表，澄奏。魏熙平元年，胡太后作永寧寺於宫側，作石窟寺於伊闕口，爲九層浮屠。李嵩表曰：『高祖遷都垂三十年，明堂未修，太學荒廢，城闕府寺頗亦頽壞，宜罷尚方雕靡之作，省永寧土木之功，分石窟鐫琢之勞，因農之隙，修此數條，使國容嚴顯，禮化興行。』任城王澄奏曰：『高祖遷都，城内置寺，各一而已。正始三年，沙門惠琳始違前禁，都城之中寺逾五百。往者代北有法秀之謀，冀州有大乘之變，非徒使緇素殊途，蓋亦以防微杜漸。臣謂：城内寺宜悉徙於郭外，僧不滿五十者併小從大。』

李瑒言：『不孝之人，無過於絶祀。豈得背禮肆情，棄家絶養，缺當世之禮，求將來之

〔一〕今按：『民』，《資治通鑒》作『婦』，是。

益！』都統僧曇以瑒謗佛，泣訴於太后，太后責之。瑒曰：『天曰神，地曰祇，人曰鬼。傳曰：明則有禮樂，幽則有鬼神，然則明者爲堂，堂幽者爲鬼教，佛本出於人，名之爲鬼。愚謂非謗。』太后不得已，於暹等罰瑒金一兩。以僧曇之泣，罰李瑒之金。

天監十六年之下詔，大通元年之捨身。詔文錦不得爲人獸之形，詔以宗廟用牲牢有累冥道宜以麵代之。朝野以爲，宗廟去牲乃是不復血食，議以大脯代一元大武。詔以餅代脯，其餘盡用蔬果。書法：『書，譏也。前書詔文錦不得爲人獸之形，此書罷宗廟牲，皆譏之也。』大通元年，梁主捨身於同泰寺。書法：『直書其事，不待貶而義見矣。終《綱目》，書捨身四，梁武帝凡三書焉，陳高祖。』發明：『甚哉！梁武之愚也。人生天地間，有此生則有此身，生不可滅則身不可捨。抑不知梁武之所謂捨者，以何爲捨爾？若以屏富貴、棄妻子爲捨耶，則是身捨物而非曰捨身也。若以委其身於佛氏爲捨耶，則爲佛者當取其身而用之可也。今既曰捨，而其身猶在，則是身捨物而非曰捨身也。身未嘗捨，而强名曰捨，則固已昧其心於不誠矣。他時，諸臣又以金而贖其身，不知當其捨之之時，孰從而受之，而贖之之時，又孰從而歸之也？梁主身非賣童，而可捨可贖，此不惟愚誑其民、愚誑其身，抑且愚誑其所謂佛矣。末年荷荷之時，又復戀戀而不能捨，何哉？《孟子》有言：捨魚而取熊掌，捨生而取義。夫魚、熊掌，二物也，固可捨其一而取其二，若捨生取義，則必殺身殉義而後可，萬一其生猶在，則亦不謂之捨矣。《綱目》於梁武捨身之事，屢書于册，若無貶辭。然以一國之君而欲捨其身，則宗廟社稷之重，土地人民之託，誰實尸之？況又實未嘗捨乎，其貶之之義明矣。梁武惑佛之禍，先儒論之甚詳，臣姑因所書而取其捨身之一說，極論其所以妄云。』

中大通元年之幸同泰寺，大同三年之修長干塔。中大通元年，梁武幸同泰寺，設大會，釋御服，持法衣，行清凈大舍，群臣以一億萬奉贖。胡氏曰：『爲佛之道，淺深精粗，雖所得不同，要其極致，歸於殄滅倫理，以之爲己則逆而不祥，以之爲人則偏而不公，以之爲天下國家，無所處而不當。』大同三年修長干寺阿育王塔，出佛爪髮舍利。幸寺，設無礙食，大赦。胡氏曰：『佛固爲賢，然亦人耳。使其心有道，其骨毛爪齒若何而能神？其徒實而畜之者，又云有五色珠琲附而生焉，名曰舍利子，云是精氣所結也。是物也，飢不可食，寒不可衣，病不可療，無益生人。梁武敬信之篤，至幸寺設齊，冀得護持，然不免餓死，佛力果安在哉？』

大清元年之捨身重雲殿，大清元年之捨身同泰寺。海中浮鵠山，女人女官道士，遣使獻紅席。大清元年，梁主捨身於同泰寺。發明：『梁主捨身，三書於册，然其身猶在，卒莫之捨。捨於佛，而佛不受，未幾，遂捨於侯景。不惟捨其身，且併其子孫園冢捨之，可哀也哉！』

重罽賓之沙門，求西域之佛書。罽賓沙門曇無讖，自云能使鬼治病。蒙遜重之，謂之聖人。魏主徵之，蒙遜殺之。魏神䴥元年，遣使如西域求佛書，得百七部而還。書法：『侏離之言盈天下，魏爲之也。』

陳永定二年之捨身，周大象二年之復教。永定二年，高祖陳主捨身於大莊嚴寺。書法：『佛氏惡殺賞施，霸先方殺其主，復何以捨身爲哉！』周大象二年，周復佛道二教。書法：『堅意也，堅將有他志，以是求福干譽，直書貶之。』

開皇元年之聽民出家，開皇廿年之禁毁佛天尊。聽民出家，賦錢寫書造像。書法：『書賦錢，甚譏之也！』禁毁佛天尊及神像。發明：『以其像人猶禁毁之，乃於人而輕殺焉，則其所爲，亦不類矣，故書以譏之。』

貞觀五年之詔僧道致拜父母，嗣聖七年之頒《大雲經》於天下。書法：『書，譏之也。始行沙汰，隨罷沙汰，而獨拳拳於致拜，不能三年之喪，而緦小功之察之謂矣。』發明：『僧道不拜父母，乃師他人而拜之，此正孔子所謂悖禮孝，詔令致拜宜矣。然曷君不罷沙汰於其初乎？僧法明等言：『太后乃彌勒佛下色，當代唐爲閻浮提主，州名。』書法：『《大雲經》何？僞書也。《隋靈感志》不書頒，此其書頒，何譏也。自欺非矣，欺人甚哉！故《大雲經》書頒，武后鼎銘書頒，譏欺人也。』

嗣聖十六年之幸三陽宫，嗣聖十七年之造大像。太后幸三陽宫，胡僧邀車駕，觀葬舍利。太后許之。仁傑跪馬前曰：『佛者，戎狄之神，不足以屈天下之主。』太后中道而還曰：『以成吾直臣之氣。』十七年，周造大像。仁傑諫曰：『今之伽藍，制過宫闕。功不使鬼，止在役人，物不天來，從須地出，不損百姓，將何以求！』『且梁武簡文捨施無限，及三淮沸浪，五嶺騰烟，列刹盈衢，無救危亡之禍，緇衣蔽路，豈有勤王之師！』『比來水旱不節，邊境未寧，若費官財，又盡人力，一隅有難，將何以救之哉！』太后罷役。書法：『前作大像，不書，此其書何？爲仁傑之諫，書也。』

李嶠之疏，張廷珪之疏。廿一年，周復作大像。李嶠疏曰：『造像錢見有一十七萬餘緡，若將散施，濟得一十七萬餘户。拯飢寒之弊，人神胥悦；省勞役之費，功德無窮。』張廷珪疏曰：『以時政論之，則宜先过境，蓄府庫養人力；以釋教論之，則宜救苦厄，滅諸相崇無爲。願察臣之愚，行佛之意。』太后罷役。

魏之聽民出家，唐之罷僧沙汰。魏愔，興安元年，復建佛圖，聽民出家。魏主親爲沙門下髮。世民殺建成元吉，罷沙汰僧道。書法：『世民於此，不惟心術之差，而急於悦人，以忘改父之嫌，亦甚矣。』

自武氏而僧拜官，襲武氏而僧拜官。神龍二年，制僧彗範、道士史崇恩等並加五品。

書法：『自武氏始書僧拜官，於是再見，是襲武氏之迹也。再亂宜矣。』

甯原悌之疏，辛替否之疏。景龍四年，睿宗以西域隆昌二公主爲女官，後爲金城玉真公主。上以二女爲女官，以資天皇天后之福，欲爲造觀。諫議大夫甯原悌疏曰：『釋道二家，皆以清净爲本，不當廣營寺觀，勞人費財。』補闕辛替否疏曰：『太宗，陛下之祖也，不多造寺觀而有福，不多度僧尼而無灾。中宗，陛下之兄也，奪百姓口中之食以養貪殘，剥萬人體上之衣以塗土木。』書法：『譏也，以是爲孝末矣。公主爲女官，《綱目》一書而已。』

范氏曰：『生，事之以禮；死，葬之以禮。孔子曰：「祭之以禮，可爲孝矣。」未聞以女子爲女官，而資福於其親者也。天子之女，天下之所取則也。不從先王之禮，廢人倫，而從方士之言，蔑典禮，襲非法之服，奉不享之祠，以是爲孝，非所以率天下也。』

左拾遺辛替否之疏，清源尉吕元泰之疏。景龍二年，中宗。辛替否疏曰：『一朝風塵再擾，霜雹荐臻，沙彌不可操干戈，寺塔不足攘飢饉。』吕元泰疏曰：『堯、舜、禹、湯、文、武，惟以儉約仁義立德垂名，晋、宋以降，塔廟競起，而喪亂相繼，由其好尚失所，人不堪命故也。』

張鎬之諫，高郢之書。至德二載，上使僧數百爲道場於内。同平章事諫曰：『帝王當修德以弭亂[安人]，未聞飯僧可致太平也。』大曆二年，魚朝恩以賜莊爲章敬寺，以資太后冥福，奏毁曲江及華清宫館以給之。衛州進士高郢疏曰：『太后聖德，不必以一寺增輝；

國家永圖，無寧以百姓爲本。捨人就寺，何福之爲？且古之明王，積善以致福，不費財以求福，修德以消禍，不勞人以禳禍。今殉左右之過計，傷皇王之大猶。』不報。寇至則令僧講《仁王經》，寇去則厚加賞賜。

大曆二年之胡僧，大曆三年之僧尾。大曆二年，胡僧不空官至卿監，爵爲國公。大曆三年，上幸章敬寺，度僧尼千人。書法：『書千人，甚之也。』

憲宗元和十四年之迎佛骨，懿宗咸通十四年之迎佛骨。功德使言：『鳳翔法門寺塔有佛指骨，相傳三十年一開，開則歲豐人安，來年應開，請迎之。』上從其言。佛骨至京師，留禁中三日，歷送諸寺。韓愈諫曰：『佛者，戎狄之一法耳。枯朽之骨，豈宜入宮？乞付有司，投諸水火。』乃貶韓愈爲潮州刺史。書法：『書至京師，何遠也。』東坡詩曰『作書詆佛譏君王，要觀南海窺荆湘』是也。十四年，遣使迎佛骨。書法：『此憲宗貽謀之效也。』懿宗以一公主故，公主卒。幸安國寺，則設齊，萬人迎佛骨，則膜拜流涕。至謂『生得見之，死亦何恨？』不三月而酬其言，事佛之福，竟何如哉？

永泰元年之置坐代宗，咸通三年之置壇。置百高座，講《仁王經》。書法：『終《綱目》書講經者三，魏主、梁武、梁主繹。皆親講也。此非親講，則其書之何？自内出也。』故異教有自内出必書，《仁王經》自内出，則書是年；盂蘭盆自内出，則書大曆，皆所以病代宗也。咸通三年，置戒壇僧尼。吏部侍郎蕭仿疏曰：『玄祖老子。之道，慈儉爲先；素王之風，仁義爲首。佛之爲道，殊異於此，願罷去講筵。』上不能從。

唐主之拜，宋宗之喜。後唐同光三年，五臺僧誠惠自言能降伏天神，命風召雨。唐主親率后妃拜之。宋孝宗幸天竺及靈隱寺，有僧浄輝者隨侍。上見飛來峰，問輝曰：『既是飛來，如何不飛去？』對曰：『一動不如一静。』又見觀音手持數珠，問曰：『何用？』曰：『念觀音菩薩。』又問：『自念則甚？』曰：『求人不如求己。』帝大喜。

僧曰『不住子』，秦言『善宿男』，唐言『近事男』，亦云『清信士』。

杜鴻漸之遺令爲塔以葬，王丞相之遺令削髮以殮。胡氏曰：『身體髮膚，受之父母，得全而歸之，然後爲孝。豈有將死而髡首以爲達哉？削髮被緇如僧禮，蓋自貶也。』

『佛者，漢言覺也，將以覺悟群生也。』《漢記》。

『西極之國有化人來，周穆王事之，作中天臺。』《列子》。

秦始皇時，沙門室利房等至，信此，則周秦已有佛矣。漢魏時，唯聽西域人立寺都邑，至石虎敬事佛圖澄，國人化之，始造寺削髮出家，則中國人爲僧始于石虎時也。

僧曰闡士，曰開士，曰乞士，曰大士，曰上人，曰德士，曰比丘，曰善覺，曰沙門，曰乘門，曰浮屠，曰茹蒭。高年僧曰耆臘，曰老宿。高僧曰賢懿。男僧曰優婆塞。僧有妻曰梵嫂，曰房老，曰火宅僧。僧衣曰袈裟，一名無垢衣，一名離塵服，一名忍辱鎧，一名消瘦衣，一名田相衣，一名水田衣，一名稻畦帔。遊行僧曰飛錫，安住僧曰掛錫。剃髮曰祝髮，又曰剗草。

脱略塵境，歸依法門，五蘊皆空，諸漏已盡。觀色身頓悟無生之理，處世界當持不染之心。始悟三空，終超十地。

有文帝以沙門彦宗爲翻經館學士，唐代宗以胡僧不空爲開府，仪同三司。宋太祖加僧元靄朝散大夫，太宗加法賢朝散大夫。後魏太宗法果卒，謚胡靈國公，唐代宗不空卒，謚三藏和尚。元魏封法果輔國宜城子，唐封不空肅國公。

《王勃記》略曰：『金團天子選其家，白净飯王爲其父。玉象垂日，示來於大術胎中；金輪作王，創誕於無憂樹下。八十種隨形之妙好，粲若芬花；三十二大士之相儀，皎如圓月。十方而各行七步，九水而共沐一身。現優曇花，作獅子吼。爲講武也，箭塔箭井猶存；爲力揜也，象迹象坑仍在。逾春城於八夜，栖雪嶺於六年。人辭愴戀主之心，馬舐落連珠之泪。揮寶刀而落紺髮，塔起天宫；將衮服以貿皮衣，形參山鹿。西周見虹貫，炎漢夢金人。教及神州，聲流華夏。』

《周書記》：昭王廿四年甲寅四月八日，江河泛溢，山川宫宇動。太史蘇由曰：『西方聖人生。』《周書異記》：穆王五十二年壬申二月十五日，西方有白虹。太史扈多奏：『西方聖人入滅，衰相。』漢明帝永平二年，夜夢金人丈六，太史蘇由曰：『聖人出西方，一千年後，聲教來此土。』

尼

漢明帝聽洛陽婦女阿潘出家，此中國爲尼之始也。梵語云『鄔婆斯迦』，又云『優婆夷』，又云『優婆尼』。

梵語云『式叉摩那』，此云『學法女』，似今之尼長髮也。

晋何充之捨宅，楚州真之登天。晋何充捨宅安尼，此尼寺之始。唐肅宗上元中，楚州尼真如恍惚登天，見上帝，賜以寶玉十三枚，云中國有灾，以此鎮之。群臣表賀。

寺刹

杜詩：『身許雙龍寺，門求七祖禪。』『本自依伽葉，何曾藉偓佺。』『庭前猛虎卧，遂得文公廬。』惠永馴虎。『吾師雨花外，不下十年餘。』講經天雨花。『大珠脱玷翳，白月當空虛。』文公之性圓明。『願得第一義，迴向心地初。』佛書修行有十地，以歡喜爲第一義。『金篦刮眼膜，價重百硨磲。』七寶之士。佛教人達性如醫，以金篦刮去盲人眼膜，此望文公之教。

杜《觀涪城縣香積寺》：『寺下春江深不流，山腰官閣迥添愁。含風翠壁孤雲細，背日丹楓萬木稠。小院迴廊春寂寂，浴鳧飛鷺晚悠悠。諸天合在藤蘿外，昏黑應須到上頭。』王維《過乘如禪師静〔一〕居士嵩丘蘭若》：『無着天親弟與兄，嵩高蘭若一峰青。二菩薩。食隨鳴磬巢烏下，行踏空林落葉聲。迸水定侵香案湿，雨花應共石犀平。深洞長松何所有，儼然天筑古先生。』

稽疑　四五章

詆佛

宋元嘉十一年，禁擅鑄像造寺者。魏泰延四年，罷沙門五十以下者。書法：『禁擅者爾何以書？予知節也。』書法：『廢佛教之漸也。』

魏太平真君七年誅沙門，東魏元象元年禁立寺。崔浩不信佛法，每言於魏主宜悉除之。魏主入佛寺，見有兵器，命有司誅闔寺沙門，閲其財産，得窟室婦女，詔佛象胡書，皆擊

〔一〕今按：『静』，《御定全唐詩》作『蕭』。詩句中的『嵩高』作『嵩丘』，『石犀』作『石牀』，『天筑』作『天竺』。

破焚燒，沙門無少長，悉坑之。書法：『誅者何？罪辭也。從夷教，滅人倫，以爲四民之蠹，其爲罪也大矣。』

自孝明正光以後，四方多事，民避賦役，多爲僧尼，二百萬人，寺三萬餘區。至是始詔長吏，擅立寺者以枉法論。

唐武德九年，沙汰僧道。唐十四年，德宗即位，無度僧尼。九年，太史令傅奕疏曰：『佛在西域，言妖路遠，漢譯胡書，恣其假託。使不忠不孝，削髮而揖君親；遊手遊食，易服以逃租賦。僞啓三途，謬張六道。亦曰三惡，色欲、愛欲、貪欲，天道、人道、魔道、地獄道、餓鬼道、畜生道。遂使愚迷，妄求功德，不擇科禁，輕犯憲章。且生死壽夭，由於自然；刑德威福，關之人主；貧富貴賤，功業所招。而愚僧矯詐，皆云由佛，竊人主之權，擅造化之力，其爲害政，良可悲矣！自漢以前，初無佛法，君明臣忠，祚長年久。自立胡神，羌戎亂華，主庸臣佞，政虐祚短。梁武齊襄，足爲明鏡。今天下僧尼數盈十萬，請令匹配，即成十餘萬户。産育男女，十年長養，一紀教訓，可以足兵。』

蕭瑀曰：『佛，聖人也，而奕非之，當治其罪。』奕曰：『佛以世嫡而叛其父，以匹夫而抗天子。蕭瑀不生於空桑，乃遵無父之教，非孝者無親，此之謂矣。』上詔沙汰天下僧尼、道士、女官。十四年德宗即位，詔自今無得復奏置寺觀及請度僧尼。

傅奕之對，傅奕之傳。太宗曰：『佛教玄妙可師，卿何獨不悟其理？』傅奕對曰：『佛乃胡中桀黠，誑耀彼土。中國邪僻之人，取老莊玄談，飾以妖幻之語，用欺愚俗，無益於民，有害於國。臣非不悟，鄙不學也。』上後謂侍臣曰：『梁武帝惟談苦空，侯景之亂，百官不能乘馬。元帝爲周師所圍，猶講《老子》，百官戎服以聽，此深足爲戒。朕所學者，惟堯、舜、周、孔之道。』胡氏曰：『太宗可謂知所去就矣。而劫父臣虜，殺兄及弟，駭君親而代其位，室弟婦欲以爲妻，此人道所不得爲者，孰爲堯、舜、周、孔之道而有是哉！』貞觀十三年，傅奕卒。精究術數之書而終不之信，遇病不呼醫餌藥。有僧自西域來，能咒人使立死，復咒即生。上試之驗，以告奕。奕曰：『此邪術也，臣聞邪不干正，請使咒臣，必不能行。』上命僧咒奕，須臾，僧忽僵仆，遂不復蘇。又有婆網門僧言得佛齒，所擊輒碎，士女輻輳。奕謂其子曰：『吾聞有金剛石者，性至堅，惟羚羊角能破之。』其子如言，叩之，應手而碎，觀者乃止。奕年八十五卒，臨終戒其子毋得學佛書，又集晉魏以來駁佛教者，爲《高識傳》行於世。貞觀二年之詔僧道致拜父母，顯德二年之凡出家必俟其命。見上。周顯德二年，廢無顔寺，禁私度僧尼，非敕額者，悉廢之。凡欲出家者，必俟祖父母、父母、伯叔、父母之命。書法：『書，善之也。雖所去者無額，所禁者私度，未能大快人意，而所去已十之九矣。』

韋叡之卒，姚崇之卒。梁普通元年，梁車騎將軍永昌侯韋叡卒。書法：『書其官何？叡仕佞佛之時，能特立而不阿世主之好，此其可予者也。』九年，姚崇卒。令曰：『佛以清净慈悲爲本，而愚者寫經造像冀以求福。昔周毁佛像而修甲兵，齊崇塔廟而弛刑政，一朝合戰，齊滅周興。汝曹勿效女子，終身不悟，追薦冥福。道士見僧獲利，效其所爲，尤不可延之於家。』

排異端 林駉

問禮老聃，問樂萇弘，此孔子之恕也。禽獸楊墨，妾婦儀秦，此孟子之嚴也。海涵春育，是在夷貊而引之之意。痛懲深詆，是倚門墻而麾之之見。

黄老之學，唱於蓋公，和於賈誼，熾於司馬談之父子，而吾道又一厄矣。釋氏之學，漢明開端，梁武宗教，唐憲實其怪異之迹，而吾道又再厄矣。董仲舒推明孔氏，力挽正學，清净之説息而賢良之科盛，百氏之術罷而六經之學章。韓昌黎火其書，廬其居，欲巾澄觀，欲冠靈師。韓文《僧澄觀詩》：『我欲收拾加冠巾。』韓《靈師詩》：『方欲斂其道，且欲冠其巾。』《原道》一篇，名教砥柱；《佛骨》一表，群疑冰釋。五季，異端邪説，争鳴競吠。宋興，歐陽公攻於前，石徂徠排於後。仁義之説勝，楊墨之學廢，歐陽《本論》然也。遷四民之常居，毁中國之衣冠，石徂徠《經説》然也。欲除其弊，先從其徒，非李方叔浮圖之論乎？欲排其非，必反其是，非李泰伯潛之説乎？明道推其教之失，則曰滯固者入於枯槁，疏通者歸於恣肆；伊川推其難卞之弊，則曰楊墨之禍慘於申韓，釋老之禍慘於楊墨。

稽疑　四六章

鬻僧同人

三代而上，王政修明，民不知爲僧；三代而下，王政廢闕，民始起爲僧。韓子曰：『古之爲民者四，今之爲民者六。』歐陽子曰：『井田廢，而兼並游惰之奸起。』東漢以來始入中國，然未度僧也。唐玄宗聽楊國忠之言，始納錢以度僧。妄度奸人，使壞正法，姚崇爲玄宗言之。若不鉗制，當失六十萬丁，李德裕爲穆宗言之。國朝天子曰：『經業精熟，方許籍記，否則曰四千未度，當降約束。』至道元年。大臣曰：『所度皆惰農、游手，否則所度皆無賴小人。』天聖四年王曾，嘉祐三年賈昌朝。或五十而度一人，至和陳執中。或百人而度一人。至和詔。熙寧以後，則冗雜矣。河東修城則以僧牒。七年。陝西糴穀則以僧牒，二年。永興糴本則以僧牒。七年。熙寧以前，王曾言其多，宋祁言其冗。熙寧以後，程顥言不鬻，錢公輔乞裁損。高宗嘗曰：『一人爲僧，一夫不耕。』又曰：『一夫爲僧，百畝不耕。』噫！聖謨洋洋，嘉言孔彰。

稽疑　四七章

佛氏作亂

延昌四年之作亂，大明二年之作亂。魏延昌四年，冀州沙門作亂，以尼惠暉爲妻，自號大乘，又合狂藥令人服之，父子兄弟不復相識，唯以殺害爲事。詔光禄大夫元遥討平之。宋武帝大明二年，南彭城民高闍、沙門曇標以妖妄相高，與將軍苗允謀作亂，立闍爲帝，事覺，伏誅。書法：『闍允不書，書沙門何？垂戒也。沙門而謀反，則何不爲矣？人主之尊信異端者，亦可以小悟哉。』丘濬曰：『書僧反始此。』

太和五年之作亂，弘道五年之作亂。魏沙門法秀作亂，伏誅。書法：『前書曇標作亂矣，於是再見沙門之亂，《綱目》每謹書之，所以爲好異端者之戒也。』弘道元年，綏州步落稽作亂，討平之。埋銅佛於地，久之草生其上，紿鄉人曰：『吾於此數見佛光。』集衆掘地，果得之，曰：『得見聖佛者，百姓皆愈。』遠近赴之，遂謀作亂，據城平縣稱帝。遣程務挺討平之。

李仁達作亂，卓嚴明之稱帝。石晉開運二年，閩李仁達作亂，以僧卓嚴明稱帝。書法：『以稱帝何？不宜稱者也。帝王所自立者也，見以於人則不足以帝矣，而況僧乎？』

稽疑　四八章

贈詩

杜詩：『錫飛常近鶴，杯渡不驚鷗。』褚公飛錫杖，與白鶴道人築室於舒州潛山。《高僧傳》：『有僧常乘木杯渡河。』

高適《贈杜》：『傳道招提客，詩書自討論。佛香時入院，僧飯屢過門。聽法還應難，尋經剩欲翻。草玄今已畢，此後更何言。』

杜甫《酬高》：『古寺僧牢落，空房客寓居。故人供祿米，鄰舍與園蔬。雙樹容聽法，三牛肯載書。釋書世尊，在雙樹間。《法華經》載法牛、羊、鹿三車。草玄吾豈敢，賦或似相如。』

《奉寄江寧旻上人》：『不見旻公三十年，封書寄與泪潺湲。舊來好事今能否，老去新詩誰與傳？棊局動隨尋澗竹，袈裟憶上泛湖船。聞君話我爲官在，頭白渾渾只醉眠。』

稽疑　四九章

道教

人行大道，號曰道士。士者何？理也，事也。身必順理，唯道是從，從道爲事，故稱道士。《大寶〔一〕琅書經》。

魏泰常八年立天師道場，魏太平真君三年受道壇符籙。魏泰常八年，肅立天師道場。寇謙之修陵之術，崔浩受服食養性之術。司馬公曰：『老莊欲同死生，輕去就，而爲神仙者，服餌修鍊以求輕舉，鍊草石爲金銀，其爲術正相戾矣。是以劉歆《七略》叙道家爲諸子，神仙爲方枝。其後復有符水、禁咒之術，至謙之遂合而爲一。至今循之，其訛甚矣！浩不喜佛老，而信謙之之言，何哉？』

集覽道書，張陵字輔漢，建武光武。十年，生天目山，得道。永壽桓。元年，於靈峰白日上升。

〔一〕今按：『寶』，《初學記》作『霄』，是。

邵伯温《聞見録》：『建安十二年，曹操破張魯。魯祖陵，順帝時，客蜀學道鶴鳴山，造書惑百姓，受其道者出米五斗，時號「米賊」。陵子衡，衡子魯，以其法傳授，自號「師尹」。其衆曰「鬼卒」，曰「祭酒」，曰「理頭」，大抵與黄巾相類，朝廷不能討，拜魯漢寧太守。』今道家祖陵爲天師。按：陵封天師自唐天寶，而北魏史亦言寇謙之繼陵爲天師，豈天師初只泛號，至唐始定封耶。

發明：『晋孝武立精舍，跖跋燾立道場。孝武不克張貴人之禍，而燾亦隕於宗愛之手。報應之説，何其爽與！直筆書之，義自見矣！』

丘浚曰：『道家之法始盛於此。』

嗚呼！道家者流，其原出老子。漢初，其法有三十七家。大旨去健羡處冲和而已，無上天官符録等事。東漢末，張道陵始創其法，然猶私相授受於民家，未嘗傳布於天下也。至是謙之修張魯之法，自言遇老子降命，繼道陵爲天師，賜以《雲中音誦科誡》之書，此齊醮科儀所起也。授以王女服氣導引之法，此辟穀修養所起也。又言老子玄孫李譜文，授以《圖録真經》，劾召百神，此符籙攝召所起也。修鍊金丹、雲英、八石、玉漿，此烹鍊丹藥所起也。

謙之自言親得李君手筆，付以奉侍輔佐太平神君，出天官净輪之法。謙之獻書，崔浩神其事，魏主起壇宇於代都，崇奉顯揚。自是陶弘景、趙歸真、杜光庭之徒，又從而推演張大之，而其教遂大行於世，與儒釋並立而爲三。其尤誖者，謂道士爲天師。

嗚呼！莫大於天，莫尊於君，萬乘君王僅得以爲天之子，而一介方士乃得以爲天之師。彼道陵、謙之之徒，其生也皆受胎於父母，禀氣於天地，具骨肉之軀，有妻子之屬，縱有道德亦天生者耳，安能爲天之師哉！

至我朝始革僭妄之號，即其所謂真人者稱之。嗚呼！自太武信崔浩之言，而崇奉謙之，其法蔓延，流而爲淫巫小術，無復五千言道德之餘意矣。

魏太平真君三年，魏主詣道壇符籙。寇謙之曰：『陛下以真君御世，建静輪天官之法，開古以來，未之有也，應登受符籙，以彰聖德。』又奏作宫，必令其高，不聞鷄犬。功費萬計，連年不成。太子晃諫曰：『天人道殊，卑高定分，不可相接，理在必然。今耗府庫，疲百姓，爲無益之事，將安用之！』不聽。書法：『書詣何？以見其尊，非所尊也。』

罷南郊之道壇，置道場於三殿。東魏武定六年，罷南郊道壇。書法：『書嘗立天師道場矣，於是而有罷道場之書，道士多濫故也。終《綱目》道教之黜四：東魏罷道壇，一也；齊以道士爲沙門，二也；周廢佛道二教，三也；唐沙汰僧道，四也。周廢纔一年而復，唐汰不一二月而罷，皆兼佛教，故其復亦一也。至魏罷道壇，齊以道士爲沙門，則無聞焉，佛之惑人又甚於道矣。上元二年，置道場於三殿，上以天成地平節，肅宗生日。於三殿置道場。以宮人爲佛菩薩，以北門武士爲金剛神。玉石大臣膜拜圍繞，韵會胡人拜稱南謨。《穆天子傳》：『膜拜而受。』注云：『長跪拜也。』書法：『書置道場，譏也。於三殿，甚譏也。日食再，既不聞恐懼修省之説，加輔國以尚書，置道場於三殿，肅宗不以應天者，蓋如此。且帝以佛能禍福，而以宮人爲之，污褻甚矣。書曰於三殿，非地也，是故晋孝武之立佛精舍，唐肅宗之置道場，武宗之築望仙，書内殿，書三殿，書禁中，皆譏之譏也。』

梁道士之請厭，周建德之道觀。梁昭明太子葬丁貴嬪，道士云：『此地不利長子。』請厭之，乃爲蠟鵝及諸物埋於葬側。宮監鮑邈之有寵於太子，晚而見疏，密啓梁主云：『太子有厭禱。』梁主掘得鵝物，將窮其事。徐邈諫止，但誅道士，太子慚憤，及卒。梁主欲立長子歡爲嗣，銜其舊事，竟不立。司馬公曰：『君子之於正道，不可須臾離也，不可跬步失也，以昭明之孝、武帝之慈，一染嫌疑之迹，身以憂死，罪及後昆，求吉得凶，不可湔滌，可不戒哉？』是以詭誕之士、奇邪之術，君子遠之。綱爲太子，追思昭明之言，誅邈之。周建德三年，周立通道觀，以一聖賢之教也。書法：『嘉統一也，周主可謂知所宗矣。』

開元六年之敕爲道士，寶曆二年敬宗之説以神仙。河南參軍郑銑、朱陽丞郭仙舟投匭獻詩，敕曰：『觀其文理，乃崇道法；至於時用，不切事情。宜從所好。』度爲道士。書法：

『書敕度何？美之也。鄭、郭獻詩，至崇道法，蓋執左道以蠱惑其君者也，黜爲道士，足以懲奸人矣。是時玄宗初政清明，故有此敕，後二十年，則有玄學博士之置矣。』發明：『與太宗之聽蕭瑀出家，亦可以警流俗矣。』道士趙歸真説上以神仙，有潤州人周息元自言數百歲，上遣中使迎至京師，館之禁中山亭。

武宗會昌元年受法籙於趙歸真，宣宗大中十一年迎軒轅集於網浮山。拾遺王哲，切諫左貶。四年，以趙歸真爲道門教授先生。胡氏曰：『三教之名，自其徒失真而云。然其謬尤之甚者，道家是也。儒以名學仁義道德之人，自周有之。佛者，覺也，爲其道而覺，則瞿曇之徒是也。若夫道，則以天下共由而得名，猶道路然。得道而盡，惟堯、舜、文王、孔子耳。老聃之言獨善其身，不可與天下共由也，而名之曰「道」，自漢以來失之矣，後乃有飛仙變化之術，丹砂符籙之技，禱祠醮祭之法，沉淪鬼獄之論，雜然並興，皆歸於道家者流，豈不遠哉！』五年，以道士劉玄静爲崇玄館學士。書法：『書，譏也。釋道之爲異端，一也。武宗惡釋而好道，則以長生之説，足以惑之耳。』迎軒轅集於羅浮山。問曰：『長生，可學乎？』對曰：『王者屏欲而崇德，則自然受天遐福，何处更求長生？』留數月，求還山，乃遣之。書法：『書道士多矣，《綱目》取一人焉，司馬承禎、軒轅集是也。』

宣宗即位受三洞法籙，天祐十年爲諫議大夫。宣宗即位，受三洞法籙。書法：『前書受法籙於趙歸真矣，於是復書，病宣宗也。誅歸真者，宣宗也；受法籙者，宣宗也。一人之身，半年之間相反如此，則以長生之説足以惑甚而已。』晋稱唐天祐十年，蜀以道士杜光庭爲諫議大夫。書法：『書道士爲諫議大夫，譏非人也。』

唐主之問栖霞，李密之招洪客。五代南唐主昪問道士王栖霞：『何道可致太平？』對曰：『王者治心治身，可治家國。今陛下尚未能去飢嗔、飽喜，何論太平！』凡所賜與，皆不受。

魏徵始爲道士，元寶藏召典書記。泰山道士徐洪客勸李密直向江都，密以書招之，洪客竟不出。胡氏曰：『洪客之謀奇而正，非惟李密不及，唐初諸人皆不及也。洪客、魏徵皆優游黄冠中，而抱匡時之略，懷濟世之具，顧人不能知耳。』

杜詩《司馬山人》：『道術曾留意，先生早擊蒙。家家迎薊子，有神異之道。處處識壺公。賣藥。有時騎猛虎，虚室覓仙童。』

《張山人彪》：『存想青龍秘，騎行白鹿馴。北□在洛北，羨門子乘白鹿而行。耕岩非谷口，結草即河公[濱]。河上公。肘後符應驗，囊中藥未陳。』

《謁玄元皇帝廟》：有吴道子畫《五聖圖》，見黄老淫祀。『配極玄都閟，憑高禁籞長。守祧嚴具禮，掌節鎮非常。碧瓦初寒外，金莖一氣旁。山河扶繡户，日月近雕梁。仙李盤根大，猗蘭奕葉光。世家遺舊史，道德付今王。明皇注。畫手看前輩，吴生遠擅場。森羅移地軸，妙絶動宫墻。五聖聯龍衮，千官列雁行。冕旒俱秀髮，旌旆盡飛揚。翠柏深留景，江梨迴得桑。風筝吹玉柱，露井凍銀床。身退卑周室，經傳拱漢皇。谷神如不死，養拙更何鄉。』

樊川《贈朱道靈》：『劉根丹篆三千字，郭璞青囊兩卷書。牛渚磯南謝山北，白雲深處有岩居。』

《贈李處士》：『玉函怪牒鎖靈篆，紫洞香風吹碧桃。老翁四目牙爪利，擲火萬里精神高。藹藹祥雲隨步武，纍纍秋冢没蓬蒿。三山朝去應非久，姹女當窗織羽袍。』

李：『金繩開覺路，寶筏度迷川。』

《贈道士》褚戴：『篸星曳月下蓬壺，曾見東皋種白榆。六甲威靈藏瑞檢，五龍雷電繞霜都。惟教鶴探丹丘信，不使人[窺]太乙炉。聞説葛陂風浪惡，許騎青鹿從行無。』

《老君六甲符》：『丁卯神司馬卿，丁丑神趙子玉，丁亥神張文通，丁酉神臧文公，丁未神石梁道，丁巳神崔巨卿。』五方之龍，霜都霜壇。太乙炉，煉丹太乙丹炉。

《仙傳》：鹿一千年爲蒼龍。蘇耽騎鹿問之，答曰：『龍也。』

杜詩《玉臺觀》：『中天積翠玉臺遥，上帝高居絳節朝。遂有馮夷來擊鼓，始知嬴女善吹簫。江光隱見黿鼉窟，石勢參差烏鵲橋。更有紅顔生羽翰，便應黄髮老漁樵。』

稽疑　五〇章

仙術

仙，遷也，遷入山也。故制字，人傍山。《釋名》。

谷永曰：『世有仙人，服食不終之藥，化色五倉之術者，皆奸人左道以欺罔世主。』

《揚子》或問：『人言仙者，有諸乎？』曰：『吁！吾聞伏羲神農没，黄帝堯舜殂落而死，文王畢，孔子魯城之北。獨子愛其死乎？非人之所及也。』或曰：『聖人不師仙，厥術異也。聖人之於天下，耻一物之不知；務多知。仙人之於天下，耻一日之不生。望長生。』曰：『生乎，生乎！名生而實死也。』或曰：『世無仙則焉得期語？』曰：『語乎者，非囂囂也與？惟囂囂也者能使無爲有。』或問：『仙之實？』曰：『無以爲也。有與無，非問也。問也者，忠孝之問也。忠臣孝子偟乎不偟？暇。』

張良之願，方朔之言。張良曰：『願棄人間事，從赤松子遊耳。』司馬公曰：『夫生之有死，自古及今，猶夜旦之必然，固未嘗有超然而獨存者也。以子房之明辨達理，足以知神仙之虛僞矣，然則欲從赤松子遊者，其智可知也。夫功名之际，人臣之所難處，淮陰誅夷，蕭何繫獄，非以履盛滿而不知止耶！故子房託於神仙，遺棄外物，所謂明哲保身者矣。』漢武元封元益發船求神仙，蓋以千數，東至海上，欲浮海自求仙。東方朔曰：『夫仙者，得之自然，不以躁求。若其有道，不憂不得；若其無道，雖至蓬萊，見仙人不可得也。臣願陛下第還宫，静處以須之，仙人將自至。』上乃還。是行凡周行萬八千里云。

文成將軍，五利將軍。李少翁以字致鬼，如王夫人之貌，拜爲文成將軍。歲餘，方益衰。帛書飯牛，殺視帛書，天子識其手書，誅之。承露盤，承雲表之清露。書法：『譏也。』班固賦：『抗仙掌以承露，擢雙立之金莖，軼埃壒之混濁，鮮顥氣之清英。』杜甫詩：『承露金莖霄漢間。』欒大曰：『臣嘗往來海上，見安期羨門之屬，曰：「黄金可成，河決可塞，不死之藥可得，仙人可致也。」』爲五利將軍，以衛長公主妻之。方又多不售，腰斬。帝如緱氏，觀大人迹。書法：『凡書觀，皆譏也。』上曰：『天下豈有仙人，盡妖妄耳。節食服藥，差可少病耳。』

王莽，孫權。王莽以方士言，起八風臺。吴主權與張昭論神仙，虞翻曰：『世豈有仙人也？』權怒，徙翻交州。

晋哀帝之信方士，魏天興之置博士。晋哀帝信方士言，斷穀餌藥，以求長生。侍中高崧諫，不聽，尋以藥發，不親萬幾，太后復攝政。魏天興三年，魏置僊人博士。書法：『僊人博士何？方士也。魏主卒，以寒食散誤，故特書譏之。自是服仙藥者，唐太宗於天竺方士、憲宗於柳泌、武宗於趙歸真、宣宗於李玄伯，受誤不一書矣。《綱目》書方士十四人，書僊人博士者一而已。』發明：『仙者徒有其名而已，而其謬妄不言可知，乃置官以領之，則書以譏之宜矣。』

晋安帝隆安二年妖人孫泰伏誅，隋煬帝大業八年道士潘誕伏誅。學妖術於杜子恭、王恂惡之流，廣州王雅薦於武帝，云知養性之方，召還，官至新安太守。泰知晋祚將終，以討王恭爲名，謀作亂，道子斬之。愚民以爲蟬蜕不死。潘誕爲帝，自言三百載合煉金丹，作嵩陽館。誕云：『金丹應用石膽、石髓各三斛六斗。』帝怒斬之。發明：『煬殺人多矣，未有得其罪者，獨潘誕之死爲得其辜。此所以書其伏誅也。』

鄭普思之爲秘書監，葉静能之爲國子祭酒。神龍元年，拾遺李邕奏曰：『若有神仙能令人不死，則秦皇漢武得之矣。佛能爲人福利，則梁武得之矣。堯舜所以爲秦王首者，亦修人事而已。』不聽。書法：『監學清流，長官要職，而以方士居之，直書而貶，義自見矣。』

開元廿二年以張果爲銀青光禄，元和十三年以柳泌爲台州刺史。方士張果自言有神仙術，堯時爲侍中，多往來恒山中。相州刺史韋濟薦之，上遣璽書迎入禁中，以爲光禄大夫，厚賜遣歸。後卒，好事者以爲尸解。葛洪年八十卒，顔色如生，體亦柔軟，舉尸入棺甚輕，如空衣然，以爲尸解得仙也。杜詩『葛洪尸定解』是也。書法：『於是，帝頗信神仙矣，書曰以方士爲銀青光祿大夫，其褻名器甚矣。』元和十三年，泌言：『天台多靈草，誠得爲彼長吏，庶幾可求。』上以泌權知台州刺史。諫官論奏以爲：人主喜方士，未有使之臨民者。上曰：『煩一州之力而能爲人主致長生，臣子亦何愛焉！』群臣莫敢言。

遣方士於天竺，築仙館於禁中。高宗顯慶二年，遣天竺方士歸國。天竺方士婆娑寐自言有長生之術，太宗信之，發使采藥，竟不就，放還。上即位，復詣長安，上復遣歸。謂宰相：『自古安有不老，秦皇漢武卒無所成，果有不死之人，今皆安在？』李勣曰：『此人再來，容髮衰白，已改於前，何能長生？』竟未及行而死。書法：『太宗嘗遣之矣，不書。書高宗何？譏也。方士以長生爲術，帝方極言女寵。方士之方，必多禁礙，其不相入宜矣。』武宗會昌三年，築望仙館於禁中。書法：『望仙，惑也，於禁中，亦非地矣。』五年，武宗餌金丹，性加躁怒，道士以爲換骨，詔罷來年正旦朝會。胡氏曰：『方士之言，殺人者有五：曰辟穀，曰去血，曰換骨，曰出神，曰蜕形。』

李藩之對，李泌之談。元和六年，李藩罷爲太子詹事。上與宰相語及神仙，李藩對曰：『秦皇漢武學仙之效，具在前史，太宗服天竺長年藥致疾，此古今之明戒也。陛下春秋鼎盛，砺志太平，宜拒絕方士之說。苟道成德充，人安國理，何憂無堯舜之壽乎？』李泌有謀略而好談神仙詭誕，故爲世所輕。

寶皇宫，道院案。後唐長興二年，閩作寶皇宫。書法：『書，譏好仙也。』高駢好神仙，有方士吕用之，引其黨張守一、諸葛殷共蠱惑，用之刻青石爲奇字曰『玉皇授白雲先生高駢』，密令左右置道院香案，駢得之驚喜。駢於道院中刻木鶴，時着羽服跨之。

恩之赴海，謂之水仙。晋恩之寇臨海，郡兵擊破之，恩赴海死，從死者以百數，謂之水仙。

南方之樹，郴州之橘。南方有樹，名曰如何，三百歲作花，三百歲作實，有核如棗，子長五寸，金刀割則苦，竹刀割則飴，木刀割則酸，蘆刀割則辛，食之則得仙。《神異經》。顧愷之記：『如何，隨刀而改味。』今郴州馬嶺山蘇耽觀，植橘鑿井，病者飲此當愈。杜詩曰：『橘井舊池宅，仙山引舟航。』

木羊之上，玉棺之下。葛由好刻木作羊，一朝騎羊上綏山，王侯追之，皆得仙。綏山多桃，故諺曰：『得綏山一桃，雖不得仙，亦足以豪。』《列仙傳》。鄴令王喬，天下玉棺。喬曰：『天帝召我。』沐浴，寢其中，葬於城東。《風俗通》。

韓諫議之色難，孔巢父之仙骨。《寄韓諫議註》：『國家成敗吾豈敢，色難臭腐滄楓香。』《列仙傳》：『壺公令費長房噉溷，臭惡非常，長房色難之。』《贈孔巢父》：『蓬萊織女迴雲車，指點虚無引歸路。自是君身有仙骨，世人那得知其故。』

句漏令，華蓋君。葛洪聞交趾出丹砂，求爲句漏令。陰君受尸解之法，後死葬石子岡。人發其棺，但見一劒。

杜詩曰：『遠漸句漏令，不得問丹砂。』『葛洪尸定解。』『還丹日月遲。』杜詩：『昔謁華蓋君，緑袍崐玉脚。人棺已上天，白日亦寂寞。暮升艮岑頂，巾几猶未却。王喬下天壇，微月映皓鶴。豈辭青鞋胝，悵望金匕藥。東蒙復舊隱，尚憶同志樂。伏事，於今。胡爲客關塞，道意久衰薄。妻子亦何人，丹砂負前諾。』

『辛勤不見華蓋君，艮岑青輝慘幺麽。細。』

『弟子誰懷白茅室，盧老獨啓青銅鎖。盧道人結茅此山。巾拂香餘搗藥塵，階除灰死燒丹火。玄圃滄洲莽空闊，金節羽衣飄婀娜。更訪衡陽董鍊師，南遊早鼓瀟湘柂。』不見華蓋君。

巨查之浮，大火之鍊。堯時，有巨查浮海，光若星月，羽仙坐其上。杜詩曰『浮查並坐得，仙老暫相將』是也。《本草》：『光明砂，火者謂之芙蓉砂。』《大洞鍊真寶訣》曰：『將丹砂修煉，大火後鼓成白銀，一返也；將銀化出砂，伏大鼓更爲黄金，二返也。』包佶詩曰『瓶收枸杞懸泉水，鼎鍊芙蓉伏火砂』是也。

《續仙傳》：『朱孺子汲溪，見二火犬入枸杞叢中，掘之根形如二犬，食之身輕，飛于峰上。』

食犬孺子，騎牛真人。注見上。關令尹名喜，字公度，蜀之青城人，爲函谷關令尹。候氣，知真人西遊當過此，果見老子乘青牛薄板車出關，喜曰：『子將隱矣，爲我著書。』乃作《道經》二篇。

杜詩曰『西望瑶池降王母，東來紫氣滿函關』是也。

李白詩：『周穆八荒意，漢皇萬乘尊。淫樂心不極，雄豪安足論。瑶水聞遺歌，玉杯竟空言。靈迹成蔓草，徒悲千載魂。』明皇好仙，有所諷。聞下有玉杯，刻曰『人主延壽』。王母人面蓬頭，虎爪，髮戴勝，豹尾，善笑，穴居。

『登高丘，望遠海。六鼇骨已霜，三山流安在？扶桑半摧折，白日沉光彩。銀臺金闕如夢中，秦皇漢武空相待。精衛費木石，黿鼉無所憑。君不見，驪山茂陵盡灰滅，牧竪之子來攀登。盗賊劫寶玉，精靈竟何能？窮兵黷武盡如此，鼎湖飛龍安可乘？』明皇好仙喜功故。

《鳳臺曲》：『嘗聞秦帝女，傳得鳳皇聲。是日逢仙子，當時別有情。人吹綵簫去，天借緑雲迎。曲在身不返，空餘弄玉名。』

《謝自然》：韓詩，貞元十一年十一月十二日白晝輕舉。『果州南充縣，寒女謝自然。童騃無所識，但聞有神仙。輕生學其術，乃在金泉山。繁華榮慕絶，父母慈愛捐。凝心感魑魅，恍惚難具言。一朝坐空室，雲霧生其間。如聆笙竽韵，來自冥冥天。白日變幽晦，蕭蕭風景寒。檐楹暫明滅，五色光屬聯。觀者徒驚駭，躑躅誰敢前。須臾自輕舉，飄若風中烟。茫茫八紘大，影響無由緣。里胥上其事，郡守驚且嘆。驅車領官吏，甿俗争相先。入門無所見，冠屨同蜕蟬。皆云神仙事，灼灼信可傳。余聞古夏后，象物知神奸。山林民可入，魍魎莫逢旃。逶迤不敢〔一〕振，後世恣相謾。幽明紛雜亂，人鬼更相殘。秦皇雖篤好，漢武洪其源。自從二主來，此禍竟連連。木石生怪變，狐狸騁妖患。莫能盡性命，安得更長延。人生處萬類，知識最爲賢。奈何不自信，反欲從物遷。往者不可悔，孤魂抱深冤。來者猶可誡，余言豈空文。人生有常理，男女各有倫。寒衣及飢食，在紡績耕耘。下以保子孫，上以奉君親。苟異於此道，皆爲棄其身。噫乎彼寒女，永託異物群。感傷遂成詩，昧者宜書紳。』

〔一〕今按：『敢』，《昌黎文集》作『復』。